예수처럼 섬겨라

예수처럼 섬겨라

Servant Leadership

[유성준 지음]

평단

추천사

우리가 잘 사는 선진사회를 이룩하려면 무엇을 어떻게 해야 하는가? 그러한 사회를 이룩하는 데 가장 부족한 것이 무엇인가? 흔히들 물질적 풍요만 이루어지면 잘 살 수 있다고 생각한다. 그러나 그렇지 않다. 어떤 돈 많은 사람이 있는데, 그 주변에 있는 사람들은 절대적 빈곤에 허덕이고 있어 범법자들이 득실거리고 물과 공기는 나쁘고 병원도 없고 학교도 없는 곳에서 산다면 이 사람은 잘 사는 것인가?

　물질은 의식주라는 기본수요를 충족하는 데는 매우 유효한 것이지만, 그것은 한 단계 높은 행복한 삶을 이룩하는 데는 필요조건에 불과하다. 이웃과 더불어 사는 공동체 의식, 사회에 대한 헌신, 남에 대한 배려와 사랑 등 충분조건이 있어야 하는데 이것은 의식개혁을 거쳐야 하는 정신적 요인이다. 우리나라는 그동안의 경제발전으로 선진국 못지않은 물질적 풍요를 누리게 되었다. 그러나 우리가 한 단계 높은 선진적인 삶을 위해서는 쌀이나 자동차와 같은 물질보다도 이웃에 대한 사랑과 배려, 사회질서, 교육과 의료, 주거환경, 공동체 의식 등 이른바 사회공공재에 대한 성숙한 인식과 정신의 선진화가 있어야 하는 것이다.

　한국인은 자신과 자신의 가족에 관한 일이라면 세계 어느 나라 사람도 따라올 수 없을 만큼 근면하고 헌신적이다. 그러나 전체 사회의 일과 남의 일이라면 무관심하다. 교육을 위해 교육세를 내라 하면 기피하면서 내 자식을 위한 사교육비는 아까운지 모르고 지출하고 있지 않은가. 그동안에 지출한 사교육비를 교육세로 냈더라면 아마 한국의 교육문제는 벌써 해결되었을 것이다. 우리 모두 내 가족에 대한 사랑은 지극하지만 남과 사회에 대한 사랑과 배려는 부족하다. 이러한 상황에 나눔과 더 나가서 섬김의 덕목은 우리를 소생시킬 수 있는 시대적 소명이다.

유성준 목사의 《예수처럼 섬겨라》는 바로 이러한 문제들을 다루고 우리가 가야 할 방향을 제시하고 있다. 유성준 목사는 22년간 미국에 살면서 신학공부를 하고 교회들을 개척하고 사목생활을 하면서 더불어 사는 공동체 의식을 강조하고 하나님 사랑과 이웃 사랑의 헌신을 몸소 실천해왔는데, 이 책은 그러한 체험을 기독교 정신에 담아낸 것이다.

나는 유성준 목사보다도 작고하신 유성준 목사의 선친 유흥철 선생과 잘 아는 사이이다. 그의 선친은 내가 존경하던 고향 선배였다. 그분은 대학 졸업 후 일생을 농촌에 살면서 농촌 근대화와 농민계몽을 위해 헌신하고 실천한 농민 운동가이며 선각자였다. 그분은 항상 정의와 사회적 약자 편에 서서 사셨고 군사독재 치하에서는 여기에 맞서 항거하다가 많은 고초를 겪기도 했으며 농촌교육을 위해 물심양면으로 지원에 앞장섰던 분이다. 이 책과 그동안 유성준 목사가 저술한 여러 권의 책을 읽고 그가 그러한 부친의 정신을 그대로 이어 받지 않았나 싶어 더욱 반가운 마음이 든다.

박승 전前 한국은행 총재

책머리에

미국에서 20여 년간 신학을 공부하고 목회하던 중에 2004년 모교인 협성대학교 교수로 임용되면서 두 가지 기도 제목이 있습니다. 첫째, 학원 사역을 통해 세속화되는 기독교 대학이 바른 정체성을 가지고 이 시대가 요구하는 복음적인 목회자들과 기독교적인 인성을 가진 리더들을 양성하도록 사역하는 것이었습니다. 둘째, 미국에서 사역하면서 가장 큰 영향을 받은 워싱턴 D.C.의 세이비어교회 The Church of the Savior 사역을 한국 교회에 참된 교회를 세우는 대안모델 alternative model로 소개하는 것이었습니다. 21세기에 들어서면서 더욱 두드러지는 한국 교회의 위기론과 우리 앞에 전개되고 있는 현상들은 기독교 공동체가 세상적인 문화관·가치관에 중독되어 있기 때문입니다. 예수님께서 말씀하시고 십자가와 부활을 통해서 보여주신 하나님 나라의 가치관 kingdom value에서 멀어진 탓입니다.

내가 2005년에 세이비어교회의 영성과 사역을 처음 한국 교회에 소개한 《미국을 움직이는 작은 공동체 세이비어교회》를 출간한 이후 교계와 신학계에 큰 반향을 불러일으킨 것은 전적으로 한국 교회를 사랑하는 하나님의 응답이었다고 생각합니다. 또한 2006년에 《참된 교회를 이끄는 작은 공동체 세이비어교회 실천편》을 발간하게 되었습니다. 세이비어교회의 핵심 사역인 소그룹 사역공동체Mission Group의 사역 원리와 실제를 제시하여, 한국 교회가 갱신되기를 갈망하는 목회자들과 그리스도인에게 읽힌 것은 참으로 고마운 일이었습니다.

이 책은 초대교회의 모범을 따르는 작은 공동체 운동의 핵심적인 목회철학인 서번트 리더십의 이론과 적용점을 실제적으로 다루고 있습니다. 서번트 리더십에 대해 관심을 갖게 된 것은 세이비어교회의 서번트 리더십 학교Servant Leadership School에 참여하면서부터였습니다. 세이비어교회의 설립자인 고든 코스비Gordon Cosby 목사님을 통해 헨리 나우웬Henri Nouwen의 《예수님의 이름으로》와 《이는 내 사랑하는 자요》에 나타나는 섬기는 리더의 자세를 개인의 삶과 사역에 적용하는 과정은 큰 도전과 충격이었던 것입니다.

이 책의 제1부와 제2부는 일반적인 서번트 리더십의 12가지 특성과 실제적인 적용에 대한 내용입니다. 서번트 리더십을 연구하는 그린리프센터에서 제시한 서번트 리더가 갖추어야 할 10가지 요소는 경청, 공감, 치유, 인식, 설득, 비전, 예지력, 청지기 의식, 성장 지원, 공동체 구축입니다. 여기에 서번트 리더십의 기초가 되는 '사랑'과 '겸손'을 포함하여 모두 12가지입니다. 제3부는 참된 기독교 공동체의 목회철학으로서 서번트 리더십을 다루었습니다.

특히 제3부에서는 예수 그리스도가 자신의 삶을 통해 보여주신 삶의 모델인 서번트 리더십에 대한 것입니다. 그리스도의 제자도를 따르기 위해서는 그리스도에 대한 완전한 헌신이 필요합니다. 이것을 이루기 위해서 서번트 리더십의 훈련과정에서 영성Inward Journey과 사역Outward Journey의 균형을 이루게 하는 6가지 특성인 성경 탐구, 기도, 신앙공동체, 소명, 공동체 안에서 서로 자유롭게 되는 관계, 영성을 균형 있게 조합해야 한다는 내용입니다. 서번트 리더십의 6가지 특성은 내가 소개한 세이비어교회의 영성과 사역을 실제적으로 적용하는 핵심적인 내용이기도 합니다.

이 책은 서번트 리더십 과정에 참여한 목회 후보자들과 목회자들이 함께 이루어낸 공동작업의 결과물이라는 점에서 더욱 특별합니다. 제1부와 제2부의 서번트 리더십의 12가지 특성에 대한 내용은 2008년 가을학기 협성신학대학원의 대학원생들과 함께 나누었고, 제3부의 참된 교회의 목회철학으로서 서번트 리더십의 6가지 특성은 2005년 미국 웨슬리 신학대학원의 '서번트 리더십' 과정과 2007년 세인트 폴 신학대학원의 '웨슬리 영성과 교회 갱신' 목회학박사 과정 목회자들과 함께 연구한 내용이기도 합니다.

아무쪼록 이 책이 서번트 리더십에 대해 탐구하기 원하는 개인이나 소그룹 공동체, 위기의 시대에 방향을 찾고자 고민하는 교회와 목회자와 그리스도인들에게 실제적인 도움을 줄 수 있기를 바랍니다. 끝으로 이 책이 발간되기까지 수고하신 여러분께 진심으로 감사의 말씀을 드립니다. 흔쾌히 추천의 글을 써주신 어릴 때부터 존경하는 박승 전前 한국은행 총재님께 감사의 말씀을 드립니다. 또한 한국 교회와 사회갱신을 위한 미래사역의 대안모델들을 소개할 수 있도록 기회를 주신 평단문화사에 고마움을 전합니다.

특별히 2004년에 귀국하여 딸들을 미국에 두고 이산가족이 되어 뿔뿔이 흩어져 지금까지도 문화적인 충격 속에서 사는 아내와 세 딸에게 감사의 마음을 전합니다. 서번트 리더십의 12가지 특성과 참된 교회 공동체를 이끌 주요 훈련 과정 6가지 특성의 균형과 통전적인 적용이 예수님처럼 사는 삶의 핵심이며, 이 책이 시대환경이 더욱 어려울 때 그 섬김의 자세를 지키려는 서번트 리더들에게 작은 길잡이가 되길 바라마지 않습니다.

2009년 입추에 경기도 화성 봉담골에서,

유성준 목사

| 차례 |

추천사 ▪ 004
책머리에 ▪ 006

제1부 서번트 리더와 서번트 리더십

서번트 리더는 섬김으로 공동체를 이끈다 ▪ 016 | 타인을 만족시키기 위해 헌신하는 리더 ▪ 020 | 공동체를 변화시키고 새롭게 하는 서번트 리더십 ▪ 023 | 섬김의 리더십과 영적 리더십 ▪ 024 | 서번트 리더의 실천적 모델, 예수 그리스도 ▪ 026 | 사랑과 겸손이 서번트 리더의 출발점이다 ▪ 030 | 서번트 리더십의 12가지 특성 ▪ 033

제2부 서번트 리더십의 12가지 특성

제1장 경청

경청은 소통의 지혜이다 ▪ 038 | 경청은 서번트 리더의 핵심 키워드이다 ▪ 040 | 경청은 생각과 마음에 귀 기울이는 것이다 ▪ 042 | 경청은 내적 치유의 첫걸음이다 ▪ 043 | 하나님의 말씀을 경청해야 한다 ▪ 045
경청에 대한 탐구 ▪ 047 | 경청에 관한 테스트 ▪ 051

제2장 공감

가슴으로 듣는 공감 리더십 ▪ 053 | 공감은 바이러스처럼 전염된다 ▪ 054 | 공감은 리더십을 표현하는 도구이다 ▪ 056 | 공감은 하나님의 마음으로 깨닫는 것이다 ▪ 058 공감에 대한 탐구 ▪ 061

제3장 치유

치유는 변화시키고 통합하는 힘이다 ▪ 065 | 일과 삶의 균형감각이 있을 때 즐겁다 ▪ 067 | 나를 치유하고 삶을 치유하는 방법 ▪ 068 | 상처를 치유하는 해독제는 용서이다 ▪ 070 치유에 대한 탐구 ▪ 073

제4장 인식

자기 인식과 영향력 ■ 078 | 자기 인식은 건강한 공동체를 이끄는 힘이다 ■ 080 | 서번트 리더에게 구성원은 소중한 존재이다 ■ 083 | 예수 그리스도는 '빛'이라는 인식 ■ 085 | 인식에 대한 탐구 ■ 088

제5장 설득

설득은 삶을 이끄는 대화이다 ■ 093 | 설득은 진심으로 이르는 통로이다 ■ 096 | 설득하려면 훈련이 필요하다 ■ 098 | 〈빌레몬서〉를 통해본 설득의 리더십 ■ 100 | 설득에 대한 탐구 ■ 103

제6장 비전

리더십은 비전을 보여주는 능력이다 ■ 107 | 비전은 창조이며, 과정이자, 실행이다 ■ 109 | 큰 그림을 그리고 보여주는 비전 리더십 ■ 111 | 하나님의 비전을 품어라 ■ 113 | 비전에 대한 탐구 ■ 116

제7장 예지력

예지력은 내면을 바라보는 힘이다 ■ 120 | 예지력은 심리적 안정과 실질적 성과를 가져온다 ■ 122 | 믿음이 있을 때 발휘되는 예지력 ■ 124 | 예지력은 하나님이 주는 은사이다 ■ 125 | 예지력은 하나님께 초점을 맞추는 능력이다 ■ 128 | 예지력에 대한 탐구 ■ 130

제8장 청지기 의식

청지기 의식은 대신 맡아 관리하는 섬김의 정신이다 ■ 135 | 청지기 의식이 뛰어난 리더는 인격적이다 ■ 137 | 인격적인 청지기 리더십의 모델 ■ 139 | 예수께서 말씀하신 진실한 청지기와 거짓 종 ■ 141 | 청지기 의식에 대한 탐구 ■ 145 | 영적 은사 조사 ■ 149

제9장 성장 지원

따르는 사람이 없는 리더는 리더가 아니다 ■ 157 | 서로 보완하고 수정하는 리더와 동역자 ■ 159 | 따르는 법을 알지 못하면 좋은 리더가 될 수 없다 ■ 161 | 하나님과 함께하는 동역자 리더십 ■ 164 | 모세와 여호수아를 섬긴 갈렙 ■ 166 | 성장 지원에 대한 탐구 ■ 168

제10장 공동체 구축

진정한 공동체 구축이 시너지 효과를 가져온다 ▪ 171 │ 좋은 '섬김'은 바르게 '세움'이다 ▪ 173 │ 공동체의 지속적인 변화 과정을 창조해야 한다 ▪ 175 │ 사랑의 공동체를 위한 성찬의 의미이다 ▪ 176   공동체 구축에 대한 탐구   ▪ 180

제11장 사랑

사랑은 리더십의 자양분이다 ▪ 183 │ 사람은 사랑으로 산다 ▪ 186 │ 리더는 참된 우정이 있어야 한다 ▪ 187   사랑에 대한 탐구   ▪ 190

제12장 겸손

능력과 지식을 겸손의 바구니에 담아라 ▪ 198 │ 겸손한 리더의 생명력은 길다 ▪ 200 │ 겸손은 하나님께서 사용하는 최우선 자격조건이다 ▪ 201   겸손에 대한 탐구   ▪ 205

섬김의 리더십의 12가지 특성의 적용 ▪ 212

제3부 교회 공동체를 위한 서번트 리더십

제1장 참된 교회 공동체 – 세이비어교회를 중심으로

세이비어교회의 목회철학 ▪ 224 │ 세상의 문화적 중독에서 회복되어야 한다 ▪ 227 │ 위기와 변화의 시대에 필요한 영적 리더십 ▪ 228 │ 영성과 사역을 통해 깊어지는 하나님과의 관계 ▪ 232 │ 교회 공동체 리더십, 위기인가 기회인가 ▪ 234 │ 인격적 리더십을 우선순위에 두라 ▪ 236 │ 세상과 하늘나라를 잇는 교회 ▪ 238 │ 교회 리더는 문화적 상황을 이해해야 한다 ▪ 240

제2장 서번트 리더십의 주요 훈련 과정

기도

기도는 영혼의 호흡이자 하나님에 대한 열망이다 ▪ 243 │ 래리 크랩의 파파기도 ▪ 245 │ 하나님의 응답을 받는 기도 ▪ 247

성경 연구

하나님의 특별한 선물, 성경 ▪ 249 │ 구약성경과 신약성경 ▪ 251 │ 성경을 묵상하며 그리스도인으로 산다는 것 ▪ 253 │ 말씀 묵상과 거룩한 독서 ▪ 255

교회 공동체
공동체의 모델, 초대교회 예루살렘 공동체 ▪ 256 | 누구나 하나님의 백성이 될 수 있다 ▪ 259

소명
소명은 하나님의 부름에 응답하는 것이다 ▪ 260 | 성경 속에 소명 받은 사람들 ▪ 262 | 초대교회가 보여준 소명 ▪ 264
〈출애굽기〉를 중심으로 살펴본 모세의 소명 ▪ 265

공동체 안에서 자유롭게 되는 관계
바울의 선교 사역을 통해본 영적 코이노니아 ▪ 271 | 진정한 교제는 하나님에서 시작되어야 한다 ▪ 273 | 디아코니아, 섬기며 봉사한다 ▪ 274

영성
기독교의 영성은 하나님을 생각하는 능력이다 ▪ 275 | 예수 그리스도의 생각을 알아야 한다 ▪ 277 | 영성 훈련의 7가지 단계 ▪ 279

제3장 서번트 리더십 적용의 덫 ▪ 281

제4장 소그룹 사역공동체를 통한 소명과 사역
세이비어교회가 지향하는 소그룹 사역공동체 활동 ▪ 296 | 그리스도 안에서 비전을 품는 교회 리더가 되어야 한다 ▪ 300 | 교회 리더의 권위가 위협받는 이유 ▪ 302 | 영적 은사와 능력에 따라 봉사하는 평신도 사역 ▪ 304 | 교회 리더의 소명은 하나님의 계획을 성취하는 것이다 ▪ 306 | 교회 공동체의 대표적인 소그룹 사역을 위해 ▪ 308 | 다원화된 사회 속의 평신도 사역 ▪ 310 | 모이는 교회에서 실천하는 교회로 패러다임 전환이 필요하다 ▪ 312
참된 교회 공동체를 위한 서번트 리더십과 공동체 사역의 관계 적용 ▪ 317

참고문헌 ▪ 320

제1부

서번트 리더와 서번트 리더십

Servant
Leadership

○ 서번트 리더는 섬김으로 공동체를 이끈다

일반적으로 리더십이란 '자신을 따르는 사람들follower을 이끄는 능력'이라고 할 수 있다. 사물은 관리manage하는 것이라고 한다면, 사람은 리드lead하는 것이다. 따라서 좋은 리더는 관리하고 통제하는 사람이 아니라 '이끄는 사람'이다. 그러므로 리더leader는 팔로어를 단순히 관리하는 사람이 아니며, 비전vision을 공유하여 성취할 수 있도록 이끌어야 한다. 리더와 팔로어는 각각 독립적인 관계가 아닌 상황 속에서 상호의존적 관계여야 하는 것이다.

미국의 리더십 전문가 존 맥스웰John Maxwell은 '리더십은 영향력'이라고 했으며, 지극히 내성적인 사람일지라도 일생 동안 1만여 명의 사람들에게 영향을 끼친다고 한다. 이처럼 서로 영향을 주고받는 관계 속에서 인생을 살아간다고 할 수 있다.[1]

이와 같은 리더십은 다양한 방법으로 구별하고 분류하는데, 그 중

---

1 존 맥스웰, 강준민 옮김, 《리더십의 법칙》, 비전과리더십, 2003, p.23.

▍**존 맥스웰** 존 맥스웰이 말하는 리더십의 5단계는 다음과 같다. 1단계는 Position이다. 부하에게만 영향력을 발휘하며, 타인들은 의무감 때문에 일한다. 2단계는 Permission이다. 타인들은 스스로 원하기 때문에 리더를 따른다. 절차보다는 사람에게 집중하고, 사람을 참여시키고 존중한다. 3단계는 Production이다. 조직에 기여한 성과 때문에 리더를 따른다. 목표 달성을 위한 조직 내 활력을 제공한다. 조직의 전략과 비전을 공유한다. 4단계는 People이다. 리더가 그들을 성장시켰기 때문에 리더를 따른다. 자기 계발을 최우선 순위에 두고 스스로 모델이 된다. 5단계는 Personhood이다. 조직 구성원들에게서 자발적인 헌신과 열정을 이끌어내는 존경받는 리더가 된다. 조직을 초월하여 긍정적인 영향을 주는 리더가 된다.

서번트 리더십과 서번트 리더에 대해 살펴보기로 하자. 서번트 리더십은 공동체의 구성원들이 공동의 목표를 이루어나가기 위해, 정신적·육체적으로 지지하고 환경을 조성해주고 도와주는 리더십이다. 더 나가서 인간 존중을 바탕으로 잠재력을 발휘할 수 있도록 이끌어주는 것이 핵심이며, 사랑으로 공동체를 하나로 묶고 봉사와 헌신이라는 실천 양식으로 당면한 문제를 해결한다.

또한 갈등의 원인을 함께 해소해가며, 분쟁의 동기를 미리 제어한다는 점에서 기존의 리더십과는 구별된다. 그러므로 서번트 리더는 '훌륭한 경영자' 또는 '성공적인 리더'와 비교의 대상이 아니다. 팀원 위에서 지시하고 통제하는 리더가 아니라 문제의 원인을 자기 자신에게서 찾고 규명하려는 태도를 가지고 있다.

서번트 리더십Servant Leadership의 '서번트Servant(섬김, 종, 하인)'는 인간의 본질이며 품성 중 하나님의 긍휼을 닮은 사랑의 리더십을 말하는 것으로 리더의 유형이나 역할이라고 볼 수 없다. 성공과 성취를 목표로 한 리더십과는 달리, 리더의 자리에 있으나 다른 사람을 섬기는 것을 말

한다. 서번트 리더의 기본 자세는 섬김으로 공동체를 이끄는 사람인 것이다.[2]

이러한 정의를 비추어볼 때, 리더십은 이런 영향력을 잘 조율하는 것이며, 사람들과의 관계 속에서 발휘될 때 참된 리더십이라고 할 것이다. 리더 자신의 지위나 상대방의 능력에 상관없이 어떻게 영향력을 미치고 있는지, 혹은 어떤 영향력을 미치고 있는지 점검한다면 더할 나위가 없다. 제임스 헌터가 말한 서번트 리더십의 8가지 본질을 요약하면 다음과 같다.[3]

인내하는 리더 인내는 '충동 억제'라고 할 수 있다. 리더가 충동을 억제하지 못하면, 인격적인 행동을 기대하기 어렵다. 인내는 감정과 행동의 일관성과 예측성을 의미하나 열정이나 분노를 억제하라는 말과는 다르다. 열정과 분노는 리더의 덕목이기도 하기 때문이다.

친절한 리더 친절의 사전적 의미는 '타인을 향한 관심과 이해, 격려의 표현'이며 '타인에 대해 예의를 갖추는 것'을 말한다. 친절은 다른 사람들과의 관계를 유연하게 만드는 행위이기도 하다. 친절한 자세를 갖춘 리더는 '모든 사람은 타인에게 인정받고 싶은 욕구가 있다'는 사실을 알고 있다.

겸손한 리더 겸손은 '타인에게 자만심이나 거만함 또는 가식적인 태

......
2   이관응, 《신뢰경영과 서번트 리더십》, 엘테크, 2001, pp.159~172.
3   제임스 C. 헌터, 김광수 옮김, 《서번트 리더십 2 : 실천매뉴얼편》, 시대의창, 2006, 제4장에서 발췌했다.

도를 보이지 않고 진실하게 행동하는 것'이다. 겸손한 리더는 다소 열등감이 있더라도 주눅들지 않으며, 자신을 비하하지 않는다. 자신이 모든 정답을 갖고 있지 않다는 사실을 기억하고 있으면서, 옳은 일이라고 판단될 때는 선택할 줄 안다.

존중하는 리더 리더로서 팀원에게 존중을 표현하고 신뢰를 형성하는 효과적인 방법은 일정한 책임을 위임함으로써 그들의 성장과 자기계발을 돕는 것이다. '존중'은 리더이기에 받아야 할 것이 아니라 리더이기에 줄 수 있으며, 리더의 특권인 것이다.

무욕하는 리더 무욕은 '타인의 욕구를 충족시키는 것'을 말한다. 타인을 위해 봉사하고 희생하며 적극적으로 팀원이 목표를 이룰 수 있도록 돕는 것이다. 그 속에 리더 자신의 욕망이나 개인적 목표가 포함되어서는 안 된다. 무욕이 사욕으로 변질되기 때문이다.

용서하는 리더 팀원은 실수하기 마련이다. 경우에 따라 리더에게 악영향을 미치기도 한다. 그러므로 리더는 실수를 저지른 팀원에게 적대감을 갖지 않아야 하며, 나아가 용서할 줄 알아야 한다. 주의해야 할 것은 용서가 실수 자체를 용납한다는 말이 아니며, 용서는 리더 자신의 내면에서 일어나는 자존심과 감정을 억제하는 능력이다.

정직하고 성실한 리더 정직과 성실은 리더로서 갖춰야 할 중요한 자질이다. 리더십에 대한 수많은 연구 결과 역시, 리더에게 필요한 최고의 덕목은 바로 정직과 성실이다. 정직과 성실은 한 개인의 신뢰성을 측정할 수 있는 지표이며, 타인과의 관계에도 지대한 영향을 미친다.

헌신하는 리더 헌신이란 '선택한 것에 충실한 것'이다. 서번트 리더에게 헌신하고자 하는 태도가 없다면, 서번트 리더가 되기 어렵다. 결국 최고의 서번트 리더는 자신의 선택을 충실히 실천하는 사람이다.

○ 타인을 만족시키기 위해 헌신하는 리더

서번트 리더십은 1970년 미국의 로버트 그린리프Robert Greenleaf가 주창한 것으로 명령과 획일적인 지휘 체계보다 사랑과 헌신으로 공동체가 하나로 뭉칠 때 경쟁력이 배가될 수 있다고 했다. 이러한 리더십은 단지 리더에게만 국한된 것이 아니라 기업과 공동체 문화에 영향을 주고 있다.[4]

로버트 그린리프가 1977년에 저술한 《서번트 리더십Servant Leadership》에서 처음 제시된 서번트 리더십은 당시에는 주목받지 못하다가 1996년에 《서번트 리더되기On Becoming a Servant-Leader》 출간을 계기로 새롭게 조명되었다. 그리고 "타인을 위한 봉사에 초점을 두며, 종업원, 고객, 커뮤니티를 우선으로 여기고 그들의 욕구를 만족시키기 위해 헌신하는 리더십"이라고 정의했다. 그의 에세이 〈서번트 리더The Servant As Leader〉에는 서번트 리더의 특성에 대해 다음과 같이 서술되어 있다.

> 서번트 리더는 섬기는 것을 우선시한다. 그것은 섬기고 싶어하는 자연스러운 감정에서 비롯된다. 그들은 의식 있는 선택을 통해 리더가 되고자 한다. 권력을 채우려는 욕구와 물질적인 소유 욕구를 성취하고자 리더가 되고자 하는 사람들과는 전혀 다르며, 이는 섬기는 리더십을

------
[4] 유성준, 《세이비어교회 실천편》, 평단문화사, 2006, pp.158~160.

▌**로버트 그린리프** 로버트 그린리프는 1904년 미국에서 태어났다. AT&T에 입사하여 40여 년간 근무하고, 1964년에 정년퇴직했다. 40여 년 동안 서번트 리더십 이론을 정리한 그는 은퇴와 동시에 '로버트 그린리프 센터'를 설립하고, 이후 세계적 컨설턴트로 역량을 발휘했다. 또한 팀제 조직, 고객에 대한 서비스, 기업의 봉사정신, 권한 이양 등의 개념을 주장하고, 근로환경이 '복종에서 열성적인 참여로' 바뀌어야 한다는 사실을 이해했다. 그가 말한 서번트 리더십은 '머슴 리더'라는 의미이며, 진정 위대한 지도자는 얼핏 머슴처럼 보이지만, 이것이야말로 위대함의 핵심이라고 주창했다.

구축하고 나서 선택할 사항이다. 먼저 리더가 되고자 하는 것과 섬기는 것은 상반된다. 그 사이에는 다양한 인간의 본능이 섞여 있고 반영되어 있다. 최우선적인 욕구를 누리고자 하거나, 섬기는 일을 우선시하는 경우 취하는 행동이 명확히 다르게 나타날 것이다. 가장 큰 과제는 섬기는 사람들이 성장하도록 돕는 일이다. 서번트 리더에게 섬김을 받는 동안 그들은 더 건전해지고 현명해지고 자유로워지고 좀더 자율적이 되어야 한다. 나아가 그들 스스로 섬길 준비가 되어 있는지 점검할 필요가 있다. 사회에서 기득권이 없는 사람들에 대한 영향력은 어떠한가. 그들은 어떤 혜택을 받는지, 적어도 더이상 박탈당하지 않도록 지지하고 염두에 두어야 한다.

로버트 그린리프가 서번트 리더의 전형으로 삼은 것은 헤르만 헤세의 《동방순례 Journey to the East》에 등장하는 순례단 안에서 레오 Leo이다. 그는 '허드렛일을 하는 사람'이었으나 그가 진정한 리더임을 발견하는 과정이 흥미진진하게 묘사되어 있다.[5]

레오는 함께 여행하는 사람들을 위해 그저 허드렛일을 하는 구성원일 뿐이었다. 일행들 사이에서 식사를 준비하고 심부름을 하거나 짐을 들기도 하고, 밤에는 피로에 지친 순례자들을 위해 악기를 연주했다. 그의 태도는 언제나 한결같았다. 순례자들의 형편을 살피며, 그들에게 필요한 것이 무엇인지 불편한 것은 없는지 배려하기도 했다. 좀처럼 쉬지 않았으며, 일행을 위해 헌신하고 봉사했다.

그러던 어느 날, 레오가 보이지 않았다. 일행은 그제야 그의 존재를 확연히 느끼고, 그가 없는 여행을 계속한다는 게 불가능하다는 사실을 깨닫는다. 시간이 지나면서 일행은 예기치 않은 상황에 당황했으며, 차츰 소소한 다툼이 일어나더니 분열되었고, 마침내 여행이 흐지부지 되고 말았다.

일행 중 한 사람이 레오의 행적을 수소문하게 되는데, 수년이 지나 우연히 레오를 만나 함께하면서 충격적인 사실을 발견한다. 그가 바로 여행을 후원한 선교단체의 책임자이며 정신적인 리더였음을 알게 된 것이다. 그는 매우 놀라고 감동했다. 허드렛 일꾼에서 최고지도자로 반전한 것. 여기에서 리더는 어떤 사람이어야 하는지를 생각하게 한다. 이것이 레오라는 캐릭터를 통해 로버트 그린리프가 발견한 서번트 리더십의 통찰력이었다.[6]

레오처럼 진정한 서번트 리더는 구성원을 위해 배려하고 봉사하며, 공동체의 목표를 함께 이루기 위한 건강한 환경을 만들고 헌신한다. 공동체 구성원의 성장과 성숙을 위해 구체적이며 실용적으로 돌보고 이끄

......
5 유성준, 《세이비어교회 실천편》, 평단문화사, 2006, pp.159~160.
6 로버트 K. 그린리프, 강주헌 옮김, 《서번트 리더십 원전》, 참솔, 2006, pp.24~25.

는 것을 최선의 목표로 삼는다. 즉, 사랑과 헌신으로 구성원의 행복과 복리를 목적으로 하고 있다. 따라서 서번트 리더는 인간 존중을 바탕으로 구성원의 잠재력이 발휘되도록 돕는다.

○ 공동체를 변화시키고 새롭게 하는 서번트 리더십

로버트 그린리프는 "건강한 사회는 내면의 건강을 모색하는 힘이 최적의 상태에 있을 때 얻어지는 것"이라고 했으며, "리더의 역할과 서번트 리더이기를 포기할 때, 사회를 병들게 하는 적이 되는 것"이라고 말한다. 서번트 리더십은 공동체에 긍정적인 변화를 이끌어내는 잠재력을 가지고, 삶과 일에 대해 장기적으로 접근한다. 그러므로 빠른 시간 내에 공동체 안에 자리잡기는 어려울 것이다. 응급조치식 접근방식이 아니기 때문이다. 목표와 결과를 지나치게 강조하는 기존의 리더십 접근 방식과는 사뭇 차이를 보인다.

그러므로 리더가 팀원보다 우월한 위치에서 이끌어야 한다는 기존의 리더십 패러다임에서 리더가 팀원들을 위해 헌신하며, 팀원들의 잠재력을 이끌어내는 서번트 리더십으로 패러다임을 전환하는 게 바람직하다. 로버트 그린리프와 오랜 교제를 통해 철학과 사상을 나눈 경영이론의 대가 피터 드러커Peter Drucker는 그의 저서 《피터 드러커 미래경영》에서 지식시대에는 리더와 팀원의 구분이 없어지며, 지시와 감독이 더는 통하지 않을 것이라고 예측했다.

이처럼 리더는 시대적 특징을 읽어낼 줄 알아야 한다. 현대사회의 대표적인 특징 중 하나는 '권위authority의 붕괴'다. 이제 진정한 리더십은 수직적 지위가 아닌 수평적 관계relationship에서 비롯된다는 것을 의미한다.

    훌륭한 공동체에는 반드시 서번트 리더가 존재한다. 서번트적인 사고를 하고 서번트적인 행동을 하는 리더가 있다. 재능, 지식, 능력, 일의 습관을 통해 공동체에 헌신하며, 훌륭한 공동체로 발전시키는 것은 물론 그것이 지속적으로 유지될 수 있도록 훈련하는 힘을 발휘한다. 여기에 서번트적 품성과 인격이 뒷받침될 때 더욱 빛날 것이다.[7]

○ 섬김의 리더십과 영적 리더십

섬김의 리더십은 영적 리더십을 이해하지 않고서는 불가능하다. 영적 리더십은 사람들을 움직여 하나님의 일을 하게 하는 것이다. 헨리 블랙커비는 "세상의 많은 리더십 이론의 기본 전제는 일견 건전해 보이지만, 성경과 상반되는 개념을 부추길 때가 있고 하나님이 빠져 있는 경우가 많다"고 지적했다. 그는 일반 리더십 원리와 영적 리더십 원리를 구분해 제시하면서 균형잡힌 신앙인의 눈으로 현대의 리더십 원리들을 성경 원리에 비추어 살펴보게 한다.[8]

영적 리더는 사람들을 움직여 하나님이 원하는 자리로 가게 한다
이것이 영향력이다. 일단 하나님 뜻을 알면 영적 리더는 모든 노력을 기

......
[7] 이관응, 《신뢰경영과 서번트 리더십》, 엘테크, 2001, pp.146~210.
[8] 헨리 블랙커비, 윤종석 옮김, 《영적 리더십》, 두란노, 2002.

울여 사람들이 자기 스타일을 따르는 삶에서 하나님의 목표를 추구하는 삶으로 옮겨가게 한다. 영적 리더가 소임을 다했다면, 주변 사람들은 하나님을 만나고 그분 뜻에 순종한 상태일 것이다.

영적 리더는 성령님께 의존한다

하나님은 사실상 하나님만이 하실 수 있는 일을 하도록 영적 리더를 부르셨다. 그런 면에서 영적 리더는 역설 속에서 일하게 된다. 궁극적으로 영적 리더는 사람들 안에 영적 변화를 일으킬 수 없되, 오직 성령만이 그렇게 하실 수 있다.

영적 리더는 하나님의 뜻을 나타내야 한다

영적 리더십에는 책임감이 필수다. 학생이 배우지 못했다면 교사가 아직 가르치지 않은 것이다. 마찬가지로 사람들이 마땅히 해야 할 바를 하지 못할 때 그들을 탓해서는 안 된다. 영적 리더는 사람들이 하나님의 뜻을 행할 때까지는 아직 리더의 소임을 수행하지 않은 것이다.

영적 리더는 하나님의 사람들뿐만 아니라 불신자에게도 영향을 미친다

영적 리더십의 최대 장애물은 하나님 뜻을 구하지 않고 자신의 생각을 추구하는 것이다. 하나님은 당신의 목표를 이루시고 당신의 나라를 넓히시고자 온 세상에서 일한다. 하나님의 관심사는 리더들의 꿈과 목표를 이루거나 그들 나라를 세우는 것이 아니다. 그분의 목표는 당신의 사람들을 자기중심적 태도와 죄악된 욕심에서 벗어나 당신께 끌어들이는 것이다. 영적 리더십의 핵심은 영적 리더가 자신과 자기 조직을 향한 하나님의 뜻을 깨닫는 것이다. 그 다음에 사람들을 움직여 자신의 계획을 버리고 하나님 계획에 따르게 하는 것이다.

영적 리더는 하나님의 계획에 따라 일한다
당신은 좋은 점뿐만 아니라 나쁜 점도 보여줄 수 있는 투명한 마음을 가지고 있는가? 당신은 자신을 포장하는 여러 가지 가면을 기꺼이 버릴 수 있는 태도를 유지하고 있는가?

◯ 서번트 리더의 실천적 모델, 예수 그리스도

로버트 그린리프는 서번트 리더를 리더가 먼저 섬기는 자(종)가 되는 것이라고 했다. 먼저 팀원을 우선순위에 두는 리더를 말하며, 자연스런 감정에서 출발해야 한다. 리더의 의식적인 선택이 행동으로 옮기고자 하는 동기부여가 되는 것이다.

서번트 리더는 가장 먼저 팀원들에게 리더의 도움이 필요하다는 것을 명확하게 인식하게 하는 것이다. 이것이 그 리더가 어떤 리더인지 평가하는 기준이 되기도 한다. 섬김을 받는 팀원들은 그 과정에서 인격적으로 리더를 신뢰하게 된다. 더 강건해지고, 지혜로워지고, 자유로워지고, 자발적이 되고, 더 나아가 그들이 서번트 리더가 되고자 소망한다. 팀원들도 사회에서 소외당하는 사람들과 함께하며 더는 그들이 외롭거나 불행해지지 않도록 돕고 이끌게 되는 것이다.

〈마태복음〉 20장은 예수의 리더십을 이야기하고 있다. 제자들의 세속적인 권력의지에서 비롯된 갈등을 엿보게 하는 대목에서다. 몇몇 제자들이 권력욕을 위해 수단과 방법을 가리지 않자 나머지 제자들도 함께 갈등하는 심리적 변화를 보게 된다. 이에 예수께서 제자들을 불러 다음과 같이 말씀하셨다.

> 이방인의 집권자들이 그들을 임의로 주관하고 그 고관들이 그들에게 권세를 부리는 줄을 너희가 알거니와 너희 중에는 그렇지 않아야 하나니 너희 중에 누구든지 크고자 하는 자는 너희를 섬기는 자가 되고 너희 중에 누구든지 으뜸이 되고자 하는 자는 너희의 종이 되어야 하리라 인자가 온 것은 섬김을 받으려 함이 아니라 도리어 섬기려 하고 자기 목숨을 많은 사람의 대속물로 주려 함이니라. 마태복음 20:25~28

여기서 혼란스러운 점을 발견할 수 있을 것이다. 그것은 서로 다른 두 가지 상반된 개념이 하나로 묶여 있다는 사실이다. 이를테면 '크고자 하는 자는 너희를 섬기는 자'가 되어라고 하고, '으뜸이 되고자 하는 자는 너희의 종'이 되어야 한다는 말씀이다. 로버트 그린리프가 레오에게서 발견한 '하인'과 '최고 지도자'의 모습이 혼재되어 있는 것과 같다. 리더인 동시에 종이 되어야 하는 서번트 리더는 기존의 리더십과는 아주 다른 개념인 것이다.

예수는 하나님의 본체이나 하나님과 동등함을 취하지 않았으며 사람의 몸을 빌려 자신을 낮추고 십자가에 매달려 죽기까지 순종했다. 이 땅에 섬김을 받으려고 온 것이 아니라 섬기러 온 것이다. 손수 제자들의 발을 씻기며 '너희도 이와 같이 하도록 본'이 되었다. 따라서 서번트 리더십의 실천적 모델은 예수 그리스도이다. 예수의 삶은 사랑의 실천이자

십자가를 택하신 예수 그리스도 엘 그레코의 그림으로 예수 그리스도는 하나님과 인간 사이의 화목을 가져오기 위해 기꺼이 화목제물和睦祭物이 되셨다.

성경적 리더십의 완성으로서 교회 공동체의 핵심적인 목회철학으로 좋은 공동체를 이끄는 구심점이다.[9]

목자가 양을 위해 있듯이, 서번트 리더는 팀원을 위해 존재한다. 성경 속의 예수는 서번트 리더이자 실용적인 리더십의 전형인데, 그것은 예수의 생애와 가르침을 통해 알 수 있다. 예수는 하나님이 주신 소명을 명확하게 알고 있었으며, 광야에서 배우는 훈련 과정을 그의 공생애 사역을 통해 실천했다. 예수는 "혼자만의 시간 갖기, 기도하기, 하나님 말씀을 묵상하고 생활에 적용하기, 하나님의 조건 없는 사랑을 받아들이고 그에 응답하기, 서로 돕는 관계 맺기" 등과 같은 습관이 있었기에 공생애 기간 동안 힘든 상황을 극복할 수 있었다.

이 5가지 습관은 우리에게도 시사하는 바가 크다. 예수는 바쁜 사역의 일정 가운데서 습관을 좇아 하나님 앞에 잠잠히 있으며 고백하고 질문했다. 그러므로 그는 사역에서 승리할 수 있었으며 따르는 사람들에게 천국복음을 전파하고 사람들을 가르치고 치유할 수 있었다.

......
9 유성준, 《세이비어교회 실천편》, 평단문화사, 2006, pp.161~162.

예수는 자신 앞에 놓인 문제들을 묵상하며, 하나님과의 지속적인 교제를 통해 통찰력을 얻었다. 더 큰 도전에 부응함으로써 더 강하게 성장할 수 있었으며, 어떠한 과제가 있더라도 하나님의 뜻에 순종하며 그것을 수행했다. 주변의 동의와 지지를 구하기보다 먼저 내적인 힘, 최선의 길을 안내하는 하나님과 교제하며 세미細微한 음성에 귀 기울였던 것을 보게 된다. 긍휼의 마음으로 소외된 이웃을 섬겼으며, 더 나아가 하나님을 중심에 두고 이웃을 하나님의 선물로 여겼다.

리더에게 강렬한 카리스마를 기대하고 리더가 앞장서서 방향을 결정하고 선택하는 능력으로 팀원들을 인도하기를 요구한다. 하지만 예수의 리더십은 베드로에게 '와 보라'고 초청하고, 그와 함께했다.[10] 자신을 드러내고 실천하는 삶을 보여준 리더십이었다. "고기 잡는 베드로를 섬김으로 이끈 예수는 2,000년 후에도 동일하게 적용하고 역사하고 있는 것이다."

예수는 제자들과 따르는 사람들에게 그들의 존귀함을 전했으며, 모든 사람들은 동등하다는 점을 강조했다. 하나님 나라를 더 잘 이해하도록 하고, 그들이 하나님을 위한 선택을 할 수 있도록 도우심으로 그들을 향상시키고자 서번트 리더십을 실천했다.

개인과 공동체가 건강하도록 하기 위해 서번트 리더는 개인과 공동체의 목적에 헌신하는 사람이다. 예수는 "나를 따라오라 내가 너희로 사람을 낚는 어부"(마가복음 1:17)로 삼겠다고 했으며, 제자들을 직접 선택

---

[10] 고든 맥도날드 외, 윤종석 옮김, 《마음과 마음이 이어질 때》, IVP, 1994, 〈예수님이 베드로를 세워가시는 원리〉 중에서.

하고 그들에게 '따라오라'고 했다. 제자들은 예수를 따르며 예수가 세상에 온 목적에 함께 동참하고 헌신했다. 제자들을 택하시고 함께 거하시며 삶을 통해 모범을 보였고(마가복음 3:14), 제자들의 발을 씻기며 "내가 주와 또는 선생이 되어 너희 발을 씻었으니 너희도 서로 발을 씻어주는 것이 옳으니라 내가 너희에게 행한 것 같이 너희도 행하게 하려하여 본을 보였노라"(요한복음 13:14~15). 예수는 제자들에게 리더는 따르는 사람들에게 군림하거나 권위를 누리는 사람이 아니고 삶을 통해 모범을 보이는 섬기는 사람이라는 것을 분명하게 말씀하셨다.

◯ 사랑과 겸손이 서번트 리더의 출발점이다

'서번트 리더'가 된다는 것은 무엇을 의미하는가? 그것은 서번트 리더가 되고자 하는 이들의 마음과 생각에서 시작된다. 그리고 그것은 그의 삶을 통해서 작용되는데, 예수님의 삶이 제자를 비롯하여 따르는 모든 사람에게 보였던 것처럼 서번트 리더십은 구체적인 삶의 결과로 드러난다.

이러한 개념을 삶과 사역 속에 적용하기 위해 그린리프센터Greenleaf Center에서 강조하는 '서번트 리더십의 10가지 특징'을 활용하고자 한다. 10가지 특징이란 경청, 공감, 치유, 인식, 설득, 비전, 예지력, 청지기 의식, 성장 지원, 공동체 구축을 말하며, 이것을 제2부에서 구체적으로 살펴볼 것이다.[11] 여기에 포함할 서번트 리더십의 근본적인 2가지 특징은 '사랑'과 '겸손'이다.[12] 사랑과 겸손은 서번트 리더가 되고자 하는

......
11 S. 헬레나, 《레오와 서번트 리더십》, 엘테크, 2005, pp.79~142.

열망에 힘을 불어넣는 필수 요소이므로, 이것이 없는 서번트 리더라면 자칫 '모래 위에 지은 집'처럼 될 수 있기 때문이다.

서번트 리더십은 사랑을 실천하는 리더십이다. 그러므로 사랑과 겸손의 의미가 무엇이며 왜 그것들이 서번트 리더십에 작용하는 힘이 어떠한지 생각해보아야 한다. 무엇보다 사랑과 겸손을 이해하려면, 서번트 리더십의 실천적 모델인 예수 그리스도를 알고 닮아가는 삶 속에서 나아가야 할 것이다.

〈빌립보서〉 2장의 '예수님의 자기비하'에 나오는 예수님의 마음으로 이끌어야 한다는 것은 곧 사랑과 겸손을 드러내는 말이다(빌립보서 2:5~11). 사랑과 겸손이 동기부여인 것이다. 섬긴다는 것은 나를 남보다 낮게 여기는 겸손함을 말하는 것인데, 때로는 자신에게도 실수가 있음을 인정해야 한다. 이것이야말로 서번트 리더십을 실천하고 수행하는 과정에 가장 필요한 요소일 것이다.

여기서 사랑은 돌봄, 즉 실천하는 사랑을 말한다. 대개 팀원들이 불평하는 것은 '아무도 나를 돌보지 않는다'는 마음을 포함하고 있다. 그들을 돌본다는 것은 사랑의 행위로서 팀원의 평안에 관심을 가져야 하며 조화로운 관계 맺기가 이루어져야 한다.

서번트 리더가 되기란 쉬운 일은 아니다. 어떻게 한 사람이 섬기는 동시에 지도할 수 있다는 말인가? 팀원에게 지속적인 관심을 갖지 않는다면 분쟁과 불화가 뒤따르고 비효율적인 성과를 이루게 될 것이다. 이

......
12 나는 낸시 혼Nancy E. horn의 《서번트 리더십Servant Leadership》(2004, 2) 자료를 통해서 사랑과 겸손이 섬김의 리더십의 근본적인 특성이 된다는 통찰력을 얻게 되었다.

과정이 모순이지만, 하나님의 사명을 성취하는 삶을 살았던 예수님, 다른 이들도 그와 같이 사명에 따라 살도록 가르쳤던 예수 그리스도의 길임을 배우게 될 것이다.

서번트 리더십의 실천적 모델인 예수님과 함께 좀더 신실한 서번트 리더가 되기 위해 더 많은 성찰이 필요하다. 예수님께서 가르친 삶과 사역의 원칙들을 이해하며, 그것들을 일상에 적용해야 한다. 살아가는 모든 삶의 영역에서 서번트 리더가 되어야 한다. 여기에는 개인적인 영역, 전문적인 영역, 영적인 영역이 포함된다. 그렇게 함으로써 마침내 모든 사람들이 종이며 동시에 리더임을 깨달을 수 있을 것이다.

예수님은 섬김을 받으려고 오신 것이 아니라 섬기러 오셨다. 예수님의 제자라면 우리는 마땅히 그분의 섬김의 도를 배우고 실천해야 한다. 교회의 머리이신 예수께서는 오히려 대속물이 되기 위해 오셔서 십자가의 죽음을 통해 그것을 완성했다. 십자가의 고난을 통해 자신의 리더십을 증명하셨다. 그러므로 예수의 리더십은 철저한 자기 부정의 섬기는 삶을 통해 실현되어야 하며, 이러한 예수님을 닮아가는 삶jesus-cloning life이 되어야 한다.

달라스 윌러드는 서번트 리더의 필요조건으로 '마음을 새롭게 함renovation of the heart'이라 묘사한 바 있다.[13] 따라서 서번트 리더가 된다는 것은 리더 자신의 내면에서 출발해야 한다. 인생관, 선택, 행동 등 즉 내 안에 있는 영성을 말한다. 파커 파머가 말한 내 안에 있는 '어두운 부

-----

[13] Dallas Willard, *Renovation of the Heart : Putting on the Charactor of Christ*, Colotado Springs, Co : Navpress, 2002, p.14.

분' 혹은 '장애들'을 발견하기 위해 '내면의 여행'과 일치한다고 할 수 있다. 그것들이 변화될 수 있도록, 또한 어둠이 아닌 빛에 따라 인도할 수 있도록 내 안에 있는 빛을 먼저 붙들어야 한다.[14]

서번트 리더십의 12가지 특징에 대해 어떠한 기술적인 방법들을 배울 수 있겠지만, 그러한 기능만으로는 서번트 리더가 될 수는 없다. 예수님의 삶 전체에서 보여준 도덕적 영역인 사랑과 겸손 위에 세워지지 않는다면 그것은 무의미할 것이다. 그러므로 서버트 리더가 되고자 한다면 예수님과 같은 삶의 자세를 어떻게 갖출 것인가 하는 것을 깨달아야 한다. '사랑'과 '겸손'이 그 출발점이라고 할 수 있다.

○ 서번트 리더십의 12가지 특성

서번트 리더십의 12가지 특징은 다음과 같이 구성하여 제시하고자 한다.

- 각 특징들에 관한 이론과 성경 구절 제시
- 각 특징에 초점을 맞춘 리더십 계발에 관한 예문 소개
- 각 특징이 의미하는 바에 대한 분석
- 학습 참여자가 각 특징을 일상 속에서 적용하기

이 과정을 통해 서번트 리더로서 아래와 같은 성과를 얻을 수 있다.

......

[14] Parker Palmer, *Leading from Within*, New York : John Wilin&Sons, Inc., 1998, pp.197~208.

또한 성경과 기타 저술들의 조합을 통해 서번트 리더로서 예수 그리스도에 대한 이해를 넓히게 될 것이다.

- 일상의 삶 속에서 사랑을 표현하는 능력이 향상된다.
- 하나님의 자녀로서 자기 겸손이 깊어진다.
- 다른 이들의 말을 보다 효과적으로 들을 수 있게 된다.
- 리더로서 치유 받을 뿐만 아니라 공동체와 프로그램에 적용하여 구성원이 치유되도록 도울 수 있게 된다.
- 공동체를 위한 프로그램을 기획하고 개발하는 데 예측하는 능력을 훈련할 수 있게 된다.
- 공동체 안에서 구성원에게 청지기 의식을 훈련할 수 있다. 더 큰 성과를 위한 프로그램을 제공할 수 있게 된다.
- 구성원의 성장을 위한 리더로서 헌신을 증대시킬 수 있다.
- 공동체 구성원들 사이에서 공동체를 구축하는 일을 보다 깊이 이해할 수 있다.

각 과는 '활동'과 '반응'을 포함하고 있다. 준비의 성격을 띠는 '활동' 부분에서는 현재 알고 있는 지식에 대한 재고再考와 주제에 대한 이해를 결합하고자 한다. 그리고 지식을 보완하기 위해 '반성하기, 읽기, 훈련하기'를 결합한 새로운 요소들을 소개할 것이다. '실천'에 해당하는 부분은 섬김의 리더십 특징을 삶 속에 적용하기 위한 준비 작업의 기술적 부분에 집중하고자 한다.

모든 활동들과 반응들은 소그룹 사역공동체의 구성원이 함께하는 것이 필요하다. 당신이 깨달은 것들에 대해 함께 토론하며 서로 피드백 feedback을 제공하기 위해서이다. 그러므로 이 과정을 진행하는 동안 지속적으로 당신과 함께할 사람을 확실하게 정해두는 것이 중요하다.

제2부

서번트 리더십의 12가지 특성

경청은 소통의 지혜이다

경청은 소통의 지혜이며, 상대방 내면의 목소리에 귀 기울이는 것이다. 잘 들으려고 하기보다 잘 말하고 싶은 사람이 넘치는 시대이기에 더욱 그러하다. "듣고 있으면 내가 이득을 얻고, 말하고 있으면 남이 이득을 얻는다"는 아라비아 속담처럼 말하는 것이 지식의 영역이라면 듣는 것은 지혜의 영역이라고 할 수 있다. 사람의 마음을 얻는 최고의 지혜가 경청이다.

미국 스테판대학의 도널드 베트 박사의 연구 결과에 의하면, 일과 시간 중 언어적 커뮤니케이션은 쓰기 4퍼센트, 읽기 11퍼센트, 말하기 22퍼센트, 듣기 63퍼센트라고 한다. 따라서 성공적인 대화를 하려면, 말을 잘하는 것보다 말을 잘 들어주는 것이 중요하다. 누구나 내 이야기에 귀 기울여주는 사람에게 마음이 끌리게 되어 있다. 올바른 팀 리더, 서번트 리더가 되고자 한다면 팀원을 존중하고 그들의 의견을 수용하는 태도를 가지며, 적극적이고 능동적으로 팀원의 욕구에 귀 기울여야 한다. 상대방의 이야기를 잘 들어주는 것은 물론 말로 표현되는 것 외에도 눈빛, 몸짓, 마음의 움직임까지 알고자 하는 배려를 포함하고 있다.

그러나 이는 결코 쉬운 일이 아니다. 리더 가운데 스스로 경청한다고 생각하는 경우가 많은데 그 중의 대부분은 경청이 아닌 '유사 경청'일 것이다. 유사 경청자는 팀원의 이야기를 충분히 귀 기울이기는 하나 대화 내용과는 무관하게 자신의 의견을 설명하거나 주입하려는 태도를 가지고 있다. 경청하기보다 먼저 리더로서 그 상황을 이해시키고자 한다거나 주장을 관철시키고자 하는 것이다.[13]

이처럼 유사 경청의 경우에 얼핏 팀원의 이야기에 귀 기울이는 것 같으나 그렇지 않다. 팀원의 욕구나 감정과 상황에 대해 깊이 이해하기 어려우며, 이미 자신의 욕구로 가득 차 있으므로 팀원이 어떠한 제안을 하더라도 관심이 없고 중요하게 여기지 않는다. 만약 결론을 가지고 표면적인 대화만 필요했다면 더더욱 형식적인 경청에 지나지 않는다. 팀원들에게서 공동체의 목표에 동참하는 마음가짐을 이끌어내기에는 역부족인 리더가 되고 말 것이다. 팀원은 마음의 문을 닫고 대화를 하기 때문이다.

이런 부류의 리더는 미리 자신의 마음을 정해놓고 진실을 받아들이

---

[13] 조신영·박현찬, 《경청》, 위즈덤하우스, 2007, pp.105~118.

려고 하지 않으며 부정적인 선입견에 사로잡혀 있다. 경청은 비즈니스에서 쉽게 사례를 찾아볼 수 있다. 비즈니스는 수많은 커뮤니케이션이 필요하므로 경청은 필수요소이다. 보고, 지시, 회의, 토론, 면담, 교육 등 말하고 듣는 활동이 지속적으로 이루어진다.

존슨앤드존슨의 전 회장 짐 버크Jim Burke는 커뮤니케이션의 중요성에 대해 말하면서 "재직 중 하루 일과의 40퍼센트를 회사의 핵심가치와 믿음에 대해 직원들과 커뮤니케이션하는 데 할애했다. 그 중 가장 중요한 것은 경청"이라고 했다.

왜곡된 경청은 상대방의 인격, 열정, 마음, 감정은 보이지 않는다. 그래서 오해가 있고 분쟁이 있을 수 있다. 보이지 않는 것들에 대해 추측하게 되고, 그저 말이나 행동으로 판단하기 때문이다. 제아무리 팀원들에 대한 신상명세나 이력을 암기한다고 해도, 그 역시 빙산의 일각일 뿐이다. 이것은 상대방을 이해하는 작은 부분에 지나지 않는다.

그러나 경청은 수면 밑에 가라앉아 있는 나머지 빙산의 모습을 떠오르게 한다. 성실하게 경청이 이루어질 때 상대방을 가장 잘 이해할 것이다. 커뮤니케이션을 잘하는 핵심 비결이며 지시나 통보의 수준에서 벗어날 수 있다. 진정한 서번트 리더십이 발휘되며, 의견이나 정보를 공유하면서 아름다운 교제, 행복한 공동체를 이루며 도전 목표에 다가갈 것이다.

◯ 경청은 서번트 리더의 핵심 키워드이다

리더는 듣는 사람이어야 한다. 잘 들을 때 진정한 리더가 될 수 있다. 말하는 내용에 주목할 뿐만 아니라 팀원의 의도와 생각까지 느껴야 한다. 말 속에 숨은 뜻을 파악할 수 있어야 하는 것이다. 편견을 가지고 있을 때에는 제대로 경청할 수 없다. 감정이 개입되거나 선입견이 있을 경우, 방해가 되기 때문에 가능하면 객관적이고 열린 마음으로 대해야 한다.

성급하게 결론을 내리거나 듣는 도중에 말하려고 한다면 온전한 경청이라고 할 수 없을 것이다. 비록 대화 내용이 지루하고 불필요하더라도 인내심을 가지고 들어야 하며, 요점을 파악하고 대화하는 것이 좋다. 간혹 질문을 통해 궁금증을 내어놓기도 하면서 부드럽게 대화를 이끌며, 주제에서 벗어난 호기심을 드러내는 것을 삼가야 한다. 경청은 새로운 정보와 아이디어를 얻고 상대방에게서 무언가 배울 수 있는 기회이다.

경청에는 여러 타입이 있는데, 크게 구분하면 세 가지로 나눌 수 있다. 공감이나 집중, 몰입 없이 상대방이 말하도록 내버려두는 상태인 수동적 경청passive listening, 상대방의 눈빛을 마주하며 공감을 표현하면서 상대방의 이야기를 존중하는 적극적 경청active listening, 말의 내용의 전후 상황을 고려하여 상대방의 의도와 감정과 배경까지 헤아려 듣는 맥락적 경청contextual listening이다.

맥락적 경청은 단순히 이야기를 잘 듣고 이해하는 것과는 다르다. 내면의 소리와 만나는 것이다. 말의 내용은 물론 말하는 사람의 의도, 욕구, 내면의 감정까지 이해하려는 적극적이며 긍정적인 커뮤니케이션 활동이다. '가장 유쾌한 대화의 상대'라고 칭찬받았다면, 그가 한 일은 다만 상대방의 이야기를 잘 들어준 것이다. 그러므로 경청은 상대방을 존중하는 최고의 찬사이며, 상대방을 기분 좋게 하는 통로인 것이다.

누군가를 잘 섬기려면 가장 먼저 해야 할 일은 경청이다. 경청은 자신의 처지에서 상대방의 말을 듣는 것이 아니라 상대방의 처지에서 이해하려는 마음가짐에서 비롯된다. 경청이 단순하게 듣기와 구분되는 이유이다. 그 마음가짐이 서로 다른 것이다.

○ 경청은 생각과 마음에 귀 기울이는 것이다

가장 효과적인 경청은 상대방의 이야기뿐만 아니라 기분까지도 알아내기 위해 듣는 마음가짐이다. 말하는 사람의 음색이나 표정, 제스처와 같은 비언어적인 표현에도 주의를 기울여야 한다. 귀로만 듣는 것이 아니라 눈으로 듣는다면 새로운 것을 얻게 될 것이다.

경청은 상대의 감정에 겸손하게 공감하면서 들어야 한다. 그러려면 먼저 상대방이 얼마나 소중한 존재인지 인정할 때 맥락적 경청이 가능하다. 인격적으로 만날 때 비로소 마음의 소리를 들을 수 있으며, 먼저 이해하려는 노력이 있다면 더욱 좋다.

경청하다가 보면 자연스레 상대방에게 다양한 질문을 던지기도 하는데, 경우에 따라 질문이 대화의 방해요소가 되기도 하므로 주의해야 한다. 또한 상대방의 의지와 상관없이 조언을 한다거나, 자칫 대화 내용을 제대로 숙지하지 못한 채 엉뚱한 질문을 하는 경우가 있다는 것을 인식해야 한다.

그뿐만 아니라 선입견을 가지고 짐작하고 판단하는 가운데 대화하게 되었다면, 대화 내용을 오해하거나 왜곡하지 않으려는 노력이 필요하다. 따라서 마음을 비우는 일이 선행되어야 한다. 아무 생각을 하지 말라는 것이 아니라 편견, 욕구, 하고 싶은 말 따위를 내려놓으라는 의미이다.

바꿔 말하면, 경청하는 것이 바로 서번트 리더의 자세이다. 피터 드러커, 스티븐 코비, 톰 피터스 등 비즈니스 세계를 선도하는 리더들이 공통되게 강조하는 핵심 중 하나가 경청이며, 래리 킹이나 오프라 윈프리 같은 언어의 마술사 역시 첫 번째로 꼽는 것이 경청이다.[14]

이처럼 경청은 단순히 다른 사람의 이야기를 잘 듣고 이해하는 것과는 의미가 다르다. 경청한다는 것은 사실에 대한 확인뿐만 아니라 상대방의 내면의 목소리와 만나는 것이다. 내면의 목소리는 상대방을 진심으로 이해하고자 할 때 들을 수 있다. 수용적인 태도가 아니고는 들리지 않는다.

궁극적으로 상대방과 같은 마음이 되고자 해야 한다. 내면의 목소리에 귀 기울인다는 것은 바람소리에서 어떠한 생각을 읽어내는 것과 같을 것이다. 어쩌면 불가능한 일이라고 느낄 수도 있다. 하지만 상대방을 존중하는 자세라면 들을 수 있다.

○ 경청은 내적 치유의 첫걸음이다

성경과 심리학을 조화롭게 통합시킨 레스 패로트 Les Parrott 교수는 청소년 상담에서 적극적인 경청이 해답을 가져다준다고 했다. 상담의 핵심이며 청소년의 고민거리를 이해할 수 있기 때문이다. 따라서 부모, 상담자, 청소년 사역자들에게 경청하라고 당부한다. 경청은 내적 치유의 첫걸음인 것이다.

......
[14] 래리 바커 · 키티 왓슨, 윤정숙 옮김, 《마음을 사로잡는 경청의 힘》, 이아소, 2006, p.15.

뛰어난 경청의 리더는 겸손하게 공감하며 듣는 사람이다. 겸손하면 들을 수 있고 교만하면 들을 수 없다. 경청은 귀로만 듣는 것이 아니다. 눈빛이나 입매, 손짓이나 몸짓에서도 들을 수 있는 것이다. 그러므로 경청은 사물에 대해 깊이 묵상하고 성찰하는 태도와 무관할 수 없다. 자신의 내면에 귀 기울일 때도 마찬가지일 것이다.

말을 배우는 데는 2년, 침묵을 배우는 데 60년이 걸린다고 한다. 누구나 듣기보다 말하기를 좋아하는 이유는 내가 먼저 이해받고 싶기 때문이다. 그러나 이해받으려면 먼저 상대방에게 귀를 기울여야 한다.

상담치료사의 경우, 상담자의 말을 들어주는 것이 치료의 첫 번째 단계라고 한다. 말을 들어주는 것만으로 치료가 시작된다는 것이다. 이와 같이 말을 들어준다는 것은 진지하게 상대방의 내면에 있는 감정이나 정서까지 포함해서 들어주는 것을 말한다. 누군가 귀를 기울여준다면 내면의 갈등이 어느 정도 해결된다는 말일 것이다.

대부분 이야기를 열심히 들어준다고 하지만 '제대로', '끝까지' 듣기 전에 자신의 기준으로 판단해버린다. 이처럼 듣는 사람이 판단하게 되면 더는 커뮤니케이션이 불가능하다. 말하는 사람이 입을 다물고, 듣는 사람은 끝내 말하는 사람의 속내를 알지 못한 채 착오에 의한 결정을 내리게 된다.

그러므로 경청에는 '공감'이 필요하다. 상대가 무슨 말을 하더라도 그대로 받아들이며, 말하는 사람으로 하여금 자기 일처럼 느끼고 이해하고 있다는 신뢰감을 제공하는 것이 좋다. 물론 똑같은 감정을 느낄 수 없더라도, 같은 처지에 놓였다면 어떤 심정일지 헤아려 가능한 한 같은 기분을 느끼려는 노력이 '공감'이다.

그리고 공감에 대해 어떤 형태로든 표현하는 것이 필요하다. 고개를 끄덕이다가 가볍게 손뼉을 치기도 한다면 공감의 메시지가 전달될 것이다. '그렇군요?'라고 되묻는 것도 공감의 한 표현일 것이다. 상대방이 말하려는 내용을 반영해주거나 확인해주는 것이 가장 효과적이다.

○ 하나님의 말씀을 경청해야 한다

묵상하는 시간은 자투리 시간을 하나님께 드리는 것이 아니라 가장 소중하고 귀한 시간을 드려야 한다. 하나님은 언제든지 우리에게 말씀하시기를 원한다. 그러므로 하나님의 뜻을 깨닫고자 하고 하나님의 역사하심을 듣고 선포하는 것이다. 이것이 하나님에 대한 경청이다. 이때 말씀에 동의하는 것을 의미하는 것이 아니라 감성적이며 지적으로 완전하게 신뢰하고 이해하는 것을 말한다.

또한 하나님은 우리 내면의 소리에 귀 기울이는 분이다. 한 사람의 신음소리, 한 사람의 세미한 음성에도 깊은 관심을 가지고 존중하며 듣는다. 그러므로 우리에게도 귀 기울이라고 말씀하시는 것이다. 말에 집중함으로써 말하는 상대방에게 존경과 사랑을 표현하는 태도가 경청이라면, 하나님의 음성을 들을 때도 올바른 태도를 갖추고 듣는 훈련이 필요하다. 어떻게 하는 것이 하나님의 음성을 경청하는 바른 태도일까?

하나님께 경청하는 태도는 집중하고 주목하는 것이다. 일정한 시간에 일상생활을 멈추고 주님을 바라보아야 한다. 〈시편〉 62편 5절에서 "나의 영혼아 잠잠히 하나님만 바라라 무릇 나의 소망이 그로부터 나오는도다"고 노래하고 있다. 하나님께서 말씀하시는 것이 나의 소망이어

야 하는 것이다.[15]

　너무 바빠서 하나님 말씀을 경청할 시간이 없다고 말하기도 한다. 그러나 그것은 생명과 기쁨과 행복을 포기하는 것과 같다. 하나님의 말씀이 우리의 근원이기 때문이다. 기도와 묵상으로 하나님의 말씀을 경청할 때 삶의 진정한 목표를 깨달으며, 무엇을 선택해야 할지, 무엇이 옳고 그른지 알게 된다. 따라서 삶이 견고해지고 평안과 안식을 누릴 수 있다.

　경청에는 순종이 뒤따를 때 가치가 있다. 순종하지 않는다면 경청은 무의미한 것이다. 순종이라는 말은 라틴어로 'Oboedire(오베디레)'이며, 어원은 'Ob-audire(오보 아우디레)'에서 온 것인데, '듣는다(to listen)'라는 뜻을 가지고 있다. 그러므로 순종은 하나님 말씀에 귀 기울이는 것이 그 시작이라고 할 것이다.

---

[15] 월터 C. 라이트 Jr., 양혜정 옮김, 《관계를 통한 리더십》, 예수전도단, 2002, p.228.

✤ 경청에 관한 성경 구절

너희 말을 듣는 자는 곧 내 말을 듣는 것이요 너희를 저버리는 자는 곧 나를 저버리는 것이요 나를 저버리는 자는 나 보내신 이를 저버리는 것이라 하시니라. 누가복음 10:16

내 사랑하는 형제들아 너희가 알지니 사람마다 듣기는 속히 하고 말하기는 더디 하며 성내기도 더디 하라. 야고보서 1:19

너는 권고를 들으며 훈계를 받으라 그리하면 네가 필경은 지혜롭게 되리라. 잠언 19:20

사연을 듣기 전에 대답하는 자는 미련하여 욕을 당하느니라. 잠언 18:13

네가 말이 조급한 사람을 보느냐 그보다 미련한 자에게 오히려 희망

이 있느니라. 잠언 29:20

❋ 생각하기

판단하며 듣는 사람
이런 부류의 사람은 미리 자신의 마음을 정해놓고, 진실을 받아들이려고 하지 않는다. 이런 사람은 비평적이고, 부정적이며 선입견에 사로잡혀 있다. 17퍼센트의 사람이 이런 부류에 속한다.

질문하며 듣는 사람
이런 부류의 사람은 경청하는 것은 상대방에게 계속해서 많은 질문을 던지는 것이라고 생각한다. 질문은 대화에서 중요하지만 곧 쓸모없어진다. 26퍼센트의 사람이 이런 방식으로 접근한다.

조언을 하며 듣는 사람
더 많은 수(35퍼센트)의 사람들이 이 부류에 속한다. 이 사람들은 신속한 평가를 내릴 만큼 충분히 듣고 나면 상대방이 원하지도 필요하지도 않는 조언을 상대방과는 상관없이 전한다. 이런 방식으로 접근해갈 때 생기는 문제점은 무슨 조언을 할 것인지를 생각하느라 너무 바쁜 나머지 실제로는 상대방의 말을 듣지 않는다는 것이다. 이런 경우 당신은 상대방이 하는 말 전부를 듣고 있는 것은 아니다.

감정이입을 하며 듣는 사람

22퍼센트의 사람들만이 사용하는 접근법이며, 가장 효과적인 방법이다. 상대방이 이야기하는 내용뿐만 아니라 그 사람의 기분까지도 알아내기 위해 듣는 것이다. 말하는 사람의 음색이나 얼굴 표정, 제스처와 같은 비언어적인 표현에도 주의를 기울인다.

❋ 자신의 경청 능력 파악하기

문제에 대한 대답으로 자신의 기준에 맞는 숫자를 표시하라.

1=거의 그렇지 않다   2=가끔 그렇다   3=때때로 그렇다
4=종종 그렇다   5=거의 항상 그렇다

---

1. 남의 말을 들을 때 남의 이야기를 끊지 않고 끝까지 듣는 편이다. (   )
2. 누군가 나에게 말할 때 내가 다음에 말할 내용을 생각하지 않는다. (   )
3. 남의 말을 들을 때 나는 내가 듣고 싶은 내용에만 집중하지 않는다. (   )
4. 상대방의 말의 내용을 잊어버렸을 때 다시 말해달라고 부탁하는 편이다. (   )
5. 누군가 나에게 말할 때 자신의 경험과 연관시키지 않고 객관화한다. (   )
6. 누군가 나에게 말할 때 나는 몸짓과 표정을 통해 반응하는 편이다. (   )

※ 각 부문에서 점수가 낮다면 당신은 할 일이 많아진다. 당신이 각각의 문제에서 확인하고 경청에 방해가 되는 요소들을 극복할 듣기 기술을 어떻게 연습해나갈 것인지 일지에 적어보라.

❈ 맺는 말

그동안 내가 속한 공동체에서 구성원들과 함께 나누었던 대화를 다시 한 번 생각해보라. 그 대화 속에서 당신이 상대방의 말을 들었던 방식과는 무엇이 달랐는지 일지에 적어보라.

- 무엇이 당신으로 하여금 그들의 말을 듣는 데 방해가 되었는가?
- 그들 중에 어느 한 사람의 말만 주의 깊게 듣고 다른 이들의 말을 듣는 데에는 소홀하지 않았는가? 그렇다면 왜 그런 차이가 생겼는가?

이제, 당신이 어떻게 하면 이 과정을 통해 경청하는 서번트 리더가 될 수 있을지 다시 한 번 생각해보라. 당신의 생각을 일지에 정리해보고 다른 사람들 또한 보다 잘 듣는 사람이 될 수 있도록 돕는 방법을 생각해보라.

경청에 관한 테스트

당신의 응답을 표시하는 데 5단계의 평가 점수 기준에 맞추어 문제를 풀어라. 대답을 끝낸 후 점수를 더하라. 각 항의 점수가 낮을수록 더 많은 노력을 해야 한다.

> 1=거의 그렇지 않다 2=가끔 그렇다 3=때때로 그렇다
> 4=종종 그렇다 5=거의 항상 그렇다

1. 누군가가 나에게 말하고 있는 것을 들을 때 '이 사람이 진정으로 생각하거나 느끼고 있는 것은 무엇인가?'라고 생각한다. (   )

2. 누군가가 나에게 말하고 있는 것을 들을 때 다음에 말할 내용을 생각한다. (   )

3. 누군가가 나에게 말하고 있는 것을 들을 때 내가 듣고 싶은 내용에 집중하는데, 그것이 내게 중요하기 때문이다. (   )

4. 누군가가 나에게 말하고 있는 것을 들을 때 나는 개인적인 다른 생각을 한다. 말하고 있는 사람이 내가 생각하고 싶어하는 내용을 떠올리게 했기 때문이다. (   )

5. 내 마음이 산만할 때 누군가가 나에게 말을 하는 것을 들으면 나는 그에

게 방금 전에 말했던 것을 다시 한 번 말해달라고 부탁한다. ( )

6. 누군가가 나에게 말하고 있는 것을 들을 때 내가 듣고 있는 내용을 나의 경험과 연관시킨다. ( )

7. 누군가가 나에게 말하고 있는 것을 들을 때 나는 그의 말하는 패턴과 내용을 또 다른 사람의 말하는 패턴이나 표현과 비교한다. ( )

8. 누군가가 나에게 내가 정말로 관심 없어 하는 것에 대해 말할 때 나는 이야기의 주제를 바꾸기 위해 다른 말을 한다. ( )

9. 누군가가 나에게 말하고 있는 내용이 별로 대단치 않은 것임을 알았을 때 나는 곧바로 그것을 하찮다고 생각한다. ( )

10. 누군가가 나에게 말하고 있을 때 내가 좋은 사람으로 보이고 싶으면 나는 그가 말하는 모든 것에 동의하며 고개를 끄덕인다. ( )

11. 이성異性이 나에게 말하는 것을 들을 때 그것이 동성同性이 내게 말하는 것만큼 중요한 것이 아니기에 주의를 기울이지 않는다. ( )

12. 팀원이 리더인 나에게 말하는 것을 들을 때 나는 곧바로 팀원이 가지고 있는 두려움을 진정시켜준다. 리더인 내가 편안하고 좋은 분위기를 만들 수 있음을 알기 때문이다. ( )

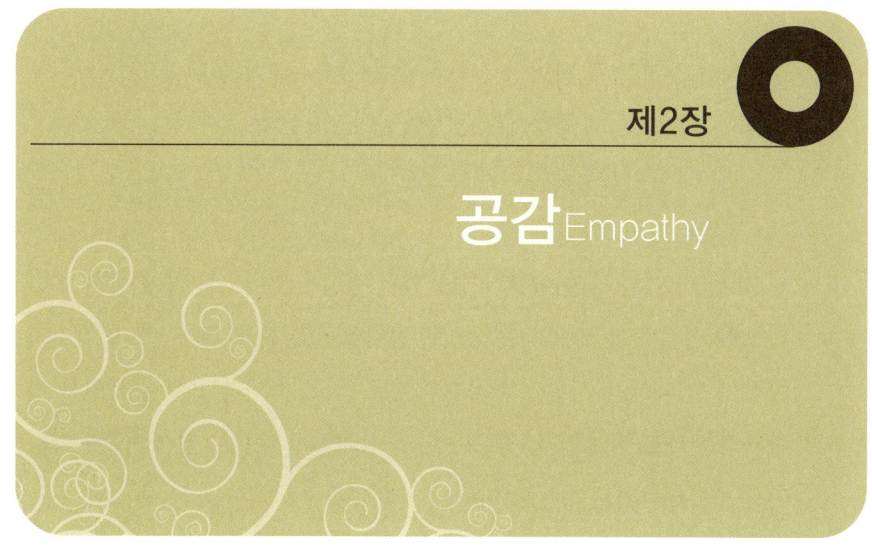

제2장

공감 Empathy

○ **가슴으로 듣는 공감 리더십**

공감은 상대방의 생각에 귀 기울이고 그의 감성에 주파수를 맞추는 행위이며, 차원 높은 이해력이다. 그러므로 상대방을 이해하려는 노력이 필요하다. 성공적인 리더들의 공통점은 대개 공감하는 데 익숙한 사람들이다. 공감을 통해 팀원에게 무엇이 필요한지 아는 것이다.

누구나 특유의 개성과 재능이 있으며, 남다른 성품이 있을 것이다. 이것을 그대로 받아들이고 인식하는 것이 중요하다. 공감은 선의를 바탕으로 대하며, 가슴으로 들을 때 가능한 일이다. 그러나 대부분 가슴보다 머리로 받아들이는 경우가 많다. 분석하고 판단하려고 하며, 비판하고 결론을 유추하는 것이다. 공감은 상황이나 상대방에 대해 논리적으로 분석하려는 것보다 그 사람이 경험한 것을 공유하고 공통의 느낌을 느끼고자 하는 데 있다. 그 과정에서 감정이입이 일어나는 것이다.

"맞아, 맞아!"

"그래, 나도 그랬으니까."

누군가 어릴 적 이야기나 힘들었던 경험을 이야기할 때 집중하여 듣다보며 저절로 눈빛이나 몸짓으로 공감을 표현하게 된다. 그 이야기가 공감이 될 때에는 시선으로 표현하기도 하고, 자세를 고쳐 앉으면서 집중하려는 태도를 보인다. 경우에 따라 상대방과 나누고 협력하고자 하는 마음이 우러나기도 하는 것이다.

○ 공감은 바이러스처럼 전염된다

다원화된 사회일수록 공감의 리더십이 더욱더 필요하다. 리더로서 팀원의 감정과 정신에 공감한다는 것은 소중한 사람을 얻는 것이며, 개개인의 다양성을 인정한다는 것을 의미한다. 팀원에 대해 정확한 이해와 공감은 공동체를 긍정적인 팀워크로 이끄는 동기가 될 것이다.

2004년 1월 〈하버드 비즈니스 리뷰Havard Business Review〉는 '리더의 마음속Inside the Mind of the Leader'에 관한 이슈를 다루었다. 리더의 정서적 지성에 대한 것이었는데, 다른 사람들이 공동체의 정서적 상태를 어떻게 느끼고 평가하는지를 직관적으로 파악하면서 그들의 감정을 읽고 조절할 수 있는 능력에 대한 기사였다.

18명의 CEO들과 비즈니스 리더들의 인터뷰에서, 그들 대부분은 훌륭한 리더십의 필수 조건으로 공감을 지목했다. 리더가 동업자들과의 관계를 증진시키는 데에는 그들과 단순한 계약을 맺는 것보다는 공감을 하는 편이 훨씬 도움이 된다는 것이다.

그것은 어떻게 하면 공감하는 능력을 발전시킬 수 있을 것인가 하는 데에 할애될 수 있다. 그러나 공감의 진정한 기초가 되는 것은 다른 사람들의 경험과 정신세계에 대한 진실하고 본능적인 관심이다. 자신이 속한 공동체 구성원에게 공감한다고 해서 만만한 대상으로 비춰지는 것은 아니다. 사람들과 공감하는 것은 구성원들과 조화를 이루어내는 일이라 할 수 있다.

상대방에게 공감하고, 상대방의 공감을 이끌어낼 때 무엇보다 자신감이 필요하고, 그들과 소통해야 할 것이다. 팀원들의 눈치를 보는 리더라면 자신의 의사를 당당하게 표현할 수 없으며, 공감을 이끌어내기는 더욱 어렵다.

'Empathy(공감)'는 그리스어에서 유래된 말이다. Em은 '안' 혹은 '내부'를 의미하고 Pathy는 '애절함', '감정', '고통' 등을 의미하는 Pathos에 뿌리를 두고 있다. 이해와 감정이입의 출발점이 어디에 있느냐에 따라 동정이거나 공감일 것이다. 공감하게 되면 함께 수고하게 되며, 나누고 섬기며 돕고자 한다. 그러나 동정은 그렇지 않다. 마음만 앞설 뿐 반드시 행동이 뒤따르지 않는다.

동정은 가치관이나 자신의 견해에 따라 상대방을 파악하려는 것이라면, 공감은 상대방의 상황을 공유하고 이해하는 것이다. 공감은 상대방과 동일한 처지가 되고자 하는 마음으로 그들과 함께 웃고 우는 것이며, 동정은 상대방이 놓인 상황이나 사정이 안쓰러워서 눈물을 흘리는 것이다.

이처럼 리더의 마음가짐이 공감을 통해 전해지므로 공감을 위해서는 커뮤니케이션이 필요하다. 구성원의 부분적인 태도에 사로잡히지 말고, 기존의 경험이나 인식, 고정관념이나 선입견에서 벗어나야 한다. 말할 때 일방적으로 비판하거나 충고하는 태도를 버려야 하다. 상대방이 긴장하게 되어 공감을 방해하기 때문이다.[16]

공감은 불확실했던 감정을 정리하고 스스로 문제를 해결하려는 내적 동기부여의 요소이며, 긍정적인 비전의 통로가 된다. 리더로서 팀원들에게 무엇이 힘들었는지, 무엇이 필요한지 살피고 지지한다. 이렇게 함으로써 팀원의 생각이나 태도에 돕고자 하는 것이다. 그러므로 서번트 리더의 공감은 불확실하거나 혼란스러운 상황에서 벗어나 팀원들의 정신적·심리적으로 에너지가 소모되지 않도록 도우며, 팀워크와 목표에 몰입하여 높은 성과를 얻게 하는 것이다.

리더가 열정적이고 긍정적이라면 구성원 역시 동일하게 변화된다. 공감 리더십은 전파력을 가지고 있어서 쉽게 전해지기 때문이다. 그러므로 리더가 스트레스가 심할 때는 스스로 건강해지고자 하는 자정 능력이 있어야 한다. 감사하고 기쁜 마음으로 구성원을 대할 때 바이러스처럼 공감이 전염되어 구성원들 역시 기쁘고 즐거울 것이다.

○ 공감은 리더십을 표현하는 도구이다

훌륭한 공감의 상대가 되려면 상대방의 마음을 이해해야 한다. 좋은 말

---

[16] 리처드 보이애치스·애니 맥키, 정준희 옮김, 《공감 리더십》, 에코의서재, 2007, pp.305~320.

은 더 기분 좋게, 부담스러운 내용이라도 서로 이해하고 공감에 이를 수 있도록 부드럽게 대화하는 것이 필요하다. 성의 있고 진실한 자세, 상대방에 대한 세심한 관찰, 긍정과 공감에 초점을 둔 대화 기법이 안정감 있는 공감에 이르게 한다.

말을 잘하는 사람은 남의 말을 잘 듣는 사람이다. 상대방보다 나중에 이야기하며, 상대방의 말에 세심하게 귀 기울인다. 목적을 파악한 다음 그에 맞추어 경청하며, 말이 채 끝나기 전에 어떤 답을 할까 궁리하지 않는다. 주의가 분산되면 경청이 어렵고 공감에 이르기는 더더욱 어려워지기 때문이다. 상대방의 성격, 인품, 습관을 파악하는 데에도 신경을 쓰며, 불필요한 감정이나 시간의 소모 없이 생산적인 대화를 이끌어가기 위해서 노력한다. 공감을 표현하는 가장 손쉬운 방법은 상대방의 대화 내용에 대해 되묻는 것이다.

"요즘 손님들이 부쩍 줄어서 힘이 듭니다."

"그랬군요? 힘드시겠습니다."

또는 '아, 네?'라고 가볍게 표현하기도 한다. 누구나 자신의 슬픔이나 기쁨, 어려움에 공감하는 이들에게서 친근감을 느낀다. 누구나 자신의 자랑거리를 많이 드러내고자 한다. 그러나 이러한 욕구를 제어하지 못하면 '푼수'처럼 보일 수 있다. 내면적 자신감과 잘난 척하는 것은 다르기 때문이다. 장점은 상대방이 인정할 때 더욱 빛이 나는 것이며, 오히려 단점과 실패담을 드러낼 때 친밀해질 수 있다. 더 많은 공감대를 얻을 수 있는 게 무엇인지 생각할 필요가 있다.

논리적 대화법은 공감을 얻는 데 큰 힘이 된다. 그러나 서로 생각이 다르거나 토론이 이루어지고 있을 때 무조건 논리적인 태도를 취한다면

겟세마네에서 기도하는 예수 예수님은 병들고 부족한 자, 소외되고 가난한 자, 슬프고 괴로운 자들을 위해 항상 기도했다. 그것이 예수님의 치유 능력이었다.

분위기를 경직시키고, 자칫 부정적으로 이끌 우려가 있다. 일단 논쟁이 마무리되면 반드시 서로의 감정을 이해하고 정리하는 과정을 밟는 것이 필요하다. 이때 내면의 감정에 호소하는 방법도 괜찮다.

○ 공감은 하나님의 마음으로 깨닫는 것이다

고독과 외로움이 깊어지면 병이 된다. 영혼 깊은 곳은 참 사랑을 원하지만, 채워지지 않는 영적 빈곤함으로 자신은 행복하지 않다. 이처럼 상처받고 고독한 사람들을 치료할 사명이 바로 그리스도인들에게 있다. 사랑을 많이 받은 사람이 사랑을 더 많이 준다고 한다. 그리스도인들은 하나님의 무한한 사랑을 받은 사람들이기 때문이다. 이것이 공감이다.

예수님은 항상 병들고 부족한 자, 소외되고 가난한 자, 슬프고 괴로운 자들과 함께했다. 공감하며 치유하는 예수님, 그것은 곧 공감하는 하나님의 모습이기도 하다. 그러므로 공감은 사랑이며 치유이기도 하다. 공감의 실천은 축복이다. 비록 그만한 인격을 갖추지 못했다고 하더라도 하나님께 맡기면 무엇이든지 가능하다. 우리는 모든 사람을 섬기는 예수

님처럼 모든 사람들과 평화를 누리는 사람이어야 한다.[17]

　리더로서 구성원에게 공감하는 것은 그를 바라보는 하나님의 마음을 깨달아야 하며, 그 깨달음은 여러 공감의 모습으로 나타날 수 있다. 느헤미야는 자신의 높은 신분을 포기하고 민족의 비참함 속으로 자처해서 들어갔다. 그리고 그는 누구보다 뜨거운 열정으로 단순한 마음의 위로를 넘어 실질적인 과업인 성벽을 백성들과 함께 완공하게 된다. 하나님의 뜻이 공감을 통해 선하게 역사한 결과이다.

　성경이 말하는 '함께하는 삶'이란 '더불어 사는 것'이 아니라 온전히 '하나'가 되는 것이다. 하지만 온전히 하나되는 것처럼 꿈 같은 이야기일지 모른다. 그러나 온전히 하나되는 것은 공감에서 시작한다. 공감은 단순히 그 사람의 감정을 느끼는 수준을 말하지 않는다. 상대방의 감정을 내 것으로 받아들이고 그 사람의 아픔을 가슴으로 받아들여 내 아픔으로 받아들이는 수준의 공감을 말하는 것이다.

　예수가 "네 이웃을 네 자신 같이 사랑하라"(마태복음 22:39) 했듯이 이를 실천할 수 있어야 한다. 지식이나 명분만으로 행동하는 것이 아니라 이웃에 대한 깊은 공감을 바탕으로 실천해야 한다. 공감을 통해 나눔을 실천하고, 부당한 것들에 대해 분노할 수 있어야 한다. 다른 사람의 고통에 대해 둔감하고 분노를 하는 것에 갈등하게 된다. 화를 내면 내 마음이 좁아서 그런 것이 아닐까 의심하거나, 평화를 바라는 그리스도인으로서 죄가 아닐까라고 주춤거리게 된다. 이것을 뛰어넘는 공감이 필요하다.

......

[17] 찰스 스탠리, 이미정 옮김, 《하나님의 음성을 듣는 법》, 두란노, 2002, pp.85~120.

분노에는 이기적인 분노와 깊은 관심과 애정의 다른 표현인 분노가 있다. 후자는 하나님의 역사하심을 내면화하는 공감인 것이다. 아픔과 슬픔, 고통과 어려움을 도우며 함께하는 것이다. 예수님처럼 말이다.

우리의 생각으로 도우려고 하지 말고 그들에게 공감하고 그들의 방식대로 도움을 줄 때 우리의 영성이 회복될 것이다. 앞서 나가는 사람을 이해하기 어렵고 뒤따라오는 사람이 답답할 수도 있다. 하지만 영적 관계를 소중히 여기는 우리는 성령에 이끌리고 있다는 것을 알게 될 것이다.

❋ 공감에 관한 성경 구절

내 아들아 네가 만일 나의 말을 받으며 나의 계명을 네게 간직하며 네 귀를 지혜에 기울이며 네 마음을 명철에 두며 지식을 불러 구하며 명철을 얻으려고 소리를 높이며 은을 구하는 것 같이 그것을 구하며 감추어진 보배를 찾는 것 같이 그것을 찾으면 여호와 경외하기를 깨달으며 하나님을 알게 되리니 대저 여호와는 지혜를 주시며 지식과 명철을 그 입에서 내심이며. 잠언 2:1~6

❋ 자신의 공감 능력 파악하기

다음의 문제에 대한 대답으로 자신의 기준에 맞는 숫자를 표시하라.

> 1=거의 그렇지 않다　　2=가끔 그렇다　　3=때때로 그렇다
> 4=종종 그렇다　　5=거의 항상 그렇다

제2부 서번트 리더십의 12가지 특성　061

1. 남의 이야기를 들을 때 남을 이해하려고 노력하는 편이다. (   )
2. 공감을 표현할 수 있는 방법들을 알고 있는 편이다. (   )
3. 다른 사람의 이야기를 들을 때 상대방의 이야기나 감정을 공감하지 못하게 하는 요소를 제거하고 듣는 편이다. (   )
4. 상대방의 이야기를 들으면서 상대방이 울 때 함께 울며, 웃을 때 함께 기뻐하는 편이다. (   )
5. 팀원이 겪고 있는 어려운 일들을 듣게 되었다. 그를 만나 그에게 무슨 일이 있었는지를 이해하는 마음과 그에게 해줄 수 있는 말을 하는 편이다. (   )

※ 각 부문에서 지수가 낮다면 당신은 할 일이 많아진다. 당신이 각각의 문제에서 확인하고 공감에 방해되는 요소들을 극복할 듣기 기술을 어떻게 연습해나 갈 것인지 일지에 적어보라.

❊ 공감 배우기

공감적인 경청이 되기 위해서 다음과 같은 모습이 되도록 노력해야 한다.

- 시선이나 자세를 상대방 쪽으로 향한다. 부드럽고 부담없는 시선으로 응시하며 자세를 상대방 쪽으로 약간 기울인다. 시선을 외면하거나 뒤로 젖힌 자세는 상대방에게 거부감과 무시당하는 느낌을 줄 수 있다.
- 처지를 바꾸어 본다. 사람마다 성장배경과 처지가 다르기 때문에 자신의 생각과 다를지라도 '나라면 안 그럴 텐데'가 아니라 상대방의 처지가 되어 그럴 수밖에 없는 이유가 무엇인지를 찾는다.
- 말의 내용뿐 아니라 내면의 감정에 주의를 기울인다. 대화할 때 내

면적인 감정을 그대로 드러내는 경우는 드물다. 따라서 겉으로 표현된 말뿐 아니라 그 속에 담겨 있는 동기나 욕구와 감정을 탐색하며 상대방을 이해하려 애쓴다.

- 의문점이 있으면 질문한다. 지레 짐작하는 것으로 끝내지 말고, 상대방의 말에서 확실하게 파악되지 않는 점들을 확인한다. 그래야 관심을 기울이고 있는 것을 상대방이 알 뿐 아니라 공감 수준도 깊어진다.
- 판단하지 않는다. '옳다, 그르다', '착하다, 악하다'와 같이 상대방을 평가하거나 판단하지 말고 상대방이 느끼고 행하는 것 자체를 공감한다. 맞고 온 아이에게 '바보처럼'이라고 판단하기보다 '분하고 억울한 마음'을 이해하고 이를 전달할 수 있는 부모에게 아이들은 마음의 문을 연다.
- 선입견이나 편견에서 벗어난다. 상대방의 과거, 전해 들었던 말, 신체적 특성 등에 의한 선입견과 주관적인 판단에 좌우되지 않고, 상대방이 '지금, 여기'에서 느끼고 행하는 바가 무엇인지에 초점을 맞추어 듣는다.
- 결점이나 문제점보다 감추어진 장점과 잠재력을 찾으며 듣는다. 다른 사람의 문제점은 누구나 쉽게 찾는다. 그러나 공감을 잘하고 남의 말을 잘 들어주는 사람은 남이 찾지 못하는 상대방의 장점을 찾는 능력이 뛰어나다.
- 표현된 말보다 비언어적인 메시지를 기울인다. 말의 내용보다 목소리의 강약과 떨림, 시선, 제스처, 억양, 표정, 자세 등에 더 많은 내면적 정보가 실리기 때문에 상대방의 말을 이해하고 경청하기 위해서는 이러한 비언어적 단서들에 민감해야 한다.

❋ 맺는 말

사람들과 관계를 맺는 데 많은 동기들이 있지만, 대개 깊은 관심을 보여주고 이해하고자 하는 사람들을 선호하는 경향이 있다. 공감을 표현할 적에 '다른 사람의 처지에서 생각하려고' 노력함으로써 그들에게 다가갈 수 있다. 또는 그들의 동기가 무엇인지 이해하는 것을 통해, 그들을 슬프게 만드는 것이 무엇이며, 어떠한 특정 상황이 오해를 낳는지 이해하는 것을 통해 다른 이들에게 가까이 가려 한다.

당신이 다른 사람에게 공감하고자 했던 때를 다시 떠올려보라. 동역자, 가족, 공동체 구성원 등. 그리고 당신이 이해받기보다 먼저 이해했던 때에 그들과의 관계가 어떠했는지를 생각해보라. 그 결과는 어떠했는가? 당신이 다른 사람들과의 관계 안에서 보다 공감하는 사람이 되기 위해 노력하라.

제3장

치유 Healing

○ **치유는 변화시키고 통합하는 힘이다**

치유란 리더가 팀원들을 이끌면서 보살펴줘야 할 문제가 있는지를 살피는 것이다. 개인적인 어려움이 있을 때 나지막이 건네는 위로와 격려 메시지는 서번트 리더십의 한 예일 것이다. 더 나아가 팀원들을 이해하고 그들이 좀더 밝고 긍정적으로 변화되기를 기대하고 노력해야 한다. 로버트 그린리프는 "서번트 리더와 팀원 사이의 이해관계가 모두 온전함을 추구한다면, 섬기고 이끄는 과정에 반드시 전달된다"고 했다. 그러므로 서번트 리더라면 그들이 온전해질 수 있도록 도울 의무가 있음을 인식해야 한다.

직장이나 가정에서 고민 없는 사람은 찾아보기 어렵다. 비밀스럽게 말 못할 사정이기도 하고, 상사나 윗사람에게서 받은 상처라면 더더욱 은밀하다. 상처의 근원이 공동체에서는 동료관계가 아니라 상하관계에서 비롯될 때가 많기 때문이다. 그래서 동료에게조차 속 시원히 털어놓지 못한다.

'신입사원 효과'라는 말이 있었다. 직장에 대한 평사원의 신뢰도는 채 2년을 넘기지 못한다는 의미를 담고 있다. 신입사원 시절에는 야심찬 포부를 가지고 출발하지만 갖가지 억눌림, 막힘, 무의미, 반복되는 일상 등의 이유로 육체적인 피로와 맞먹는 정신적인 상처를 지니게 된다. 그것이 누적되면서 스트레스로 이어지고 좌절감의 악순환을 반복하는 것이다.

지속적인 스트레스는 사소한 일에도 분노하게 되거나 낮은 자존감으로 인해 지나치게 희생하려는 태도를 갖는다. 주변을 돌아보는 시간에 인색해지고, 도전정신은 찾아보기 어렵다. 더 나아가 팀원의 마음을 헤아리고 팀의 발전을 위해 헌신하고자 하는 마음을 기대할 수조차 없다. 이처럼 오래되고 누적된 상처를 치유하기는 쉽지 않다.

그러므로 리더로서 상처를 주지 않는 리더십을 지향해야 한다. 물론 사랑과 겸손, 경청과 공감에 대해 충분히 인식하고 실천하고자 한다면 상처에 다가가서 치유하는 서번트 리더일 것이다.

리더는 팀원들이 지닌 잠재력을 믿고, 제대로 업무를 수행할 수 있도록 먼저 그들의 심리 상태에 대한 관심과 배려가 선행되어야 한다. 팀원들의 마음의 상처가 치유된다는 것은 팀은 물론 공동체 전체를 변화시키고 하나로 통합해 나가는 데 구심점이 된다는 의미이기 때문이다.

사람들은 살아가면서 온갖 이유로 정서적인 상처를 입는다. 그것은 삶의 일부분이지만, 진심으로 변화시킬 수 있다는 믿음이 있을 때 치유는 가능하다. 자신뿐만 아니라 다른 누군가를 용서한다는 것이며, 용서는 자신의 상처를 치유하기 위함이라는 것을 인식해야 한다. 용서는 막힘과 억눌림을 해소하는 통로인 것이다.

○ 일과 삶의 균형감각이 있을 때 즐겁다

상황을 어떻게 바라보는지에 따라 스트레스의 정도는 차이가 크다. 상황이 문제가 아니고 상황을 보는 시각에 더 큰 문제가 있기 마련이다. 나를 바라보고, 마음을 관리하고, 자신에게 위로를 보낼 수 있다면 행복해질 수 있다. 그러나 마음에 구멍이 난 사람은 자기를 바라보는 힘이 부족하고, 위로조차 할 수 없다. 스스로 자책하고 좌절하는 마음이 더 크고, 자신을 사랑하고 위로하는 마음이 좀처럼 생기지 않아서 건강한 삶을 살기 어렵다.

일과 삶의 균형감각은 우리를 건강하게 만들어준다. 일과 삶의 균형이 회사에서 열심히 일만 하고, 퇴근 후에는 개인 생활을 즐기는 것을 말하는 것이 아니다. 회사 생활이 밝고 건강하다면, 집에서나 취미생활도 즐거울 것이다. 그저 회사 다니는 이유가 연봉을 위한 것이라면 지치지 않겠는가.

팀원들의 상처는 대부분 사소한 감정들이 누적되면서 어느 날 표면화되어 알게 되는 것이다. 그러므로 리더가 회식자리를 마련하여 '없던 것으로 합시다'라든지 '술 한 잔에 떨쳐버리자'고 한다면, 팀원들에게는 상처의 감정이 누적되는 결과를 낳는다. 리더가 무심코 던진 말이나 행동에 대해 팀원들은 쉽게 잊을 수 없다. 여기에 공감 리더십이 선행되어야 하며, 따뜻한 말 한 마디가 건네질 때 치유의 리더십이 발휘될 수 있다.

치유의 리더십을 통해 팀원의 자존감이 유지된다면, 삶의 현장과 가정, 신앙공동체에서 자기 자신에게는 자신감이 생기고, 업무성과에 좋은 영향력을 미친다. 업무 성과를 위해 팀원들의 몰입과 헌신이 이루어질 것이다.

◯ 나를 치유하고 삶을 치유하는 방법

사람들은 불편한 감정을 의외로 잘 조절한다. 그것은 삶 속에서 분노가 치미는 상황을 주의깊게 살피거나 분노의 뿌리를 찾아내면 가능하다. 어떤 좌절이 있었는지 알 수 있기 때문이다. 이러한 감정을 더 많이 느낀다면 지금보다 훨씬 자유로울 수 있다.

분노는 대개 잠재되어 있던 것으로 생존 감정, 즉 위협에 대한 신호임을 이해해야 한다. 장애물을 극복하도록 동기를 부여해주고, 불의에 맞서는 용기를 주는 것이 분노의 긍정적인 면일 것이다. 그렇다면 스스로 정직하고 솔직해야 한다. 무조건적인 합리화이거나 감정을 끌어안고 연민을 느끼기만 한다면 소용없는 일이다.

어떤 상황에 놓였을 때 감정이 부정적인 반응을 하는지 인식한다면 자신에 대해 충분히 안다는 것이며, 감정에 대해 조절할 힘을 얻을 수 있다. 부정적으로 나에게 반응하는 요소들은 내가 지쳐 있거나 피로할 때 심리적으로나 영적으로 영향을 주며 스트레스를 가중시키기 때문에 자신에 대해 충분히 안다는 것은 대단히 중요한 일이다.

대개 상처를 받는다는 것은 잘못된 신념과 관련되어 있다. 편견이나 선입견, 환상 등이 동기부여가 될 것이다. 하지만 잘못된 신념으로 파괴적인 결과를 가져올 때가 기회라고 생각하는 것이 필요하다. 생각의 오류와 잘못된 신념을 바로잡을 수 있기 때문이다. 미처 몰랐을 뿐 미리 프로그래밍된 반응이므로 부정적인 감정을 자각하기만 한다면 그러한 행동은 멈출 수 있다.[18]

잘못된 정보에 대해, 만약이라고 가정하더라도 어떠한 기대 심리가 있을 때, 기대에 못 미치는 결과를 가져오면 실망하기 마련이다. 갖가지 기대들이 실망의 원인을 제공한다. 팀원의 기대를 느끼고 이해한다면 부응할 만한 작은 선물을 준비하는 리더가 되는 것이 필요하다.

리더와 팀원들은 실제로 벌어진 상황과 각기 다르게 인식할 수 있다. 우리는 모두 불완전하기 때문이다. 그러나 서로 다르더라도 극단적인 감정의 기복을 피하는 것이 좋다. 감정을 결정짓는 것은 사실보다 인식하는 정도라는 것을 기억하는 것이 좋다. 이럴 때 팀원들이 인식할 수 있는 범위를 예측할 수 있다면 더욱 좋을 것이다. 그것을 존중하게 된다면, 리더 자신의 방법만이 옳다는 주장은 하지 않을 것이다.

자신의 목표가 좌절되거나 그 결과로 생기는 분노를 어떻게 해결할까? 불필요하게 그 일에 매달리는 것은 아닌지 점검하고, 의도적·의식적으로 내려놓으려고 하는 것이 필요하다. 감정을 조절하고 유연해지는 힘이 극대화된다면, 타협을 받아들이고 좀더 편안해질 수 있다.

타협의 긍정적인 의미는 최선을 다하고 나서 자신의 불완전성을 받

---

[18] 데이비드 A. 씨맨즈, 송헌복 옮김, 《상한 감정의 치유》, 두란노, 1996, p.39.

아들이고, 성과에 만족하는 것을 말한다. 그러려면 자신을 알아야 한다. 무엇이 좌절하게 하는지, 무엇이 분노하게 하는지 들여다봐야 한다. 그것을 찾아내지 못한다면, 행복해지기 어렵다.

분노에서 자유로워지려면, 화가 치밀어 오르는 순간에 자신을 다스리는 것이 중요하다. 비교적 마음이 평온할 때 분노를 다루기가 쉽다. 팀원 또는 상사의 요구가 비합리적인 것은 아니었는지, 개인적인 이기심으로 비롯된 것은 아닌지, 서로 다른 관점이어서 그런 것인지 살펴야 한다. 우리가 완전하지 않다는 것을 깨닫고 있다면 분노를 다스릴 수 있을 것이다.

참을 수 없이 화가 났다면 먼저 '화 난 사람'임을 스스로 인정하고 시인해야 한다. 차마 입으로 시인할 수 없더라도 마음으로 수용하고 감정을 점검해야 한다. 그리고 나서 입으로 표현할 수 있어야 한다. 분노는 일방적인 경우가 없기 때문이다.

이것이 치유의 시작이다. 정직하게 반응하는 것에 대해 억누를 필요가 없다. 정직하게 바라볼 수 있다면 나를 보호하고 치유하기 위해 '앙갚음'과 '복수'를 내려놓을 수 있다. 자신을 사랑하고 보호하려는 마음이 있다면, 상대방을 좀더 쉽게 용서할 것이다.

◎ 상처를 치유하는 해독제는 용서이다

용서는 상처입고 분노하는 마음의 독을 없애주는 치료제이다. 부정적 심리를 다스리는 열쇠이며, 앙갚음하려는 충동에서 벗어나는 방법 중 가장 만족스러운 것이 용서이다. 팀원이 내게 상처를 줄 때 앙갚음을 내려놓는 것이 용서이다. 용서는 리더로서 선한 유익을 위한 것이지 팀원을 위한 것이 아니어야 한다. 예수님을 통해 베푸신 사랑, 하나님의 용서를 기억한다면 더 효과적일 것이다.

그러나 팀원이 용서받기를 원치 않는다면 어떻게 할까? 용서하고 용서받는 관계는 평화와 조화에 의해 이루어질 수 있다. 그러나 팀원에게 조건부 용서라면 그것은 이미 용서라고 말할 수 없다. 리더 자신의 내면 치유가 먼저 되어야 하며, 분노와 울화와 앙갚음의 욕망을 내려놓고 스스로 소중한 존재임을 인정하고 되찾아야 한다.

그렇다고 리더의 용서에 대해 반드시 팀원이 받아들여야 하는 것은 아니다. 그가 자유롭게 선택할 수 있어야 한다. 결코 강요되어서는 안 되는 일이다. 경우에 따라 팀원 자신이 리더에게 상처를 주었다고 생각조차 못하고 있을 수도 있다는 것을 참고하기 바란다.

이때 자존감이 중요하다. 자신의 장점과 단점을 열거하다보면 자신이 완전하지 못하다는 것을 알고 인정할 때 자존감이 유지된다. 하나님은 모든 일에 성공하라고 하거나 완벽하라고 명령한 적이 없음을 묵상해야 한다.

지나치게 자신의 죄에 과민하면 하나님의 용서를 외면한 데서 오는 죄책감이다. 이처럼 신경증적인 죄책감에서 자유로워지려면 하나님과의 관계에서 찾는 것이 필수이다. 정말 자유로운 사람은 자신이 왜 그렇게 느끼고 행동하는지 알고 있다. 팀원과의 관계 속에 있을 때 참 자아를 발견하는 사람이다.

영국의 시인 존 돈John Donne은 "누구도 그 자체로 온전한 섬이 아니다. 모든 인간은 대륙의 한 부분이며, 전체의 한 부분"이라고 했다. 섬과 섬 사이, 사람과 사람 사이에 다리를 놓는 일이 바로 서번트 리더의 구실이다. 그러나 다리를 놓기보다 벽을 쌓는다면 어떨까? 공동체와 개인, 리더와 팀원, 동료와 동료, 가족과 나 사이 등 벽이 높을수록 결코 행복한 삶을 살 수 없다.

이와 같이 벽을 허물고 다리를 놓는 것이 치유의 리더십이다. 예수님은 이미 2,000년 전에 그 벽을 허물고, 십자가의 대속으로 하나님과의 관계를 회복했다. 다리를 놓고, 이 다리를 건너기만 하면 치유가 된다고 약속하고 증거했다.

> 그가 찔림은 우리의 허물 때문이요 그가 상함은 우리의 죄악 때문이라 그가 징계를 받음으로 우리는 평화를 누리고 그가 채찍에 맞음으로 우리는 나음을 받았도다.

〈이사야〉 53장 5절에서 치유 리더십을 발견할 수 있다. 치유는 공동체를 세우는 활동이다. 진정한 사역을 수행하고자 한다면, 반드시 화해와 치유의 역사가 일어나야 한다. 하나님의 기쁨을 아는 사람은 어두움을 부정하는 것이 아니라, 다만 그 안에 있고자 하지 않는다. 어두움에 비추는 빛은 비록 한 줄기 빛이라고 하더라도 많은 어두움을 몰아낼 수 있다고 믿으며, 하나님이 상처를 매만져주고 치유하는 분임을 안다.

❈ 치유에 관한 성경 구절

너는 마음을 다하여 여호와를 신뢰하고 네 명철을 의지하지 말라 너는 범사에 그를 인정하라 그리하면 네 길을 지도하시리라. 잠언 3:5~6

그러나 무릇 여호와를 의지하며 여호와를 의뢰하는 그 사람은 복을 받을 것이라 그는 물 가에 심어진 나무가 그 뿌리를 강변에 뻗치고 더위가 올지라도 두려워하지 아니하며 그 잎이 청청하며 가무는 해에도 걱정이 없고 결실이 그치지 아니함 같으리라. 예레미야 17:7~8

누가 누구에게 불만이 있거든 서로 용납하여 피차 용서하되 주께서 너희를 용서하신 것 같이 너희도 그리하고. 골로새서 3:13

서로 친절하게 하며 불쌍히 여기며 서로 용서하기를 하나님이 그리스도 안에서 너희를 용서하심과 같이 하라. 에베소서 4:32

✺ 생각하기

김씨를 채용할 직장은 어디에도 없었다. 김씨는 자신이 한없이 보잘것없는 존재로 느껴졌고 자살까지 생각하게 되었다. 무엇이 그를 그렇게 발작적으로 화나게 하고 죽음까지 생각하게 했을까?

그가 주위의 권유로 위기상담 전문가를 찾아 상담을 통해 분노의 원인을 알게 되었다. 마음 깊은 곳에는 아버지에 대한 미움이 도사리고 있었다. 김씨는 초등학교 3학년 때부터 성적표를 받아오던 날이면 아버지에게 매를 맞아야 했고, 저녁을 굶어야 했다. 아버지의 구타와 욕설은 어린 아들의 성적을 더욱 떨어뜨렸다.

초등학교 3학년 한 학기 동안 아버지에게서 받은 마음의 상처는 아버지가 돌아가시고 서른다섯의 나이로 접어들었는데도 그를 떠나지 않고 괴롭혔다. 아버지에게서 받은 상처는 어른과의 관계를 자연스럽게 할 수 없게 했고, 하나님을 깊이 신뢰할 수 없게 했으며, 자신을 업신여기는 극심한 열등감에 사로잡히게 한 것이다.

그는 15명의 팀원이 모여 마음의 상처를 치유하는 내적 치유그룹에 참여하게 되었다. 상당히 긴 시간이 걸렸지만 어린 시절 아버지와의 사이에 맺힌 감정의 응어리를 풀어낼 수 있었다. 상담사는 김씨를 어린 시절의 기억으로 돌아가게 해 아버지에게 고통당하고 있는 자신과 그리스도가 함께 만나도록 도와주었다. 이 단계에 이르기까지 15명의 팀원들이 김씨와 함께 아픔을 나누며 기도해주었다. 그는 변화의 싹을 돋게 할 수 있었고, 현재 원만한 직장생활을 하며 행복한 가정을 이끌어가고 있다.

- 관계의 불화를 치유하는 데 용서가 꼭 필요한 이유는 무엇인가?
- 우리가 상처를 입었을 때 보이는 서로 다른 반응들은 어떤 것인가?
- 관계를 치유하는 데 필요한 단계는 무엇인가?

빈 의자에 도전하기[19]

당신이 가정 혹은 공동체에서 개인적으로 상처받았던 때를 생각해보라. 당신에게 상처를 준 그 사람을 생각해보라. 그는 어떻게 당신에게 상처를 입혔는가? 그 상처는 당신의 삶에 어떠한 영향을 미쳤는가? 당신은 그에게 가서 당신이 상처받았다는 사실을 알렸는가? 만일 그렇게 하지 않았다면 당신이 받았던 상처를 표현하고 해결할 수 있는 기회를 놓치지 말기 바란다.

방 한가운데에 의자 2개를 마주보게 배치하라. 그 중 한 의자에 앉아 마주 보이는 의자가 당신에게 상처를 주었던 사람이라고 상상해보라. '그 사람'에게 당신의 상처를 말하라. 말하기를 끝낸 후, 이번에는 반대편 의자에 앉아보라. 당신에게 상처를 주었던 그 사람의 처지가 되어 그 상처에 대하여 대답해보라. 용서에 대해 당신이 배운 점은 무엇인가? 당신이 실습한 일자의 변화를 일지에 기록해보라. 또한 이 실습을 하면서 당신의 상처에 관해 얻은 새로운 깨달음을 기록해보라.

......

[19] Everett L. Jr. Worthington, *Forgiving and Reconciling, Bridgeto Wholeness and Hope*, Downers Grove, IL, Inter Varsit Press, 2003, pp.97~98.

❋ 신뢰하기

당신의 공동체는 '안전한' 곳인가? 당신의 공동체 안에는 당신이 신뢰할 만한 사람들이 있는가? 종이를 한 장 꺼내어 당신이 여러 책을 통해 알게 된 신뢰의 요소들과 당신의 공동체 내에서 당신이 중요하다고 여기는 사람들을 떠올리며 당신의 공동체 내 사람들 가운데 있는 신뢰의 요소들을 적어보라. 그런 다음, 당신의 공동체 내 사람들 안에 있는 신뢰할 만한 요소들을 적어보라.

- 당신의 공동체 내 사람들 사이의 관계라는 관점에서 신뢰와 신뢰할 만함의 사이에는 어떤 연결점이 있는가?
- 신뢰를 세우는 데 장애물은 무엇인가?
- 갈등을 예방하기 위해 이러한 장애물들은 어떻게 극복할 수 있는가?

이번 실습에는 다른 사람과의 연관이 필요하다. 가능하다면 이 '신뢰의 걸음'은 바깥에서 실습되어야 한다. 이 실습을 위해 당신은 다른 사람과 함께 걸어야 한다. 평소와 다른 점이 있다면 당신이 걸을 때에 눈을 감거나 가려야 한다는 것이다. 장애물이 있는지도 다른 사람을 통해 알 수밖에 없다. 이렇게 하고 10분 동안 걸어보라. 당신은 옆 사람의 팔을 붙잡고 걸어가면서, 장애물이 있더라도 그의 안내에 의지해야만 할 것이다. 그 느낌을 이야기해보라.

❈ 맺는 말

이번 장을 시작하면서 읽었던 성경 구절들을 마음에 품고 생각해보라. 우리는 그리스도인으로서 용서를 하도록 부름을 받았다. 그런데 대다수는 이러한 부름에 미치지 못하고 있다. 용서하지 못하는 이유를 일지에 기록하라. 당신에게 용서를 구하는 사람들과 환경들을 생각해보고, 그들을 향해 용서의 기도를 하라. 그때 상처를 치유받는 경험을 하게 될 것이다. 이처럼 공동체 안에서 구성원들을 위해 용서와 기도에 대한 마음을 갖고 그들을 지도해야 할 것이다.

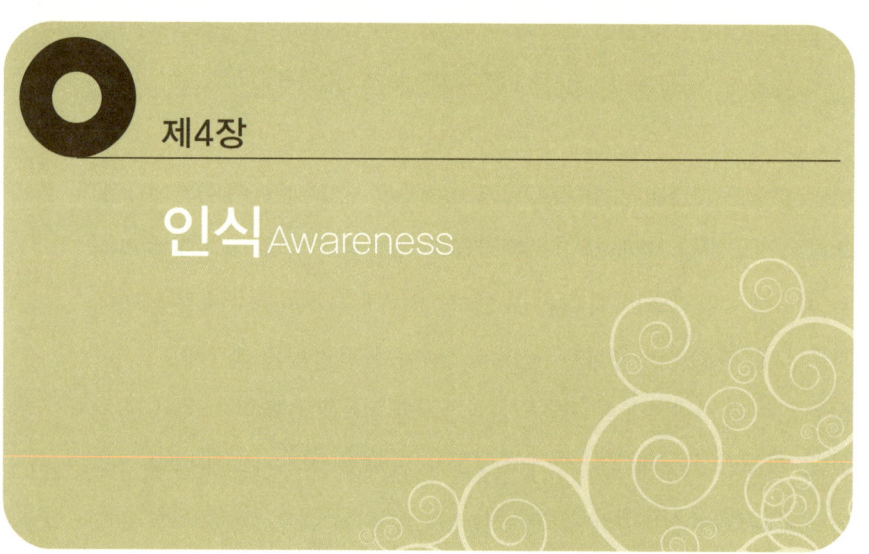

제4장

인식 Awareness

○ 자기 인식과 영향력

'인식'한다거나 '자각'한다는 것은 존재 이유를 깨닫는 것이다. 리더가 인식하고 자각한다는 것은 가치가 포함된 문제들을 잘 이해하는 데 도움이 되며, 팀의 다양한 상황을 보다 통합적인 시각으로 바라보게 한다. 이와 같은 인식은 팀원들에게 제공되어 팀워크에 도움이 되고 기쁨이 된다는 데 있다.

그러므로 서번트 리더는 두 가지 측면에서 '인식'을 다루어야 한다. 리더로서 자신에 대한 명확한 인식과 팀원들에 대한 인식이다. 이러한 인식을 강화하기 위한 노력은 문제를 좀더 쉽게 발견하고 해결하는 데 중요한 통찰력을 성숙시킨다. 그러나 의외로 이것에 대해 간과하는 경우가 많다. 로버트 그린리프는 문제의식에 대해 정부, 기업, 학교, 교회가 왜 존재하는지 망각하고 상대방을 대접하지 않는데서 비롯된다고 설명한다.

버스기사가 목적지까지 빨리 가는 것에 목적을 둔다면, 급정거에 급출발, 속도위반을 서슴지 않으며, 승객의 안전과 배려에 대해 전혀 아랑곳하지 않을 것이다. 이 경우 승객과 버스기사 모두 사고의 위험에 노출되고 만다. 승객에 대한 배려를 우선시 하지 않은 결과이다. 마찬가지로 식당이 손님을 위해 존재하는지, 손님이 식당을 위해 존재하는지 고민하게 하는 경우가 있으며, 국민들을 위한 행정서비스를 제공하기 위한 공무원들이 국민들의 안위를 무시하고 군림하려고 한다면 이미 공무원의 의무와 책임을 저버릴 게 뻔하다.

이처럼 존재 이유가 무시되는 경우가 많다. 세계적인 초일류기업이라고 자부하는 회사의 CEO가 '기업의 목적은 이윤추구에 있다'고 한다면, 고객이 매출을 높여주기 위해 존재할 뿐이다. 리더에게 팀원이 단지 업무성과를 위해 고용된 기계에 불과하다면 어떠하겠는가. 불만스러운 일의 결과에는 반드시 원인이 있기 마련이다. 먼저 문제가 있다는 사실을 인정하는데서 해결의 실마리를 찾을 수 있다. 그 과정을 점검하고 살펴보면 스스로 문제점이 무엇인지 알게 될 것이다.

무엇이 문제인지 정확하게 파악하지 못한 채 서둘러 실행에 옮겼다거나, 문제를 알더라도 팀원들을 탓하며 핑곗거리를 삼으려고만 했다면 문제는 해결되지 않으므로 반복되어 나타났을 것이다. 그러므로 리더 자신에게 문제의 원인을 찾아야 한다. 팀원이나 다른 사람에게서 문제를 찾는다면 리더가 할 수 있는 일은 아무것도 없기 때문이다.

비로소 문제의 핵심에 접근했다면 지금까지 선택했던 방법을 바꾸는 일이 필요하다. 결과를 바꾸려면 원인부터 바꾸어야 하는 것이다. 효율적인 방법을 발견했다면 하루 속히 실행에 옮겨야 한다. 어떤 일이나 행동에는 나름의 가치를 가지고 있다. 리더십도 마찬가지다. 리더가 팀원들과 커뮤니케이션을 하고 정보를 공유하고 그들에게 업무를 지시하는 모든 리더십 활동이 어떠한 인식에서 비롯되었는지에 따라 그 결과는 현저하게 다르다는 점을 기억해야 한다.

　사람의 모든 행동은 자기 자신의 인식에서 비롯된다. 팀원들에 대해 좋아하는 감정을 인식하고 있다면, 팀원들 역시 리더의 행동을 부드럽고 편하게 받아들이게 된다. 그러나 팀원들을 심부름꾼이나 기계로 여긴다면 리더의 행동은 분명히 다르게 나타날 것이다.

　누구나 영향력을 행사할 수 있는 일에 집중하면 지식과 경험을 통해 성장하고 좀더 나은 방향으로 증진된다. 그 결과, 영향력의 폭은 더욱 넓어진다. 그러나 대개 스스로 부족하거나 통제할 수 없는 것들에 노력을 집중하기도 한다. 그런 것들에 대해 시간과 노력을 빼앗긴 결과 영향력은 줄어들고, 신뢰감은 떨어지게 된다. 그러므로 리더는 자신은 물론 팀원들의 영향력을 제대로 인식하는 것이 필요하다. 자신이 영향력을 드러내는 일에 적극적으로 에너지를 쏟아붓는다면 긍정적이며 놀라운 성과를 가져올 것이다.

◯ 자기 인식은 건강한 공동체를 이끄는 힘이다

리더로서 나의 가치가 팀원들에게 필요하다는 내적인 인식은 건강한 공동체를 이끄는 리더의 가장 큰 덕목이다. 성품은 물론 신념, 생각, 편견, 경험, 한계를 이해하고 이러한 것들이 다른 사람에게 어떻게 영향을 미치는지 인식하는 과정이 필요하다. 이와 같이 자기 인식self awareness은 먼저 자신의 경험에 대해서 개방적이고 수용적이어야 한다. 자신의 몸과 마음에 대한 잠재적이나 생리적인 면까지 정확한 정보를 인식하는 것이 좋다.

하지만 자신의 몸과 마음에 대해 객관적으로 이해하기란 쉬운 일이 아니다. 느닷없이 손가락을 칼에 베었다거나, 복통으로 고생스러울 때 비로소 몸에 대해 바르게 인식하려 하기 때문이다. 평소에는 거의 느끼지 못했던 문제를 인식하는 것이다. 칼에 베인 손가락, 그 경험으로 인해 아픔을 느끼고 나서야 손가락의 소중한 가치를 인식하게 된다.

사람들은 각각 다른 얼굴을 가지고 있다. 성격이나 적성 혹은 능력이나 개성 또한 각기 다르다. 그러므로 서로 비교되기도 하고 구별되기도 한다. 서로 다르다는 인식은 자신에게서 발견하게 되는데 이것은 '자기 인식'에 중요한 단서가 된다. 특히 신체적인 특징은 키가 크거나 작다든지, 아니면 건강하거나 약하든지, 잘 생겼다거나 못생겼다는 등 자기 인식에 결정적 조건이 된다. 그러므로 상대적으로 열등감을 가져오기도 하고 교만한 마음이 생길 수 있다. 그러나 이것은 주관적 평가이므로 신중해야 한다.

자기 인식에 필수적인 자기 평가는 꽤 혼란스럽고 불편한 일이다. 자칫하면 공주병, 왕자병을 낳을 수도 있고 낮은 자존감으로 행동장애를 가져오는 편견에 사로잡히기도 한다. 그러므로 자기 평가를 위해서는 무엇보다 자신의 내면을 정직하게 바라보는 힘이 있을 때 가능하다. 객관적이며 현실적인 피드백을 제공할 만한 멘토가 있다면 도움을 받는 것이 좋다. 자기 인식과 자기 평가가 제대로 이루어지지 않는다면, 자신이 어떠한 능력이 있는지 모르는 의사가 환자를 치료하는 것과 같은 위험한 상황이나 결과를 초래할 수 있다.

상담학자 모리스 와그너Maurice Wagner는 그의 저서 《The Sensation of Being Some-body》에서 긍정적인 자기 인식에 대해 3요소를 말하고 있다. 내가 속한 공동체에서 사랑받고 인정받는다는 소속감에 대한 인식, 누구에게나 중요하며 가치 있는 존재라는 가치관에 대한 인식, 무슨 일이든 해낼 수 있다는 자신감에 대한 인식이 그것이다.

가치관이 제대로 형성되어 있지 않으면 자포자기 혹은 낮은 자존감으로 자신감을 잃기 쉽다. 그렇지 않다면 상대적 열등감에 눌리고, 스트레스로 인해 잠재력을 발휘하지 못한다. 이 정도밖에 안 되는 인간이라고 하소연하며 비전도 없이 하루하루를 살아낼 것이다.

나의 목표를 해낼 수 있다는 자신감은 삶을 가꾸는 능력을 포함한다. 자신감이 부족하다면, 섬김과 봉사의 생활을 하기에 주저하게 된다. 사람들 앞에 나서기도 그렇고, 뾰족하게 할 줄 아는 것도 없다는 생각 탓이다. 그러므로 교회의 교사나 성가대, 속회 등 사역에서 여러 가지 핑계를 대며 피하려 들 것이다.

만약 균형이 이루어지지 않는다면 어떠하겠는가. 자신감은 넘치는데 소속감이 없다든지, 소속감과 가치관은 분명한데 자신감이 지나치게 부족하다면 어느새 삶의 부조화를 경험하게 될 것이다. 가장 건전한 자기 인식은 소속감과 가치관과 자신감이 균형을 이루는 것이다.

자기 인식에 가장 필요한 활동인 지식의 양을 늘리는 것이 아니라, 그 지식을 자신 안에 통합하여 스스로 평가할 수 있는 능력을 기르는 것이 중요하다. 반성이나 비판, 수용을 하거나 다른 방법으로 적용하는 능력을 포함한다. 또한 자신도 모르는 사이에 부적절한 반응이나 과도한 자존심으로 상황을 악화시키는 것에 대해 절제하거나 통제하는 방법이 필요하다.

이러한 자기 인식의 노력이 확장되면 이웃과 사회에 대한 문제에 관심과 배려를 갖게 되고, 자연과 환경에 대해 유기적이며 체계적으로 바라볼 수 있는 힘을 갖게 될 것이다. 나를 변화시키려는 노력에는 그동안 익숙했던 습관이나 버릇을 내려놓고, 새로운 것에 도전하는 용기와 결단과 수고가 있어야 할 것이다.

○ 서번트 리더에게 구성원은 소중한 존재이다

서번트 리더는 가장 먼저 자신이 '서번트'라는 인식에서 출발한다. 이는 공동체의 핵심 역할을 하는 모든 리더는 물론 리더의 잠재력을 가진 팀원들에게 적용되어야 한다. 진정한 리더는 먼저 팀원을 위해 봉사하고 지원하는 가운데 팀을 이끌어간다. 팀원들이 업무를 잘 추진할 수 있도록 서비스를 제공하여 목적을 달성한다. 이런 자각을 함으로써 서번트 리더는 더욱 강해지는 것이다.

그러나 리더가 팀원들을 이끌어 팀의 목적을 달성하는 사람이라고 인식한다면, 상황은 전혀 달라진다. 목표를 제시하고 업무추진 과정을 관리하며 성과를 평가하는 일을 주 업무로 삼을 것이며, 팀원을 관리의 대상이자 목표 달성에 필요한 인적자원의 하나라고 인식할 뿐이다. 그러므로 자신을 인식하고 자각하는 것은 첫 단추를 꿰는 것처럼 중요한 일이다.

서번트 리더는 팀원을 함께 성장하는 구성원으로 인식하고, 한 사람 한 사람 소중한 존재로 인식한다. 이 같은 인식이 있을 때 팀원의 성장과 성취를 우선시하며 돕는 리더십을 발휘할 수 있다. 먼저 팀원에게 필요한 요소가 무엇인지 살피고, 팀원의 가능성을 발견하여 새로운 서번트 리더로 성장할 수 있도록 이끈다.

하지만 부정적으로 인식할 때 스스로 위안이나 변명을 하거나 합리화하면서 슬그머니 상황을 모면하려고 한다. 예를 들어 속도위반을 서슴지 않는 버스기사가 승객을 위해 시간을 맞추려는 행위였다고 변명하며 어쩔 수 없는 일이었다고 말할 수 있다. 승객의 안전에는 아랑곳하지 않고 자신의 행동에 대한 당위성만 강조하고 위안을 얻으려고 할 때 나타나는 변명이다. 이럴 때에 버스기사는 어떠한 깨달음도 얻을 수 없다.

인식한다거나 자각한다는 것은 그런 위안이나 변명을 하기 위한 과정이 아니다. 존재 이유를 받아들이고 자신의 행동에 대해 자책을 가지면서, 혼란의 터널을 빠져나오는 순간 어떤 깨달음에 다다르기 위한 동기부여인 것이다. 이처럼 자기 인식에 집중한다는 것은 두려운 일이기도 하지만, 또한 존재 가치를 이해하는 데 도움을 주며, 상황이나 문제에 대해 보다 합리적이고 전체론적인 관점에서 대할 수 있도록 한다.

모든 리더들은 좋은 면과 나쁜 면, 강함과 약함을 동시에 가지고 있다. 이러한 양면성은 도저히 벗어날 수 없는 한계이다. 리더십의 어두운 면을 인식하고, 리더 자신을 지키는 데 소홀하게 된다면 서번트 리더가 될 수 없다.

훌륭한 리더는 이처럼 혼란스런 상황을 이해하기 위해 고민하다가

놀라운 각성을 얻은 사람이다. 리더는 직책이나 직위, 능력이나 입소문으로 되는 것은 아니다. 리더 자신이 사물이나 상황에 대해, 팀원이나 팀워크에 대해 어떻게 인식하고 자각하는지에 따라 진정한 리더십을 발휘할 수 있다. 서번트로 인식한 리더와 소중한 존재로 인식된 팀원의 관계라면 반드시 업무 성과가 배가될 것이다.

○ 예수 그리스도는 '빛'이라는 인식

깨끗한 양복을 입고 있을 때에는 조금만 흙이 묻어도 털고 손도 깨끗하게 씻는다. 그러나 작업복을 입고 있는 동안에는 더러운 흙바닥에 털썩 앉고, 손에 기름이 묻어도 대충 닦아낼 뿐이다. 표면적으로는 옷이 행동을 결정한 것이지만 좀더 생각해보면 자기 인식이 행동을 결정했다는 것을 알 수 있다.

어떤 옷을 입느냐에 따라 사람의 행동이 바뀐다는 것을 알 수 있다. 이 경험들은 신앙생활에 적용된다. 예수 그리스도의 의를 덧입고 있음을 인식할 때, 주님의 한량없는 은혜와 사랑을 인식할 때, 나의 행동과 삶은 달라질 것이다.

실제로 더러운 작업복을 입은 사람이 몸가짐을 깨끗하게 하려고 인식하기는 어려운 일이다. 단정하고 깔끔한 옷차림에 대한 욕구가 없기 때문이다. 하지만 정장을 잘 갖춰 입었다면 마음가짐부터 다르다. 자신의 옷차림을 인식하고 있는 동안에는 정결하도록 힘쓸 것이다.

그렇다면 하나님 앞에서 내가 누구인지 생각할 필요가 있다. '거룩하신 하나님의 자녀'임을 인식하면 하나님의 자녀다운 생각과 말과 행동을 사모하면서 자연스럽게 나의 삶이 거룩함을 지향하게 되기 때문이다. 내가 어떤 행동을 할 것인지에 대한 관심 이전에 내가 어떤 존재인지에 대한 관심을 가지는 것이 중요하다.

인식의 문제에서 사람들은 자신들이 자각하고, 경험하고, 느낀 것에 대해 진실하다고 믿으려는 경향이 있다. 다른 사람이 경험하고 느낀 것에 대해 인정하지 않는다. 신앙생활에도 마찬가지이다. 내가 인식한 하나님, 내가 경험한 하나님만을 주장하기도 한다. 하지만 각기 다른 경험을 포용하고, 그 다양성 속에서 우리가 인식한 하나님과 함께한다면 더욱 성숙한 서번트 리더가 될 것이다.

인식을 향상시키려면, 우리가 어두움이 아니라 빛 가운데 있으려고 하는 자각이 우선되어야 한다. 그리스도는 빛이기 때문이다. 내면의 어두운 부분을 인식하는 방법 중 하나는 그러한 부분들 위에 의식적으로 빛을 비추는 일이다. 이러한 노력은 여러 세대를 걸쳐 우리에게 전수된 다른 행동 습관들에 대한 이해와도 연관 지을 수 있다. 과거의 경험을 인식한다는 것은 비난하고 판단하려고 하는 데 있는 것이 아니라 빛 가운데로 변화하기 위함이다.

이를테면 윗세대의 경험인 하나님을 알고 믿는 일, 하나님께 영광을 돌리는 일, 하나님 안에서 만족을 찾는 일, 하나님의 평화를 경험하는 일, 하나님의 임재를 기뻐하는 일 등이 나에게 어떻게 인식하고 자각할 수 있도록 향상시켜 주었거나 혹은 방해한 것에 대해 생각해볼 일이다.

하나님을 통한 자기 인식이야말로 가장 정확하고 근본적이며 사실적이다. 우리를 지으셨고, 사랑하셨으며, 정확하게 알고 계시기 때문이다. 한 영혼이 천하보다도 귀하다고 말씀하셨으며, 우리에게 우리 자신을 사랑하라고 말씀하셨다.

그러므로 인식은 하나님과의 관계 속에서 이해되어야 한다. 하나님 앞에서 우리는 불충분하기 때문이다. 그것은 결핍이 아니라 하나님과의 관계에서 오는 기다림이나 회복의 역사를 말하는 것이다. 회개와 은혜가 뗄 수 없는 관계에 있듯이, 하나님의 위로에 자신을 맡겨야 하는 기독교인이라는 인식과 교회는 하나님 말씀의 바탕 위에 이루어져야 한다는 인식이 깔려 있는 것이다.

나의 어두운 부분은 어떠한 일을 실행해나갈 때 긍정적인 면보다 부정적인 면에 더 중점을 두고 있는데서 비롯된다. 부정적인 요소는 두려움과 불안과 걱정이 복합적으로 지배하고, 그 결과를 예측하고 염려하기도 한다. '인간의 힘'보다 '하나님의 계획과 역사'를 인식하고 하나님께 의뢰하는 삶을 살아갈 때 두려움, 불안, 걱정에서 벗어날 수 있다.

흔히 내가 어떤 존재이고, 또 하나님 나라의 도구로서 사용되고 있는지를 인식하지 못한다. 그러나 우리의 인식을 바꾸어 삶의 지표를 수정하여, 하나님에 대한 인식을 바로 하고 우리를 도구로 쓰시는 하나님의 계획에 의해 하나님의 영광을 위해 노력할 때, 하나님이 원하시는 일을 해나갈 수 있을 것이다.

인식에 대한 탐구

❋ **인식에 관한 성경 구절**

숨은 것이 장차 드러나지 아니할 것이 없고 감추인 것이 장차 알려지고 나타나지 않을 것이 없느니라. 누가복음 8:17

흑암에 행하던 백성이 큰 빛을 보고 사망의 그늘진 땅에 거주하던 자에게 빛이 비치도다. 이사야 9:2

너희는 세상의 빛이라 산 위에 있는 동네가 숨겨지지 못할 것이요 사람이 등불을 켜서 말 아래에 두지 아니하고 등경 위에 두나니 이러므로 집 안 모든 사람에게 비치느니라 이같이 너희 빛이 사람 앞에 비치게 하여 그들로 너희 착한 행실을 보고 하늘에 계신 너희 아버지께 영광을 돌리게 하라. 마태복음 5:14~16

우리가 지금은 거울로 보는 것 같이 희미하나 그 때에는 얼굴과 얼굴을 대하여 볼 것이요 지금은 내가 부분적으로 아나 그 때에는 주께서

나를 아신 것 같이 내가 온전히 알리라. 고린도전서 13:12

❋ 생각하기

공동체의 리더는 섬김을 받는 위치에 있고, 팀원들은 섬기는 위치에 있는 것으로 알고 있다. 예수님도 세상의 이러한 보편적인 현실을 인정했다. 그러나 예수님은 진정한 리더는 섬김을 받으려고 하지 말고 섬기는 자가 되어라고 말씀하셨다. 그러면서 예수님은 스스로 제자들의 발을 씻겨주는 섬김의 본을 보여주셨다. 그런데 이 말씀을 문자 그대로 이해한 비서를 둔 사장이 비서를 섬기기 위해 그 일을 한다면 비서가 할 일을 빼앗는 결과를 낳는다.

예수님은 사람은 섬기기 위해 사람의 몸을 입은 인간으로 태어났지만, 사람을 하나님처럼 섬기지 않았다. 제자들의 발을 씻겨주었지만 그들을 선생님으로 모시지는 않았다. 모든 사람들이 자신의 고유한 역할을 제대로 인식하고 실천할 때 평화가 정착된다.

- 자기 자신을 돌아봐야 할 이유와 그로 인한 유익은 무엇인가?
- 자기 인식이란 무엇이며, 이것은 섬김의 리더십과 어떤 관련이 있는가?
- 당신의 어두운 부분은 무엇인가? 그것은 어떤 요소로 이루어져 있는가?
- 우리의 두려움, 불안, 걱정은 우리를 어떻게 속박하고 있는가?

우리들의 갖고 있는 것들이 때로는 인식하는 데 걸림돌이 되기도 한다는 것을 기억하라.

❋ 자신의 내면세계 여행

우리 내면의 어두운 부분을 이해하는 방법 중 하나는 그러한 부분들 위에 의도적으로 빛을 비추는 일이다. 이것은 여러 세대를 걸쳐 우리에게 전수된 다른 행동 습관들에 대한 조사를 통해 이루어질 수 있다. 우리의 부모님들과 조부모님들에게서 받은 영향이 우리가 자신의 행동으로 받아들인 몇몇 긍정적인 영향과 부정적인 영향을 조사해볼 필요가 있다.

예를 들면, 나의 아버지는 어려운 환경 중에서도 자녀를 공부시키기 위해서 이른 새벽부터 일터에 나가 뜨거운 태양 아래에서 일하시다가 저녁 늦게 집에 들어왔다. 그렇지만 항상 웃음을 잃지 않고 자녀들의 이름을 불러주었다. 그런데 종종 술에 취해서 들어오면 그날 밤은 자녀들을 앉혀놓고 밤새도록 잔소리만 하셨다.

- 아버지에 대한 좋은 기억은 무엇인가?
- 아버지에 대한 나쁜 기억은 무엇인가?

그런데 자신도 모르는 사이에 아버지의 좋은 점도, 나쁜 점도 물려받는다는 것을 인식해야 한다. 이것을 인식하지 않으면 아버지와 똑같은 삶이 반복될 것이다. 자신이 물려받은 긍정적인 면과 부정적인 면을 회고해보라고 요청하는 것은 당신의 윗세대 사람들이 당신의 인생에서

5가지 유익(하나님을 알고 믿는 일, 하나님께 영광을 돌리는 일, 하나님 안에서 만족을 찾는 일, 하나님의 평화를 경험하는 일, 하나님의 임재를 기뻐하는 일)을 향상시켜 주었거나 혹은 방해했던 영향력이라는 관점에서 생각해보기를 바라기 때문이다. 이렇게 할 때 해를 끼칠 만한 그 어떠한 것도 물려받지 못하도록 하나님께 요청하라. 그리고 하나님을 믿음으로 승리를 얻으라.

✤ 자기 자신 인식하기

마음속에 떠오르는 있는 그대로의 모습을 기록하라.

외할아버지	**│ 외조부(어머니쪽) │**	외할머니
긍정적인 영향 :		긍정적인 영향 :
부정적인 영향 :		부정적인 영향 :

친할아버지	**│ 조부모(아버지쪽) │**	친할머니
긍정적인 영향 :		긍정적인 영향 :
부정적인 영향 :		부정적인 영향 :

아버지	**│ 부모님 │**	어머니
긍정적인 영향 :		긍정적인 영향 :
부정적인 영향 :		부정적인 영향 :

❖ 맺는 말

이번 장을 마치면서 당신의 마음속에 떠오른 어떠한 생각이나 의견을 일지에 기록해보라. 특별히 다음의 질문에 답해보도록 하라.

- 나 자신의 자기 인식에 대해 배운 점은 무엇인가?
- 우리의 도움이 필요한 사람들을 이해하는 데 대해 배운 점은 무엇인가?
- 서번트 리더가 되어가는 과정 속에서, 인식하는 능력이 계속 성장할 수 있도록 하기 위해 나는 무엇을 해야만 하는가?
- 나 자신에 대한 인식과 타인에 대한 인식을 증대시키기 위해 취할 수 있는 행동은 무엇인가?

제5장
설득 Persuasion

○ **설득은 삶을 이끄는 대화이다**

서번트 리더는 팀원들의 다양성을 인식하고 합의를 이끌어내는 데 유능하다. 팀의 목표를 위해 결정을 내릴 때 리더라는 직위나 권위를 사용하지 않으며 팀원들에게 강요하거나 명령하지 않는다. 그들을 설득하고 이해시키려고 노력한다. 설득은 서번트 리더십을 이루는 요소로서, 팀원들을 존중하고 팀원들에게 존중받을 때 가능하다. 말 즉 대화로 이루어지며, 리더가 선택한 결정이 팀원들에게 동의를 얻고 실천하도록 만드는 것을 의미한다.

    설득하는 일은 쉬운 일이 아니다. 일회성이 아니며 구성원이 서로 소통하는 것이며, 관계를 유지하기 위해 이루어진다. 한 번쯤 바라는 것을 얻는 정도라면 진정한 소통이라고 할 수 없다. 또한 설득은 그 행동에 대해 책임감 있게 반응하는 능력이다. 무거운 짐을 진 듯한 태도를 말하는 것이 아니라, 설득한 상대방이 일을 처리할 때 어렵지 않도록 설명하고 안내하는 태도로 반응해야 한다. 진심으로 반응할 때 설득의 효용가치는 배가될 것이다.

일을 수행하는 과정에 함께하는 리더의 팀원이라면 비록 결과가 만족스럽지 못하더라도 불만이 생기지 않는다. 설득하고 나서 결과만 가지고 평가하는 리더라면 신뢰할 수 없을 것이다.

설득의 리더십을 발휘하는 리더들은 대개 경청하고 공감하는 능력이 뛰어나며 상대방을 설득하는 능력을 고루 갖추고 있는 편이다. 또한 상대방이 스스로 선택했다고 믿는 설득의 기술을 발휘한다. 그들의 비전은 언제나 자신감이 있으며 열등감이 있더라도 은폐하려고 하지 않는다. 새로운 자신감으로 그 문제를 극복하고 넘어서는 힘을 가지고 있다. 이처럼 극복된 경험들이 바탕이 됨으로써 진심으로 상대방을 설득할 수 있으며, 자신에 대한 믿음만큼 팀원들을 소중하고 온전하게 대할 줄 안다.

주로 명령과 지시, 혹은 확인을 위한 말이 익숙한 리더라면 효율적인 인간관계를 만들기 어렵다. 이제 수평적 균형 관계를 바탕으로 한 인간관계가 자리매김하기 때문이다. 수직적 사고의 리더는 팀의 결속력을 방해하며 대화를 통해 설득한다는 점에 대해 생각조차 하지 못할 것이다.

대화를 통한 설득은 팀원들이 독립적이며 적극적으로 참여할 수 있도록 이끌며, 행동을 강요하는 것이 아니라 마음을 움직이는 것이다. 팀원들은 누구나 팀이라는 일정한 관계 속에서 목표를 추구하며, 각자 다

> **괴테** |Johann Wolfgang von Goethe 독일 고전주의의 대표자이자, 시인이자 극작가, 정치가, 과학자로 명성이 높다. 1749년 독일 프랑크푸르트에서 출생하여 라이프치히대학에서 법학을 공부하고 변호사로 활동했다. 1774년 《젊은 베르테르의 슬픔》을 발표하여 문단의 기린아로 두각을 나타냈으며, 그 후에도 시집, 희곡, 소설을 발표했다. 그의 불후의 명작인 《파우스트》는 약 60년 동안 집필되었다.

양한 삶의 현장에서 비전과 욕망을 추구한다. 설득의 리더십은 이처럼 다양한 관계 속에서 통합적으로 사고할 수 있는 시너지 효과가 있는 힘이다.

괴테는 대화를 '인간의 삶을 밝혀주는 빛'이라고 했으며, 몽테뉴는 대화를 통해 '인간의 정신을 더욱 고양시킬 수 있다'고 했다. 이처럼 대화는 나 자신을 드러내고, 형성하며, 서로를 이해하는 데 가장 필요한 도구이다. 특히 정보와 지식이 빠른 속도로 변화하고 새로워지는 시대에는 대화와 논의가 더욱 절실하다.[20]

변화의 중심에 서번트 리더십은 새로운 패러다임이다. 수직적 관계보다는 수평적 관계에서, 지시와 명령보다는 대화와 담론을 통해서, 일방적이고 독단적인 실행력보다는 조직의 통합과 목표 실현을 기대하는 합리적인 체계가 필요하다. 이러한 것들이 변화의 내용이며, 계속적인 변화와 발전을 위한 조건이다.

진정한 리더십은 조직 내의 원활한 의사소통 관계에서 그 생명력을 갖는다. 리더십은 조직원 공동의 지식 생산과 공유 하에서 더욱 강해지

......
20 데일 카네기, 유복열 옮김, 《상대의 마음을 움직이는 대화술》, 아이프렌드, 2001, p.127.

| 몽테뉴 Michel Eyquem de Montaigne 1533년 프랑스에서 부유한 상인의 아들로 태어나 대학에서 법률을 공부했다. 1580년에 《수상록》을 집필했는데, 이때부터 프랑스 문학사에서 그를 모럴리스트(인간 연구가)라 부르게 되었다. 한편 그는 이성의 한계를 주장하면서 개혁을 혐오하고 보수주의를 신봉했으나, 자유주의를 지지하고 농민들을 찬양했으며 인간애를 고취하는 등 인간적 가치를 추구했다.

기 때문이다. 그리고 지식 생산과 공유는 조직원의 참여 없이는 불가능한 일이다. 다시 말해서 리더의 능력은 조직원의 참여와 동기를 유발시키는 언어 사용 능력, 즉 화술과 그 뿌리를 같이하는 것이다. 리더는 자신이 만든 대화 방식을 통해 자신의 리더십을 완성해나가는 것이다.

○ 설득은 진심으로 이르는 통로이다

말이란 개성을 나타내는 것이다. 사람마다 성격과 외모가 다르듯이 말에도 다양한 느낌과 스타일이 존재한다. 어눌하고 단조로운 대화술, 감각적 표현으로 세련된 대화술, 유창한 말솜씨로 쉽게 상대방의 마음을 사로잡는 대화술 등 다양하다. 하지만 말이나 행동이 진심으로 성실하지 않다면 어떠한 대화술이라고 할지라도 상대방의 마음을 움직이기 어렵다.

공동체는 다양성을 포함하기 때문에 갈등이 일어나기 마련이다. 리더가 팀원과 맞선다는 것은 그만큼 관심을 갖고 염려한다는 것을 포함하고 있다. 그러므로 서로의 가치관에 비추어 행동에 책임을 지는 관계로 발전시키려면 그것에 어떻게 대응해야 하는지 리더로서 의견을 말해야 할 것이다.

피터 드러커는 《프로페셔널의 조건》에서 리더십에는 자신감, 동기부여, 과단성, 융통성, 올바른 사업판단, 결단력 등이 필요한 자질로 꼽았다. 또한 효과적인 리더십은 팀의 목표를 깊이 이해하고, 뚜렷하게 설정하는 것이라고 했다.[21] 그는 무엇보다 신뢰를 강조했는데, 설득하고 실행할 때 언행의 일치를 통한 믿음을 확보해야 한다는 것이다.

대화란 서로 다른 관심과 사고방식을 가진 상대방과의 만남을 통해 이루어진다. 그것은 서로 신뢰하는 성실성이 있을 때 더욱 유익할 것이다. 서로 관심거리가 비슷하면 대화가 즐겁고, 전혀 관심이 없는 주제로 대화가 이루어진다면 지루하고 따분할 것이다. 대화의 즐거움이 새로운 사고에 대한 이야기를 나눈다는 사실 자체를 거북하고 불안하게 느낀다. 대화의 진정한 즐거움은 다른 사람과의 교감을 통해 이루어진다. 이때 새로운 사고를 통해 인식의 전환점이 되기도 하는데, 무엇보다 소중한 선물을 받은 기분일 것이다. 다른 사람과의 교감을 통해 더 많은 걸 깨우친다는 것은 더 큰 세계로 확장하는 것을 의미하기 때문이다.

말에는 여러 가지가 있다. 나의 감정을 표현하는 말, 다른 사람에게서 공감을 얻기 위한 말, 다른 사람에게서 이해를 구하는 말이 있다. 여기에는 대화술이 필요하다. 팀원을 설득하거나 팀원에게 동의를 구할 때에도, 기쁘고 슬픈 감정을 표현할 때에도 마찬가지일 것이다. 설득은 '의사소통을 통해 다른 사람의 태도나 행동 양식을 변화시키는 화술'을 말하는데, 말과 대화와 밀접한 관계를 가지고 있다. 대화술의 핵심이 바

......
[21] 피터 드러커, 이재규 옮김, 《프로페셔널의 조건》, 청림출판, 2001, p.280.

로 설득의 힘이다.

　말에는 논리와 감정을 동시에 포함할 수 있다. 그러므로 논리와 감정을 잘 발휘했을 때 가장 큰 설득력을 얻을 수 있다. 상대방의 공감을 얻기 위해선 그가 잘 알아들을 수 있도록 말해야 하며, 그에 필요한 예문이나 상황설정을 논리적으로 부여하여 설득에 따른 신뢰감을 얻는 것이 필요하다. 이러한 과정에서 리더의 경험이 개입되어 팀원들에게 더욱 진한 감동을 주어 설득의 윤활유로 사용되기도 한다. 여기에 필수적인 것은 진심이 담겨야 한다는 것이다.

　리더는 스스로 능력이 있어야 한다. 능력을 갖추고 있을 때 팀원을 돕고 이끌 수 있으며 조언하고 설득할 수 있다. 즉, 팀원이 맡은 업무를 처리할 수 있도록 다양한 의견을 제시할 만큼 역량을 갖추어야 성과를 위한 설득이 가능한 것이다.

　리더로서는 빠른 성과가 나오도록 하기 위해 일방적으로 지시하는 것이 효과적일 수 있다. 그러나 뛰어난 팀원일수록 일방적인 지시가 역효과를 낼 것이다. 일방적 지시보다 리더와의 커뮤니케이션이 원활할 때, 효과적인 대안을 찾아내어 성과에 좀더 가까이 다가갈 수 있다. 그러므로 리더와 팀원 사이의 토론이나 대화, 설득은 팀워크를 긍정적으로 활성화하는 데 중요하게 기여한다고 할 것이다.

○ 설득하려면 훈련이 필요하다

설득은 진정한 마음의 교류에 의해서 이루어진다. 설득을 위한 대화가 효과를 거두지 못하는 것은 상대방의 미묘한 감정의 흐름을 제대로 이해하지 못하는데서 비롯된다. 상대방이 어떤 생각을 하는지 알지 못한 채 자신의 주장만을 끊임없이 강조하는 것은 어리석은 대화법이다. 말을 하기에 앞서 한 번쯤 상대방의 처지를 생각해보는 지혜가 필요하다.

팀워크는 리더십 스타일에 따라 다르다. 강압적이고 지시적이라면 팀원들은 소극적이고, 수동적이며, 지나치게 조용하다. 마침내 리더는 그러한 팀원에게 실망하고 불만을 터뜨린다. 질책하고 꾸중하는 것이다. 그러면 팀원들은 더욱 긴장한 나머지 눈치껏 일하려 들고, 리더는 좀 더 강도 높게 관리 감독을 하려고 든다.

실제로 대화하고 토론하고 설득하는 과정은 지시하고 명령하는 것에 비해 많은 시간이 소요된다. 그래서 리더들은 시간이 없다는 이유로 지시하고 명령하는 방법에서 벗어나지 못한다. 팀원들에 대한 신뢰감이 부족하여 지시하는 것이 효과적이라고 믿을 경우 악순환이 이어진다.

서번트 리더라면 어떠한 경우라도 팀원을 존중하고 인내하고 기다릴 줄 알아야 한다. 업무 결과는 능력의 차이보다 오히려 마음가짐에서 오는 경우가 많기 때문이다. 리더가 팀원에게 업무에 대한 설명을 했다고 해서 설득하고 협의했다고 할 수 없다. 일방적인 설명은 지시나 명령과 다를 바 없으며, 권위적이며 강압적이지 않았다고 해도 마찬가지 효력을 발생하는 것이므로 진정한 설득이라고 볼 수 없다.[22] 팀원들을 설득하고자 한다면 먼저 팀원에게 충분히 말할 시간을 주어야 한다. 그들의 의견에 반박하고 싶더라도 끝까지 경청하고 공감하려는 태도가 필요하다.

[22] 유성준, 《세이비어교회 실천편》, 평단문화사, 2006, p.165.

모든 합의나 설득이 반드시 논리적이고 합리적으로 이루어지는 것은 아닐 것이다. 팀원들의 감정과 정서가 고려되지 않는다면 그것은 설득에 실패한 것이다. 설득이라기보다는 설명에 더 가까웠기 때문이다. 감정이나 정서가 배제된 채 논리적으로 설명하면 이성적으로는 받아들이나 감정이나 마음은 아무런 변화도 없다는 의미이다.

서번트 리더는 파트너십을 느끼게 하며, 팀원들이 스스로 의사결정할 수 있도록 돕는다. 그것이 설득의 과정인 것이다. 의사결정 과정에 참여한 팀원들은 합리적인 결정을 내리게 되고, 주인의식을 가지고 책임감 있게 일을 수행해나간다. 팀원들 스스로 업무를 수행해나갈 수 있는 능력이 있다고 믿는다. 그러므로 일에 대한 내용을 설명하고 다른 의견이 있을 때 대화를 통해 설득하고자 한다. 공감할 수 있도록 이해의 폭을 넓혀 업무를 수행해나갈 수 있도록 한다. 리더의 설득력에 공감하게 되면 팀원들은 능동적이며 독립적으로 서로 호완이 되도록 업무를 추진하게 될 것이다.

○ 〈빌레몬서〉를 통해 본 설득의 리더십

〈빌레몬서〉는 옥중에 있는 바울이 빌레몬에게 보내는 서신으로 일상의 문제를 해결하기 위해 기록한 편지글이 성경이 된 것이다. 편지의 목적은 빌레몬에게서 도망친 노예 오네시모가 바울에게 가서 회심하고 '새 사람'이 되었고, 바울이 오네시모를 빌레몬에게 돌려보내면서 그를 용서하고 받아줄 것을 요청하는 것이다.

이 편지에서 설득의 리더십을 발견할 수 있다. 바울은 빌레몬의 노예

▌**에베소에서 설교하는 사도 바울** 바울은 겸손과 눈물로 하나님을 섬겼다고 고백했다. 하나님을 섬기는 일은 교만해서는 안 된다는 것이다. 즉, 눈물이 없으면 하나님을 섬길 수 없다. 그러자 에베소에서 잘못을 뉘우친 마술을 행하던 사람들이 책을 불살랐다.

인 오네시모를 주인과 종으로 설정하지 않고 동등하게 대우하려는 혁신적인 발상을 전개한다. 복음의 정신을 엿볼 수 있는 대목이며, 설득의 커뮤니케이션의 아름다움이라고 말할 수 있을 것이다.

그리스도인의 용서와 사랑, 하나님의 섭리를 짤막한 편지글을 통해 우리에게 전하고 있다. 〈빌레몬서〉는 오네시모의 사면을 요청하는 추천서로서 읽는 사람의 생각과 사고를 바꿔놓는 설득의 글이기 때문이다.

바울이 호소하는 도입 부분은 오네시모를 칭찬함으로써 읽는 사람인 빌레몬이 긍정적으로 결정할 수 있도록 돕고 마음의 문을 열게 한다. 본론에는 오네시모가 어떻게 변화되었으며, 그가 빌레몬과 바울에게 얼마나 필요한 존재인지 증명하려는 의도를 엿볼 수 있다. 마지막으로 오네시모에 대한 빌레몬의 선처가 필요한 이유를 신앙적으로 거론하며, 그가 긍정적인 판단을 내리도록 유도하고 있다. 다시 한 번 빌레몬의 결단을 요청하면서 바울의 설득은 결정에 이른다.

바울의 리더십 유형은 설득의 리더십만이 아니다. 그는 제자 디모데, 디도, 빌레몬에게 자신을 대신해 목회자로서 직무와 권한을 위임한 리더십을 가지고 있었다. 제자를 인정하고 존중한 파트너십을 대변하고 있다. 위임형 리더십의 소유자다.

또 다른 사람과 함께 일할 줄 아는 넓은 아량과 포용력을 지니고 있었다. 명령하고 지시하기보다 설득하는 대화법을 활용했다. 바울은 자신이 로마 감옥에 갇혀 있을 때 빌립보 교인들을 돌아볼 디모데를 대신 보내며 자신과 같이 대우해줄 것을 간절히 설득하여 빌립보 교인들을 크게 고무시킨 적이 있다.

인간관계에서 권유와 설득을 권장한 그이지만 복음전파에서만은 힘써 전할 것을 강조했다. 때로는 지시하기도 하고 명령하기도 했다고 보는데, 이것은 복음을 전하는 이들에게 필요한 노력에 대한 것으로 경건생활을 강조한 것이다. 진정한 리더로서 책임감 있는 바울은 예루살렘의 재난 당한 형제들을 위해 제자들을 설득할 때 신뢰에 바탕을 두었다. 또 디모데를 제자로 데려가야 했을 때 그의 가족들을 안심시키는데도 신뢰라는 요소에 기대었다. 고린도 사람들에게 악명 높은 죄인을 제자 삼으라고 가르칠 때도 신뢰가 작용했다.

어떤 기독교인은 예수님을 받아들이고 거절하는 일이 스스로 결정하도록 도와야 하는 것을 알지 못한 채 강요하고 지시하려고 한다. 각 사람이 자기 자신을 결정하도록 도와야 그리스도를 구세주로 선택하도록 설득하는 일이 필요하다. 그리스도를 제대로 드러내야 하는 것이다. 그것은 예수를 주로 믿으며 서로 사랑할 때 가능하다. 하나님은 어떤 사람에게도 강요하지 않으며 오직 사람의 마음이 하나님을 향하도록 설득하고 계신다.

❋ 설득에 관한 성경 구절

〈빌레몬서〉는 바울이 옥중에서 빌레몬에게 쓴 설득의 편지이다. 빌레몬에게 그의 종인 오네시모가 어떤 손해를 입혔으므로 중재를 위해 오네시모를 빌레몬에게 보내면서 기록한 내용이다.

그리스도 예수를 위하여 갇힌 자 된 바울과 및 형제 디모데는 우리의 사랑을 받는 자요 동역자인 빌레몬과 자매 압비아와 우리와 함께 병사된 아킵보와 네 집에 있는 교회에 편지하노니 하나님 우리 아버지와 주 예수 그리스도로부터 은혜와 평강이 너희에게 있을지어다 내가 항상 내 하나님께 감사하고 기도할 때에 너를 말함은 주 예수와 및 모든 성도에 대한 네 사랑과 믿음이 있음을 들음이니 이로써 네 믿음의 교제가 우리 가운데 있는 선을 알게 하고 그리스도께 이르도록 역사하느니라 형제여 성도들의 마음이 너로 말미암아 평안함을 얻었으니 내가 너의 사랑으로 많은 기쁨과 위로를 받았노라 이러므로 내가 그리스도 안에서 아주 담대하게 네게 마땅한 일로 명할 수도 있으나 도리어 사랑으로써 간구하노라 나이가 많은 나 바울은 지금 또 예수 그리스도를 위하여 갇힌 자 되어 갇힌 중에서 낳은 아들 오네시모를 위하여 네게 간구하노라 그가 전에는 네게 무익하였으나 이제는 나와 네게 유익하므로 네게 그를 돌려보내노니 그는 내 심복이라 그를 내게 머물러 있게 하여 내 복음을 위하여 갇힌 중에서 네 대신 나를 섬기게 하고자 하나 다만 네 승낙이 없이는 내가 아무 것도 하기를 원하지 아니하노니 이는 너의 선한 일이 억지 같이 되지 아니하고 자의로 되게 하려 함이라 아마 그가 잠시 떠나게 된 것은 너로 하여금 그를 영원히 두게 함이리니 이 후로는 종과 같이 대하지 아니하고 종 이상으로 곧 사랑 받는 형제로 둘 자라 내게 특별히 그러하거든 하물며 육신과 주 안에서 상관된 네게랴 그러므로 네가 나를 동역자로 알진대 그를 영접하기를 내게 하듯 하고 그가 만일 네게 불의를 하였거나 네게 빚진 것이 있으면 그것을 내 앞으로 계산하라 나 바울이 친필로 쓰노니 내가 갚으려니와 네가 이 외에 네 자신이 내게 빚진 것은 내가 말하지 아니하노라 오 형제여 나로 주 안에서 너로 말미암아 기쁨을 얻게 하고 내 마음이 그리스도 안에서 평안하게 하라 나는 네가 순종할 것을 확신하므로 네게 썼노니 네가 내가 말한 것보다 더 행할 줄을 아노라 오직 너는 나를 위하여 숙소를 마련하라 너희 기도로 내가 너희에게 나아갈 수 있기를 바라노라 그리스도 예수 안에서 나와 함께 갇힌 자 에바브라와 또한 나의 동역자 마가, 아리스다고, 데마, 누가가 문안하느니라 우리 주 예수 그리스도의 은혜가 너희 심령과 함께 있을지어다. 빌레몬서 1:1~25

❋ 생각하기

〈빌레몬서〉는 바울이 빌레몬에게 도망친 종 오네시모를 다시 데려가도록 하기 위해 사용한 설득에 관련된 다양한 방법들에 대해 모아놓은 내용이다. 바울이 사용한 여러 종류의 방법들을 파악해보고, 이를 당신의 일지에 기록해보라. 바울은 신실하여 많은 성도들에게 기쁨과 감사의 제목이 되는 빌레몬의 믿음을 칭찬하면서 그에게 속했다가 도망했던 오네시모에 대한 용서를 구했다. 바울은 빌레몬에게 오네시모를 형제로 받아줄 것을 설득한 것이다.

- 당신이 리더로서 다른 사람들에게 행동을 바꾸도록 충분히 영향을 끼칠 수 있는 방법들이 있다면 어떤 것인가?
- 설득에서 힘은 어떻게 이용되고 또 오용되는가?
- 도덕적인 설득은 일반적인 설득과 어떻게 다른가?
- 먼저 도망친 오네시모를 다시 찾아오도록 빌레몬을 설득하는 데 바울이 사용한 방법들을 확인하고 이에 대해 생각해보도록 하라. 이것은 해야 되는 과업과 관계 중 어떤 것에 바탕을 두었을까?

❋ 리더의 설득 사용하기

리더가 다른 사람을 설득하고 그로 하여금 행동을 바꾸게 하기 위해 자신의 직위가 가진 힘을 어떻게 이용하는지를 생각해보라. 당신이 속한 공동체의 경우를 생각해보고, 다음의 질문들에 답해보라.

- 내가 속한 공동체에서 힘은 특정인에게 집중되어 있는가, 아니면 여러 사람에게 분산되어 있는가?
- 공동체 내에서 당신의 위치는 어디인가?
- 당신은 어느 정도의 힘을 가지고 있는가?

맺는 말

이번 장을 마치면서 당신의 마음에 떠오른 어떠한 생각이나 의견을 일지에 기록해보라. 특별히 다음의 질문에 답해보도록 하라.

- 공동체 안에서 설득하는 일에 대해 배운 점은 무엇인가?
- 설득하는 능력을 증대시키기 위해 취할 수 있는 당신의 행동은 어떤 것들이 있는가?

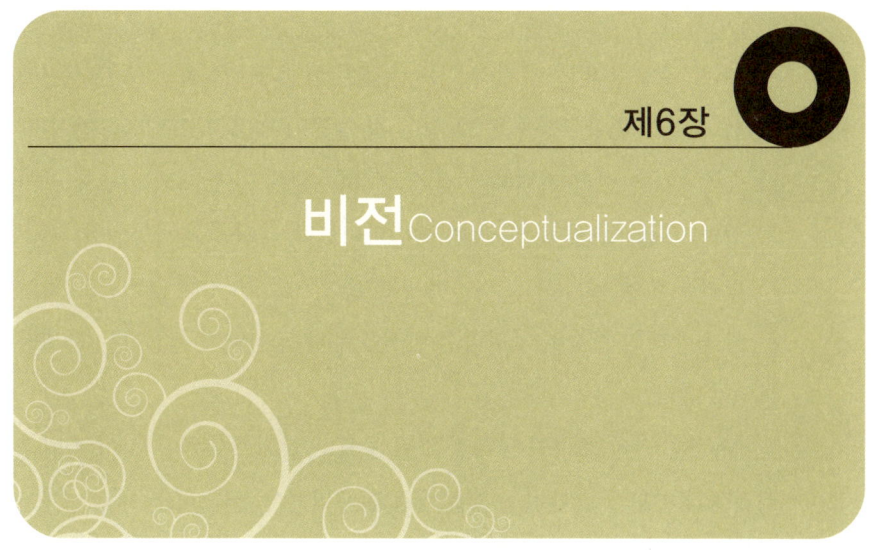

제6장
비전 Conceptualization

O 리더십은 비전을 보여주는 능력이다

서번트 리더는 하루 업무 속에서 집중한 내용과 함께 장기적 비전을 구체적으로 형상화시켜 나가야 하는데, 이 두 가지 관점 사이에서 적절한 균형 감각을 가지고 있어야 한다. 과거의 리더가 단기적인 목표 달성에 모든 시간과 에너지를 쏟아붓는 것과는 다르다. 공동체의 비전과 연계시키는 폭넓은 사고를 향상시키기 위해 게을리 하지 않는다.

또한 비전을 제시하고 명확히 세워 큰 꿈을 실현하기 위해 스스로 능력을 강화하며, 팀과 공동체를 위해 그 능력을 발휘하는 데 의미를 둔다. 서번트 리더가 돕는 helper 역할이면서 리더인 것은 팀원들이 보지 못하는 미래를 바라보고 비전을 보여줄 수 있는 능력을 갖고 있기 때문이다.

이때 추구할 만한 가치가 있는 비전은 희생과 위험을 내포한다는 것이다. 리더가 불확실성을 느낄 경우, 팀원들이 마음으로 느낀다면 언제나 증폭된다는 것을 기억해야 한다. 존 맥스웰은 이에 대해 이렇게 말하고 있다. "사람들은 비전을 받아들인다기보다 리더를 받아들인다. 리더가 비전을 손에 넣으면 그 다음에 비전을 받아들인다."[23] 그러므로 리더는 성공에 대한 보장이 없더라고 비전을 위해 끊임없이 헌신하는 자세를 보여야 한다.

비전은 단지 조직의 장기적 도전 목표로 인해 존재하는 것이 아니라 리더십의 발휘를 위한 중요한 토대로 활용되어야 한다. 또한 구성원에게 공동체가 나아가야 할 방향과 목표를 명확히 설명하고 설득할 수 있어야 한다. 모든 사람들에게 의미 있게 비전이 공유되어야 하며, 비전의 수립 과정에 함께 참여하여 지속적으로 비전을 추구하는 활동이 이루어져야 하는 것이다.

비전은 미래의 청사진을 말하는 것만이 아니라 지금 이 순간 무엇을 어떻게 하고 있으며 어떤 마음으로 어디를 향해 가고 있는지 설정하는 것이 중요하다는 것을 말한다. 과거에서 배워서 미래를 계획하며 현재에 살아야 하기 때문이다. 그러므로 비전과 현실 사이에는 적절한 긴장감이 있으며 새로운 현실을 창조하기 위한 노력이 필요하다.

비전은 때때로 현재를 솔직하고 진지하게 바라보는 시선과 부딪치며 불확실성에 대한 두려움이 몰려오게 한다. 마치 끝을 알지 못하는 바닥을 향해 추락하는 것은 아닌지 염려하게 되는 것이다. 그런 마음의 상

------
[23] 앤디 스탠리, 정연석 옮김, 《비저니어링》, 디모데, 2003, 10장 〈비전은 희생을 요구한다〉 중에서.

태를 직시해야 한다는 사실이 곤욕스럽다.

무조건 현실의 어려움에 저항한다면 팽팽해지는 낚싯대에 걸린 물고기처럼 공포를 느낄 수도 있고, 상황을 인식하고 유연하게 낚싯대 쪽으로 다가가며 극복할 의지를 다질 수도 있을 것이다. 이때 비전을 놓쳐서는 안 될 것이다. 비전에 초점을 맞추어 나아간다면 궁극적으로 반드시 변화되기 때문이다.

○ 비전은 창조이며, 과정이자, 실행이다

비전이 팀에 확고하게 자리매김했다면 장기적 관점에서 전략적인 사고와 계획을 가능하게 하는 힘이 된다. 비전에 따른 원칙에 흔들리지 않으며, 그것에 따라 현재를 재조명함으로써 일의 성과와 진단이 가능하다. 인적자원이나 시간, 에너지 등이 부족할지라도 효율적이고 효과적으로 사용할 수 있을 것이다.

여기에 팀원 각자의 비전을 간과해서는 안 된다. 개인의 비전은 심리적인 안정감을 가져오며 현재의 삶에 충실하게 한다는 점에서 중요하다. 삶에 활력과 열정을 불어넣어 스스로 일과 생활에 긍정적인 동기부여를 하기 때문이다. 불확실한 미래를 향해 어떠한 비전도 없이 막연한 자세로 나아간다면, 스트레스를 가중시키게 된다. 부정적인 생각이 먼저 자리를 잡기도 해서 공동체에 영향을 미친다.

현재는 비전을 향해가는 과정이다. 실제적으로 비전을 향해가는 걸음걸이이자 삶의 아름다움의 여정이며, 진정한 비전의 실행인 것이다. 비전은 미래를 예측하기 이전에 현재를 살아가는 데 더욱 중요하다는 것을 알 수 있다. 공동체는 공유된 비전과 공유된 가치관 위에 세워진다. 그리고 리더들은 그들이 이끌고자 하는 공동체의 삶 속에 비전과 가치관 둘다 분명히 표현하고 그 본보기를 보여주며, 그것을 강화할 책임을 가지고 있다.

팀원과 모든 정보를 나누지 않으며, 동의하지 않은 채 업무가 추진된다면 아무도 그 결과를 예측할 수 없다. 리더가 추구하는 바를 모른다거나, 팀과 공동체가 어디를 향하는지 알 수 없다면 결과는 뻔하다. 그러므로 팀원이나 리더가 어디를 향하고 있는지 분명히 알아야 한다.[24]

링컨은 "명확한 비전이야말로 국가의 미래를 위해 꼭 지켜져야 할 원칙"이라고 했다. 그렇기에 링컨은 남북전쟁 속에서 수없이 많은 비판과 부정적인 견해에도 자유롭고 평등한 국민의 삶을 보장하기 위해 비전을 제시하는 일을 반복할 수 있었다. 두려움 없이 그의 비전을 받아들이도록 설득했다. 이것이 바로 링컨이 오늘날까지 훌륭한 리더로서 존경받는 이유이다.

비전이 가치가 있을 때 더욱더 그것에 도전하고 좀처럼 볼 수 없던 노력을 기울이기도 한다. 현재 자신의 비전을 돌아보자. 비전은 단계적으로 확장되어간다. 처음 시작된 주춧돌은 무엇이고 얼마나 점진적으로 확장되고 있는지를 그려보기도 해야 한다. 자주 새롭게 자신의 비전에 대해 상기시킨다면 목표를 이루기 위한 나의 역할은 언제나 신선함과 타당성을 유지할 수 있다.

다른 사람의 비전을 빌려올 수 없다. 비전은 리더 자신의 내면에서

------

[24] 존 맥스웰, 강준민 옮김, 《리더십의 법칙》, 비전과리더십, 2003, pp.246~248.

나와야 한다. 비전을 일으키는 것은 열정이다. 유능한 리더는 자신이 성취해야 하는 일에 대한 비전을 가지고 있다. 그 비전은 모든 문제를 뚫고 나아가는 힘과 노력의 원동력이 된다. 비전을 가진 리더는 사명에 착수한다. 그리고 그 열정을 사람들에게 전염시켜 다함께 일어나게 한다.

모든 리더의 비전은 자신의 개인적인 경험에 기초를 둔다. 리더로서 언제나 팀원들을 고려하며, 팀원들이 가까이에 있도록 해야 하며, 만약 가까이에 팀원들이 없다면 리더가 아니라는 것을 기억해야 한다.

◯ 큰 그림을 그리고 보여주는 비전 리더십

리더는 사소한 일에 집착하지 않는다. 그들은 모든 일을 산 정상에서 내려다보기 때문에 리더가 가진 목적들이 비전으로 불리는 것이다. 그러므로 비전은 리더 자신보다 커야 한다. 비전이 커질수록 더 많은 자원이 필요하며, 최고의 리더들은 위대한 일을 이루기 위해 세상에서 활용할 수 있는 모든 자원을 활용한다.

비전을 주는 리더십은 위기극복과 도전을 통해 팀의 운명을 열어나간다. 제2차 세계대전의 공포 속에서 영국 국민들에게 이길 수 있고 끝까지 싸울 수 있다는 비전을 준 윈스턴 처칠이나, 준비되지 않은 전쟁 속에서 조선의 바다는 우리가 지킨다는 사명감을 심어준 이순신 장군이 바로 대표적인 비전 리더십이라고 할 것이다.

비전 리더십은 매우 강력하며 강렬해서 사람들에게 자신이 무엇을 위해 사는지, 무엇을 위해 일하는지에 대해 근본적인 영향을 끼친다. 모든 공동체 또한 하나의 조직으로서 성공과 실패를 예측할 수밖에 없으므로 비전 리더십은 핵심 키워드라고 할 것이다.

만약 리더가 우수한 부하 직원의 아이디어를 말도 안 된다고 무시한다면 그 아이디어는 곧바로 사장된다. 리더가 '지금 하는 일이나 잘해'라며 인정해주지 않을 경우, 부하 직원들은 더는 창의적인 아이디어를 떠올리지 않는다. 다듬어지지 않은 아이디어를 가공하는데는 리더의 구실이 매우 중요하다.

비전 리더십은 문제를 바라보고 개념화하여 일상의 현실을 넘어서서 생각하고 판단할 수 있어야 한다. 때때로 일상적인 운영에 몰두한 나머지 공동체의 미래에 대해 어떠한 비전도 제시하지 못하는 경우가 있다. 그러므로 개념적 사고와 일상에 집중하는 접근법 사이에서 적절한 균형을 찾지 않으면 안 된다.

서번트 리더는 팀을 돕고 이끄는 데 리더 자신이 목표가 되거나 중심이 되지 않는다. 팀원들과 함께 공동체의 바람직한 비전을 설정하고, 이 비전과 목표가 중심이 되도록 하며 비전을 중심으로 점검하고 방향을 설정한다. 그러므로 설령 리더가 바뀐다고 해도 크게 변화되지 않으며 흔들리지 않는다.[25]

이때 리더는 팀원이 함께 목표를 달성해 나가도록 팀원의 활동과 과정에 영향력을 미치며, 규범, 가치, 신념, 문화 등을 만들어 나간다. 팀원을 신뢰하고 팀원에게 권한을 위임하고 오히려 그를 돕는 자의 역할을 감당하며, 공동체가 활력을 가지고 나아갈 수 있도록 이끄는 것이다. 비전이 없으며 미래를 바라볼 안목이 없으면 개인도 국가도 망한다. 이는

......
[25] 유성준, 《세이비어교회 실천편》, 평단문화사, 2006, pp.165~166.

역사가 증명하는 진리이다. 팀의 미래를 가능한 한 분명하게 그려보는 것이 좋다. 또한 미래를 계속 바라보면 처음에는 희미해 보이던 꿈의 형체가 점점 분명하게 보일 것이다. 그리고 이를 통해 미래가 점차 실상이 된다.

비전이란 현재의 모습과 너무 다르기 때문에 비현실적인 것으로 받아들일 수 있다. 기차, 자동차, 비행기, 우주선, 컴퓨터 등은 옛날 사람들에게는 상상 속에서만 가능한 것들이었다. 비전은 어떤 것이든 최초에는 한 개인의 마음속에서 창조되는 것이다.

비전은 개인의 이미지와 부합되어야 하며, 거기에 초점을 맞추어야 한다. 도전의식과 의욕을 일으키는 비전이어야 한다. 건전한 자아상을 갖는 것은 비전을 추진해나가는 데 기본이 된다. 그래야 일관성 있게 추구하며 가능한 한 시행착오를 덜 겪으며 비전에 다가갈 수 있을 것이다.

비전은 변화이다. 비전 설정에서 중요한 동기는 변화에 대한 열망이다. 현실에 만족하고 타성에 젖어 있는 사람은 변화에 대한 의지를 갖지 못한다. 어떤 믿음을 갖고 있느냐에 따라 우리의 존재와 능력이 규정된다. 가능성만 찾으면 되는 일만 생기고 불가능성만 찾으면 안 되는 일만 생긴다. 그러므로 비전의 열쇠는 선택과 결단에 있다.

○ 하나님의 비전을 품어라

하나님의 비전에 초점이 맞춰진다면 내면이 변화되고, 그리스도의 삶과 변화로 그의 비전에 이끌리는 행복한 삶을 누릴 수 있다. 그러므로 참된 비전은 우리가 원하는 소망이 아니라 하나님의 비전에 초점을 맞추는 것이다. 그 비전을 가진다면 다른 사람이 보지 못하는 것을 바라보며, 하나님이 이루실 놀라운 결과를 믿는다. 하나님의 비전에 이끌리는 사람은 그래서 아름답다.

헌신은 부름에 응답하여 몸을 바치는 것을 말한다. 다시 말해 '몸을 바친다'는 것은 과거의 삶을 청산하고 하나님 앞에 나 자신을 온전히 드리는 것을 의미한다. 하나님께서 요구하는 것이다. 이것에 대한 인식은 하나님에 대한 순종과 섬김을 가능하게 하며, 비전을 품고 소망을 전하는 복을 받는 비결이다. 꿈의 시작은 하나님에서 시작되었다. 그러므로 우리에게 꿈을 주실 때 우리는 그 꿈을 이룰 수 있다. 꿈, 즉 비전을 이루는 과정에 함께하기 때문이다.

비전이 반영되지 않고, 충동적으로 사는 삶은 눈앞의 문제에 허덕인다. 반면 소명에 이끌리는 삶 called life 은 비전을 좇아 산다. 하루하루 무엇을 해야 할 것을 알고 있으며, 여러 일들 가운데 우선순위를 결정하고 여론을 경청하나 흔들리지는 않는다. 하나님의 뜻을 가장 소중하게 여기는 삶인 것이다.

하나님은 우리에게 초점을 맞추고 계시듯 우리는 하나님께 초점을 맞추고 살아야 비전을 이룰 수 있다. 하나님 말씀을 기준삼아 초점을 맞추면 삶과 미래가 명확하다. 목적에 초점을 맞출 때, 헌신이 가능하다. 비전은 단 한 사람만을 사로잡는 데 그치지 않는다. 입에서 입으로 전파된 비전은 주위 사람에게 영향을 준다. 영향을 받은 사람들은 또 비전을 간직하고, 결국에는 많은 사람들이 비전을 따르도록 사로잡는 것이다. 비전은 가슴에서 가슴으로 전파되는 희망의 불씨이다.

바울은 누구나 인정하는 리더였으며, 그의 리더십은 성령에 이끌리는 리더십이었다. 그의 비전은 품은 것이 아니라 받은 것이었다. 문제는 자신의 비전이 받은 것인지 품은 것인지를 구분하지 못한다는 점이다. 요셉이 벌벌 떨고 있는 형제들에게 한 말을 귀 기울일 필요가 있다. "당신들이 나를 이 곳에 팔았다고 해서 근심하지 마소서 한탄하지 마소서 하나님이 생명을 구원하시려고 나를 당신들보다 먼저 보내셨나이다."(창세기 45:5)

요셉은 자신만을 위한 꿈이 아니라 하나님의 뜻을 따라 그 꿈이 더 큰 비전으로 승화된 것을 볼 수 있었다. 이렇게 될 때 우리 능력과 한계를 벗어나 성취를 체험하게 될 것이다. 그러므로 꿈이 하나님 안에서 비전으로 변화되어야 한다. 그것은 나에게만 유익이 아닌 이웃에게 유익을 줄 수 있는 삶을 의미한다.

그러므로 서번트 리더는 자신의 비전이 하나님에게서 온 것인지, 아니면 자신의 생각과 기대에서 온 것인지를 구별해야 한다. 흔히 인간의 비전은 자신을 기쁘게 하는 것에 기반을 두나 하나님의 비전은 하나님을 기쁘게 하는 것을 반영한다. 인간의 비전은 한계를 넘어서려고 힘들게 하지만, 하나님의 비전은 겸손과 순종으로 우리를 이끈다.

※ 비전에 관한 성경 구절

하나님이 자기를 사랑하는 자들을 위하여 예비하신 모든 것은 눈으로 보지 못하고 귀로 듣지 못하고 사람의 마음으로 생각하지도 못하였다 함과 같으니라. 고린도전서 2:9

하나님이 모든 것을 지으시되 때를 따라 아름답게 하셨고 또 사람들에게는 영원을 사모하는 마음을 주셨느니라 그러나 하나님이 하시는 일의 시종을 사람으로 측량할 수 없게 하셨도다. 전도서 3:11

또 내가 새 하늘과 새 땅을 보니 처음 하늘과 처음 땅이 없어졌고 바다도 다시 있지 않더라. 요한계시록 21:1

믿음은 바라는 것들의 실상이요 보이지 않는 것들의 증거니. 히브리서 11:1

오직 내가 그리스도 예수께 잡힌 바 된 그것을 잡으려고 달려가노라 푯대를 향하여 그리스도 예수 안에서 하나님이 위에서 부르신 부름의 상을 위하여 달려가노라. 빌립보서 3:12, 14

그러므로 우리가 이제부터는 어떤 사람도 육신을 따라 알지 아니하노라 비록 우리가 그리스도도 육신을 따라 알았으나 이제부터는 그같이 알지 아니하노라 그런즉 누구든지 그리스도 안에 있으면 새로운 피조물이라 이전 것은 지나갔으니 보라 새 것이 되었도다. 고린도후서 5:16~17

❄ 생각하기

여기에서 제시된 성경 구절들은 우리가 다르게 사고할 것을 요구한다.

- 하나님께서 자신을 사랑하는 사람들을 위해 예비하신 것에 관하여
- 하나님 능력의 무한함에 관하여
- 다가올 천국의 모습에 관하여
- 하나님의 영원한 속성에 관하여
- 새로운 창조로서의 우리 자신에 관하여

성경은 우리에게 새로운 개념의 사고와 행동을 요구한다. 그것은 우리의 생각의 범위를 훨씬 넘어서는 확장된 방법이다. 우리의 개념의 지평을 넓힐 것과 우물 안 개구리 식의 사고를 벗어날 것을 요구한다. 그리고 어떻게 하면 우리가 섬김의 도구가 될 수 있을지를 끊임없이 노력해야 할

것이다.

❋ 공유된 비전 만들기

각각의 공동체 설립 이념에 명시된 내용들은 자신들의 존재 이유로 내걸고 있다. 새로운 팀원이 들어오면, 그들은 공동체의 비전, 임무, 가치, 원칙을 배우게 된다. 하지만 그들 중 과연 몇 명이 그 비전을 정말로 자기의 것이라고 받아들이겠는가? 모든 팀원이 같은 생각을 가지고 있는가? 비전에 대한 개개인의 진술과 조직이 가지고 있는 비전은 서로 어떻게 차이가 나는가, 혹 같다면 어떻게 같은가? 눈을 감고 당신의 공동체의 비전에 대해 생각해보라. 당신은 이곳에 있도록 '부름'을 받았는가? 그런 다음 생각을 멈추고 다음의 질문을 스스로 던져보라. 공동체를 위한 나의 비전은 무엇인가?

끝으로 당신이 적은 내용을 공동체의 비전 선언문과 비교해보라. 그 둘은 서로 어떻게 같은가, 또는 어떻게 다른가? 당신의 생각을 적어보라. 자신의 비전에서 공동체의 비전과 비교 대조하여 얼마나 근접해 있는지 혹은 멀리 있는지를 토론해보라. 무엇이 유사점과 차이점을 만들어냈는지 서로 이야기해보라. 또한 어떻게 하면 당신의 비전과 공동체의 비전을 한 방향으로 향하도록 조정할 수 있을지 이야기해보라. 만일 두 비전이 유사하다면, 이러한 협력 관계를 계속 유지할 수 있는 방안에 대해 논해보라.

❋ 맺는 말

이번 장을 마치면서 당신이 학습한 내용이 어떻게 당신에게 제한된 틀을 넘어서는 생각outside the box을 하도록 해주었는지 생각해보라. 이 학습이 어떻게 당신에게 이전보다 더욱 넓은 관점에서 사고하도록 도움을 주었는지 일지에 기록해보라. 당신이 서번트 리더로 발전하는 데 비전이 어떠한 의미를 갖는지 다시 한 번 생각해보고, 예수님께서는 이 땅에서 사역하실 때 자신의 비전을 어떻게 성취해 가셨는지 생각해보라.

제7장

예지력 Foresight

○ 예지력은 내면을 바라보는 힘이다

예지력 Foresight은 'fore'와 'sight'가 결합된 단어로서 '앞을 내다보는 능력'을 뜻한다. 과거, 현재, 미래를 연계하여 조율하는 능력으로 과거의 경험을 통해 다가올 미래를 예측하는 힘이다. 그러나 앞을 내다보는 능력이라고 해서 현재와 무관한 것은 아니며, 과거의 경험이 토대가 된다. 그것이 현재의 상황에서 정확하게 그 의미를 찾고 의사결정을 통해 결단하게 하는 것이다. 예지력은 통계를 가지고 분석하고 관리하는 논리적이고 증명하는 활동을 배제하지 않는다.

예지력이 중요해진 이유는 정보통신 기술의 발달, 다양한 개성과 기호로 인한 시장 분화, 소구 대상의 적극적인 시장 개입과 참여도 등 환경이 빠르게 변화하기 때문이다. 이에 대응하여 순발력 있는 결단이 필요하다. 직관과 통찰을 포함한 예지력이 없다면 시의적절한 의사결정을 내리기 어렵다.

시장조사나 기존 자료에 의존하여 대책을 강구하는 방식은 이미 시대에 뒤떨어졌으며, 갈수록 직관에 의존하는 경향이 많아지고 있는 실정이다. 일본 닛산 자동차의 사장 카를로스 곤Carlos Ghosn도 "프로젝트에 따라 수집된 정보를 분석해 결론을 내릴 경우 시장의 반응보다 늦은 결정이 되기 쉬우므로 직감으로 결론을 내린다"고 했으며 '직감이 필수 불가결한 시대'라고 말했다.[26]

예지력은 비전을 갖고 그것을 형상화시키는 능력과 밀접하게 연관된다. 물론 어떤 상황에 대한 예측 결과를 내다보는 힘에 대해 어떻게 정의를 내리는 것이 합당할까? 이것은 쉽지 않은 일이다. 통찰력이나 직관을 포함한 예지력은 노력이나 공부로 강화된다고 볼 수 없기 때문이다. 그것이 리더십에서 연구과제로 남아 있는 이유이다.

하지만 예지력은 리더로서 팀과 팀원, 주위 사람들에 대한 깊은 사랑과 관심, 진정한 인식이 뒤따른다면 틀림없이 강화될 수 있으리라 믿는다. 한 걸음 더 나아가 공동체적인 관점에서 경험을 습득하고 다양한 인간관계 속에서 실제적으로 파악하려는 노력이 있다면 어느 순간 좀더 빨리 예측하는 통찰력과 순간적으로 저장된 이미지에 의한 직관이 향상될 것이다. 그것은 자신의 내면을 바라볼 수 있는 힘과 연관되어 있다.

예지력은 미래에 국한된 것이 아니다. 과거의 교훈과 현재에서 얻은

------

26 아티가키 에켄, 강선중 옮김, 《기적을 만든 카를로스 곤의 파워 리더십》, 더난출판, 2002.

지혜를 정확하게 인식하는 데서 비롯되며, 그 바탕에는 사물은 물론 다른 사람에 대한 관심과 배려와 사랑이 폭넓게 작용될 때 가능하다. 그러므로 예지력은 순수한 시선으로 바라본 결과이기도 하며 경험으로 훈련된 직관이라고 말할 수 있다.

예지력은 이윤을 추구하는 공동체에는 경쟁력을 유지하는 힘이기도 하다. 중요한 의사결정이 어려운 것은 현재 시점에 선택하지만 그 결과는 미래에 나타나기 때문이다. 그 누구도 미래를 볼 수 없다. 그만큼 미래는 불확실하며 위험요소가 잠재되어 있다. 그러므로 리더에게는 예지력이 매우 중요한 요소가 될 수밖에 없다.

○ 예지력은 심리적 안정과 실질적 성과를 가져온다

공동체에서 리더의 의사결정은 구성원들에게 영향력을 미치므로 더욱 중요하다. 리더의 결정에 의해 구성원들이 움직이기 때문이다. 훌륭한 의사결정은 기업을 성장시키는 데 기여하며 문제를 발 빠르게 해결하여 불이익을 한층 줄이기도 한다. 그러나 잘못된 의사결정은 심각한 손실을 가져오고 때때로 돌이킬 수 없는 상황으로 치닫기도 한다.

삶은 의사결정의 연속이다. 언제 어떻게 무엇을 해야 할지, 누구와 무슨 이야기를 나누고 판단해야 하는지를 결정해야 하고, 창업이나 결혼, 회사를 옮기는 일을 비롯하여 삶에 미치는 영향력이 큰 결정을 앞두고 있을 때는 무척 고민되는 게 사실이다.

예지력을 발휘하는 일은 어떠한 일이 일어나기 전에 그 사건의 본질과 중요성을 미리 파악하는 것인데, 이윤을 추구하는 기업들뿐만 아니라 교회 공동체에서도 마찬가지로 적용된다. 확인된 문제들에 따르는 해결 방안을 제시해야 하며, 안팎으로 발생할 수 있는 모든 가능성들을 고려해야 한다.

리더라면 팀원들에게 닥칠 어려움에 대해 점검해야 하는데, 과거의 사례와 조언으로 어려움을 극복할 수 있도록 준비해야 한다. 이때 가장 필요한 것이 예지력이다. 예지력이 있는 리더는 팀원에게 안정감을 제공한다. '안정감'이라는 말이 진부하고 창의력이 부족하다고 말하는 것과는 다르다. 개인의 삶과 공동체의 비전이 조화를 이룬다는 의미와 관련하여 일관성이 있다는 것이다.

예지력이 있는 리더는 새로운 아이디어를 칭찬하고 격려하나 최신 트렌드에 지나치게 맞추려고 한다거나 팀원 다수의 의견이라고 해서 의사결정이 흔들리지 않는 믿음을 가지고 있어야 한다. 일시적이며 단기적인 성과인지, 장기적이며 생명력이 긴 성과인지에 따라 인내심을 가지고 기다리기도 한다.

그러므로 예지력이 있는 리더십은 리더 자신이 신뢰하는 것이 무엇인지 잘 알고 있으며, 그에 따른 헌신을 강도 높게 할 수 있다. 팀원들의 다양한 의견을 수용하고 문제가 개선되기를 바라며, 포용력 있는 태도로 자신의 생각을 고집하지 않고 필요에 따라 바꾸고 수정한다. 예지력이 있는 리더는 스스로 모든 것을 잘 알고 있거나 대단히 지혜롭다고 생각하지 않는다. 겸손하게 자신을 드러낼 줄 아는 것이다. 다만 타협이 필요한 사안인지, 사소한 걸림돌인지 잘 알고 있으므로 혼란스럽지 않다.

서번트 리더의 예지력은 가장 뛰어난 은사이기도 하지만 바보스러울 정도로 답답하게 보일 수 있다. 선한 지혜이며 올바른 결정을 하려고 노력하기 때문이다. 그러한 의사결정을 위해 반드시 경청하며 공감하는 자세가 뒤따라야 할 것이다. 결정하는 과정까지 매우 너그럽고 부드러우며 공정함으로써 팀원들에게 신뢰감을 주는 태도를 보여야 한다. 열정은 불꽃을 일으키고 경건은 빛나게 하나, 예지력은 실질적 성과와 평안을 가져다준다.

○ 믿음이 있을 때 발휘되는 예지력

장기적인 안목이 필요한 프로젝트에 대해 예지력이 발휘되어야 한다. 그러나 믿음이 없다면 예지력이 발휘되지 못한다. 리더로서 자신의 예지력에 대한 믿음이 없다면, 그 계획은 무의미하며 실행할 수 없을 것이다.

교회 공동체에서 계획을 세울 때에는 먼저 하나님에 대한 믿음이 필요하다. 기도와 말씀 묵상을 통해 하나님의 계획하심을 구해야 한다. 하나님이 주신 계획에 대한 증명 또한 어렵지만 하나님 앞에 충분히 열정을 갖고 기도하고 말씀에 비추어 세워진 계획이라면 하나님이 주신 계획이라고 믿을 수 있을 것이다.

예지력이 부족하다는 것은 과거의 잘못된 관념이나 선입견 등에서 비롯되며, 그러한 요인들이 작용하면서 잘못된 의사결정을 하게 된다. 그러므로 자신이 누구인지 어떻게 변화되어야 하는지 인식하는 것이 우선되어야 한다.

살아오면서 생성된 관념들은 일이나 문제에 대해 그 관념들로 비추어서 결과를 예측하고 판단해버리기도 한다. 그러므로 행동을 바꾸기 위해서 갖고 있는 선입견과 고정관념들을 버려야 한다. 더 높고 생산적인 단계를 추구하는 대신 수용하고 반응하는 일차적인 행동 단계에만 머문다면 어떠하겠는가? 그 단계에만 머문다면 하루하루가 똑같은 삶으로 이어질 것이다. 그 이상의 발전은 없다. 오히려 퇴보하는 삶이 될 수 있을 것이다.

그러므로 과거의 경험과 현재의 상황 파악과 미래의 목적 달성에 대해 노력해야 한다. 과거의 경험이 없다면 그 무엇도 예상할 수 없다. 과거의 실패라는 경험이 성공으로 이끄는 필수요인이다. 경험을 통해 현재의 문제점을 발견하고 새로운 아이디어를 창출했던 것이다. 이것이 예지력의 첫 번째 행동 단계이다.

현재의 문제를 발견하지 못한다면 미래는 더욱 불확실하다. 아무리 과거의 훌륭한 경험들과 통계가 있더라도 도움이 되지 않는다. 그 문제로 인해 어떠한 결과가 나타날지 예상할 수 없기 때문이다. 미래를 예측하고 결단하려면 현재의 상황과 문제점들을 개선해야 예상하는 결과를 창출해낼 수 있다.

과거와 현재의 상황과 문제점들을 파악해서 개선했으나 비전이나 목적이 없다면 무의미하다. 그러므로 과거의 경험과 현재의 상황 파악과 미래의 목적 달성, 이 3가지가 조화되지 않는다면 그 예지력은 허무맹랑한 것에 불과할 것이다.

○ 예지력은 하나님이 주는 은사이다

〈잠언〉에 따르면 지혜롭다는 것은 분별력이며, 겸손하고 통찰력 있게, 공정하며 올바르다고 했다. 이러한 예지력이 있는 서번트 리더라면 팀원은 물론 주변 사람까지 영향을 줄 것이다. 이것은 얼마나 큰 축복인가. 분별력은 주요한 것과 사소한 것을 구별하는 힘이며, 겸손은 스스로 어떤 논쟁의 대상이 되지 않도록 하는 데 필요하다. 통찰력은 바른 판단을 하게 하며, 미처 준비하지 못한 문제를 점검하게 하고, 공정하고 올바르다는 것은 신뢰하고 따를 수 있게 만드는 요인이 된다.

공동체 리더십에서 가장 필요한 것이 '열정'과 '비전'이라고 하는데, 거기에 예지력이 포함되지 않는다면 무의미한 열정이며 비전일 것이다. 지혜를 구하고 주의깊게 구성원들을 인도하지 않는다면, 극적인 변화가 일어나지 않는 한 실제로는 누구도 앞으로 나아가기 어렵다. 또한 리더가 위대한 비전을 제시하고 가능성과 관련된 비전을 보여줌으로써 새로운 시각을 제공한다고 하더라도, 그 비전이 지혜를 구하지 않고 설정된 것이라면 올바른 방향으로 인도할 수 있을지는 미지수이다.

특히 교회 공동체 리더는 '위로부터 난 지혜'에 의지해 바른 방향을 주시하며, 비전을 얻고, 적당한 보조로 열정을 구가해야 한다. 그렇다면 리더십에 관련되어 예지력이 그다지 주목받지 못하는 이유는 무엇인가? 예지력은 영적인 은사로 사람들이 의뢰하고 의지하여 사용하는 능력으로 간주되기 때문이다. 이런 관점에서 예지력은 논리적인 통계나 경험과는 무관할 수도 있다. 오직 예지력이 있는 리더에 대한 믿음만이 존재할 것이다.

그러나 성경은 예지력이 있는 리더십을 제한된 범위 내에 가두어 두지 않았으며, '특별한 은사'라든지 '아무나 가질 수 없는 보물'처럼 표현하지 않았다. 예지력은 평소 하나님이 주시는 은사이며 은혜인 것이며, 서번트 리더라면 반드시 향상시켜야 할 덕목이다. 예를 들어 한 성도가 교회 리더로 적합한지에 대해 논의할 때 다음과 같이 질문한다.

"그는 경건한 사람인가?"

"그에 대한 평판은 어떤가?"

"그의 은사들은 이 직분에 잘 조화를 이루는가?"

하지만 이런 전형적인 여과 장치를 모두 적용하고 논의한 다음에도 이 질문이 필요하다.

"그는 지혜를 가지고 있는가?"

긍정적인 의견들이라면 그는 리더로서 교회에 좋은 영향력을 미칠 만하다는 결론이 내려진다. 이처럼 예지력이 있는 리더십은 사람들에게서 신뢰받는다.

여호수아가 이에 해당되는데, 그는 리더에게 필요한 연단을 받고 하나님의 뜻 안에서 판단하는 긍정적인 신앙의 소유자였다. 탁월한 군사적·정치적 역량까지 갖추어 민족의 지도자로서 조금도 부족하지 않았다. 계속되는 고난과 역경 속에서도 하나님의 절대적인 능력을 믿었으며, 성령충만하여 지혜가 뛰어났으며, 이에 하나님이 주시는 능력으로 자신에게 부여된 책무를 해낸 것이다. 이스라엘 백성을 약속의 땅 가나안으로 인도할 수 있었다.

공동체에서 중대한 사안을 놓고 기타 모든 사안을 적용한 다음에 지혜로운 사람이 분별력과 겸손, 통찰력, 공정함과 올바름으로 분명한 방향을 제시한다면 얼마나 좋겠는가. 가장 쉽고 좋은 길일 것이다. 하지만 이처럼 지혜로운 사람을 만나는 일은 드물다.

예지력에 대해 야고보는 '위로부터 난 지혜'라고 말한다. 하늘에서 오는 지혜는 순결하고 평안하며, 너그럽고 포용력이 있으며 사랑과 은혜로 가득한 열매를 맺으며 거짓이 없다. 다시 말해 지혜로운 것은 많은 것을 경험하여 얻는 지혜와는 다른 것이다.

예지력이 있는 영적 리더들은 구성원을 통해 드러내는 하나님의 위대한 은혜의 흐름을 지켜볼 수 있다. 이런 은혜의 흐름을 하나님의 무한하신 사랑으로써 창조한 삶의 근본 요소로 인식하고 있다. 지혜는 그 흐름을 따라갈 줄 아는 것이다.

예지력은 주변 사람들에게 삶의 지표가 되어줄 때가 있으며 그의 말은 어떤 사회적 이슈보다 강렬하다. 공감하게 함으로써 그들이 사람들의 마음에 심는 씨앗은 시간이 흐른 후에 반드시 열매를 맺는다. 예지력은 감명을 주기보다 하나님을 아는 데 더 관심을 가지며, 다른 사람들에게 깊은 신뢰를 받는다.

○ 예지력은 하나님께 초점을 맞추는 능력이다

예지력, 곧 지혜는 하나님이 거저 주시는 선물이다. 우리에게 지혜는 유일한 희망이다. 우리가 지혜롭다면 자신이 어리석음에 얼마나 자주 굴복당하는지를 흔쾌히 인정할 것이다. 하지만 모든 사람에게서 지혜를 얻을 수 있으나 언제나 지혜로운 사람이 존재하는 것은 아니다.

한 젊은 교회 리더가 있었는데, 그는 열정적이고 열심히 사역했다. 구성원들은 그가 어떤 사람인지를 잘 알고 있었으며 그를 따르고 신뢰했다. 남편과 아버지로서의 삶, 회사 관리자로서의 삶, 새로 기획된 교회 소그룹 리더로서 뚜렷한 일관성을 가지고 있었기 때문이다. 그는 교회 공동체의 어떠한 소그룹에 있더라도 즉시 신뢰를 받았다. 또한 그는 구성원이 이 일에 힘쓰다가 갑자기 저 일에 힘쓰면서 에너지를 낭비하지 않도록 잘 이끌고 도우며, 구성원들도 그를 존중하며 따른다.

이처럼 예지력이 뛰어난 서번트 리더 한 사람이 공동체를 변화시킬 수 있다. 어려움에서 벗어나기 위해 먼저 다가가서 현명한 조언을 아끼지 않으며, 의사결정하는 자리에 있을 때는 공동체는 한 단계 향상시키는 영향력을 발휘한다. 이는 하나님께 영광 돌리는 데 초점을 맞추는 가슴이 있기에 가능한 것이다.

교회 공동체에서 예배와 전도, 청소년 사역, 시설 등에 대해 관심을 가지고 배려함으로써 예지력은 한층 영향력을 발휘하는데, 그것은 문제의 형식과 내용 사이의 차이점을 알기 때문이다. 그렇다면 어떻게 아는가? 그것은 영적인 인격에서 비롯된다.

예지력은 리더 자신의 욕구나 이기적인 생각으로 적용해서는 안 된다는 것을 알게 하며, 구성원의 제안을 포용한다. 일에 치여 분주한 생활을 하지 않으며, 새로운 프로젝트에 낯설거나 염려하지 않는 것도 마찬가지 맥락이다. 중대한 의사결정을 할 수 있기 때문이다.

따라서 어떠한 결정을 내리더라도 누군가 기쁘게 하거나 안전한 방법이라서 선택하는 경우는 없다. 그런 면에 그다지 신경을 쓰지 않는다. 하나님의 지혜를 구하는 데 집중하며, 다른 사람을 돌보는 데 시간과 마음을 할애함으로써 지혜의 미덕이 무엇인지 전하게 된다.

❋ 예지력에 관한 성경 구절

하나님의 비전에 대한 예지
그 땅을 정탐한 자 중 눈의 아들 여호수아와 여분네의 아들 갈렙이 자기들의 옷을 찢고 이스라엘 자손의 온 회중에게 말하여 가로되 우리가 두루 다니며 정탐한 땅은 심히 아름다운 땅이라 여호와께서 우리를 기뻐하시면 우리를 그 땅으로 인도하여 들이시고 그 땅을 우리에게 주시리라 이는 과연 젖과 꿀이 흐르는 땅이니라. 민수기 14:6~8

예지력의 근원
지혜 있는 자는 듣고 학식이 더할 것이요 명철한 자는 지략을 얻을 것이라 잠언과 비유와 지혜 있는 자의 말과 그 오묘한 말을 깨달으리라 여호와를 경외하는 것이 지식의 근본이거늘 미련한 자는 지혜와 훈계를 멸시하느니라. 잠언 1:5~7

회복의 예지

또 내게 이르시되 인자야 너는 생기를 향하여 대언하라 생기에게 대언하여 이르기를 주 여호와께서 이같이 말씀하시기를 생기야 사방에서부터 와서 이 죽음을 당한 자에게 불어서 살아나게 하라 하셨다 하라 이에 내가 그 명령대로 대언하였더니 생기가 그들에게 들어가매 그들이 곧 살아나서 일어나 서는데 극히 큰 군대더라 또 내게 이르시되 인자야 이 뼈들은 이스라엘 온 족속이라 그들이 이르기를 우리의 뼈들이 말랐고 우리의 소망이 없어졌으니 우리는 다 멸절되었다 하느니라 그러므로 너는 대언하여 그들에게 이르기를 주 여호와께서 이같이 말씀하시기를 내 백성들아 내가 너희 무덤을 열고 너희로 거기에서 나오게 하고 이스라엘 땅으로 들어가게 하리라 내 백성들아 내가 너희 무덤을 열고 너희로 거기에서 나오게 한즉 너희는 내가 여호와인 줄 알리라. 에스겔 37:9~13

그리스도에 대한 예지

마리아가 가로되 내 영혼이 주를 찬양하며 내 마음이 하나님 내 구주를 기뻐하였음은 그의 여종의 비천함을 돌아보셨음이라 보라 이제 후로는 만세에 나를 복이 있다 일컬으리로다 능하신 이가 큰 일을 내게 행하셨으니 그 이름이 거룩하시며 긍휼하심이 두려워하는 자에게 대대로 이르는도다 그의 팔로 힘을 보이사 마음의 생각이 교만한 자들을 흩으셨고 권세 있는 자를 그 위에서 내리치셨으며 비천한 자를 높이셨고 주리는 자를 좋은 것으로 배불리셨으며 부자를 빈 손으로 보내셨도다 그 종 이스라엘을 도우사 긍휼히 여기시고 기억하시되 우리 조상에게 말씀하신 것과 같이 아브라함과 그 자손에게 영원히 하시리로다 하니라. 누가복음 1:46~55

❋ 생각하기

예지력을 발휘하는 일은 조직의 성장과 발전에서 결정적으로 중요하다. 성경이 우리에게 말한 바와 같이, 우리가 미래에 대한 계획을 세울지라도 우리의 발걸음은 주님께서 지도하신다.

공동체를 이끌고 관리하는 협력관계에서 리더는 자신의 공동체가 맞이하게 될 갖가지 도전들을 확인하고 앞을 내다보며 행동하는 사람이 되어야 하며, 일이 닥치고 나서야 거기에 대응하는 사람이 되어서는 안 된다. 즉석에서 내리는 결정이 성공적인 결과를 낳을 때도 있으나, 여러 가지 도전들이 발생하기 '이전에' 그것들을 깊이 생각해보는 일은 공동체에 잇따른 도전들을 맞이할 준비를 하게 해준다.

과거에 있었던 도전들을 바라봄으로써, 도전들의 다양한 패턴들을 확인해봄으로써, 공동체의 구성원들이 다양한 환경에 유연하게 대처할 수 있도록 도움으로써, 공동체는 앞으로 마주치게 될 그 어떠한 역경을 뚫고 나갈 수 있을 것이다. 이번 장에서 풀어볼 연습과제들은 바로 이러한 정신을 따라 만들어진 것이다.

- 믿음은 장기적인 안목에서 계획을 세우고 예지력을 발휘하는 것과 어떠한 관련이 있는가?
- 예지력의 부족함이 비윤리적인 생각을 가리키는 지표가 되는 이유는 무엇인가?
- 행동을 바꾸기 위해, 당신이 가장 먼저 바꾸어야 할 점은 무엇인가?
- 당신은 어떠한 렌즈(관점)을 가지고 세상을 바라보는가?

- 그리스도인들의 세계관은 무엇으로 구성하는가?

예지력에 대해 당신에게 특별한 통찰이나 어떠한 관심을 갖게 해준 내용들이 있는가? 예지력이 당신이 서번트 리더로 성장하는 데 어떻게 도움이 되는지 생각해보라.

가시화된 비전이 구성원에게 미치는 영향

- 구성원들을 하나로 뭉치게 하는 응집력이 된다. 구성원들에게 함께 바라볼 수 있는 좌표가 만들어진 것이며, 그들을 한 방향으로 움직이게 하고, 강력한 추진력을 갖게 한다.
- 비전이 공동체 내에 자리한다면 그것은 장기적 관점에서 전략적인 사고와 계획을 가능하게 하는 힘이 된다.
- 개인적으로도 비전은 중요하다. 미래는 불확실성으로 표현한다. 그러므로 비전은 심리적인 안정감을 준다. 안정감은 현실의 삶에 충실하게 한다. 결국 비전은 삶에 활력과 열정을 일으켜 스스로 동기부여를 할 수 있도록 지원한다.

비전을 세울 때 고려할 사항

- V(Valuable) : 가치 있는 것인가?
- I(Inspired) : 생각하면 흥분되고 고무되는가?
- S(Specific) : 달성하고자 하는 바가 구체적인가?
- I(Illustrate) : 구체화시켜 설명할 수 있는가?
- O(Obtainable) : 노력하면 달성할 수 있는가?

- N(Need) : 진정으로 원하고 필요한 것인가?

이 물음을 묻고 그에 합당한 것과 함께 비전을 세워나가야 할 것이다. 공동체 안에서 구성원들과 함께 공동체의 비전, 혹은 교회의 비전을 함께 세워보라.

맺는 말

예지력이 구성원들에게 의미있게 하기 위해서는 먼저 비전을 수립할 때부터 구성원들의 참여가 있으면 좋을 것이다. 그리고 지속적으로 비전을 공유하는 활동이 이루어져야 한다. 구성원들의 신앙적인 갈등에 대한 문제, 가정 안에서 발생하는 갈등과 같은 일들을 연구하고 생각하면 구성원들의 문제를 예방적인 차원에서 막을 수 있게 될 것이다.

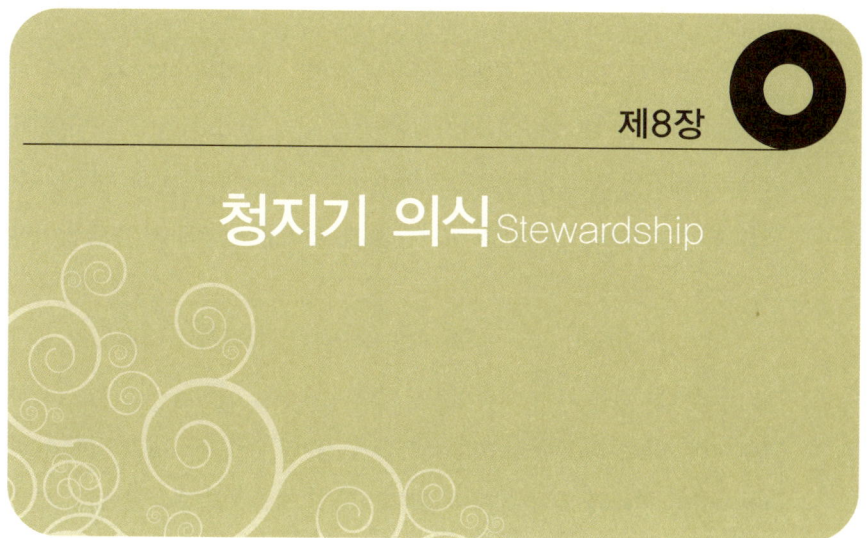

제8장

청지기 의식 Stewardship

○ **청지기 의식은 대신 맡아 관리하는 섬김의 정신이다**

청지기 의식은 구성원들의 은사와 재능을 인식하고 사용하도록 하는 데 매우 중요하다. 리더 자리에서 섬김과 나눔의 본보기를 드러내는 리더십 요소이며, 무엇보다 '청지기'라는 소명을 유지하고 향상시킬 수 있도록 리더 자신의 노력이 필요하다. 청지기 의식이란 '다른 누군가를 대신하여 무언가를 맡아 관리하는 것'이기에 그러하다.

지위와 권력과 자원을 관리하고 봉사하기 위해 위임받은 것으로 결코 구성원들 위에 군림하지 않는다. 리더 자신보다 구성원들의 필요를 충족시키는 데 우선순위를 두며, 통제보다 설득이 중요하다. 구성원들에게 공동체 목표에 부합하여 성장할 수 있도록 도와야 하는 것이다.

그뿐만 아니라 구성원들이 성장했을 때, 지배자가 아닌 또 다른 서번트 리더가 될 수 있도록 지지해야 함을 잊지 말아야 한다. 리더의 자리는 절대적인 자리가 아니므로 언제든지 다른 사람에 의해 대체될 수 있다는 생각으로 그 자리를 지키기 위해 어떠한 집착도 보이지 않아야 한다.

하지만 제한된 인적·물적 자원을 적절히 안배하여 균형잡힌 성장을 도모하는 일은 그리 쉽지 않다. 리더가 지위나 권한을 자신의 힘으로 생각하면 공동체 내에 부조리가 따라올 것이다. 권위에 대한 집착은 리더 자신의 머리와 가슴을 마비시키고, 자칫 개인적인 편의를 위해 사용할 뿐만 아니라 사회와 공동체의 보편적 규범에서 벗어나기 쉽다.

공동체 내에 학연이나 혈연이나 지연이라는 끈이 형성되어 보이지 않는 네크워크를 형성하여, 리더의 직책이나 권위가 오용될 가능성이 있다. 이해관계에 얽혀 실질적인 목표를 추구하기보다 편의적인 상황으로 몰아갈 우려를 낳는다. 만약 갖가지 연결 고리가 형성되어 있다면 다양한 갈등이 표출된다고 보아도 과언이 아니다.

이처럼 부적절한 인식의 리더는 팀원들의 사기 저하는 물론 공동체의 대외적인 이미지까지 영향을 미칠 것이다. 그러므로 지위와 권한은 리더의 몫이 아니고 잠시 그것을 대행하고 위임받았다는 인식을 잊어서는 안 될 것이다.

서번트 리더의 영향력은 개인적인 품성을 배제할 수 없다. 청지기 의식이 발휘되려면 공동체에 리더의 권위보다 마음으로 구성원들에게 다가갈 때 더 많은 영향력을 발휘할 수 있다. 자신의 성장기를 되돌아보면, 영향을 받은 사람들의 공통점은 재산이나 명예, 학벌이나 지위와는 관련이 없을 때가 많다. 그 사람의 성품, 따뜻한 말씨, 아낌없는 배려 등에 영향받은 것을 보면 헤아릴 수 있을 것이다.

지위나 권한에 과도하게 의존해서 공동체를 움직인다는 것은 지위를 내려놓고 권한을 되돌려주는 순간 그 관계가 끊어지게 된다는 의미이다. 그러나 진정한 리더는 그 자리를 떠나도 긍정적으로 평가되는 리더십이다.

청지기 의식을 가진 리더라면 자신감과 신뢰감을 먼저 보여주며, 업무를 효율적으로 운영하기 위해 리더의 권한을 최대한 구성원들에게 위임하고 구성원들 스스로 의사결정할 수 있도록 지지하며 돕는다. 그 결과 구성원들은 물론 공동체 전체에 안정적이며 창의력 넘치는 분위기로 이끌 것이다. 또한 구성원들이 팀워크를 통해 서로 목표를 성취하기 위해 노력할 것이다.

○ 청지기 의식이 뛰어난 리더는 인격적이다

일에 대해 적극적이고 능동적인 공동체에는 반드시 청지기 의식이 분명한 서번트 리더가 존재한다. 직장인 10명 중 4명이 존경받는 리더의 조건으로 '인격'을 꼽는다고 한다. 리더가 훌륭한 인격을 가졌다면, 구성원들은 통제와 지시가 없더라도 스스로 열심히 헌신하게 된다. 리더가 통찰력과 카리스마와 출중한 능력보다 인격적 소양을 가져야 할 중요한 요소로 보는 것이다. 또한 그를 따르는 구성원들이 많거나 오랫동안 인간관계가 지속되고 있다면, 그는 반드시 훌륭한 인격을 가진 '청지기'일 것이다.

리더가 팀원들과 친밀한 팀워크를 이루기 위해서는 어느 정도의 전략이 필요하다. 격려하고 칭찬하기도 하지만 꾸중과 질책이 필요할 때도 있을 것이다. 그때마다 지나치지 말아야 한다. 계산적이어야 한다는 말과는 다르며, 춤을 추듯 가까이 다가가기도 하고, 좀더 한 걸음 물러서서 보기도 해야 한다. 이처럼 리더의 마인드가 경직되지 않고 자유로울 때 팀워크가 친밀하게 형성된다. 청지기 의식의 진정성이 충분히 발휘되는 리더라면 완벽한 팀워크가 아니라 즐거운 팀워크를 이룰 것이다.

청지기 의식의 리더는 구성원에 대한 존재가치를 충분히 인정하고 자긍심을 갖고 일할 수 있는 분위기로 이끈다. 리더로서 부정적인 선입견이나 편견을 가지고 있던 팀원이 있다고 하더라도 즐거운 팀워크가 이루어질 때는 어렵지 않게 분위기에 합류하여 저절로 문제로 드러나지 않는다.

청지기 의식은 성과물이나 실적으로 드러나는 것이 아니라 마음과 마음으로 전달되는 무형의 자산이다. 어느 정도 성취했는지를 묻는 것이 아니라 보람과 행복을 느꼈는지 궁금해하는 것이며, 결과에 집착하고 리더 한 사람이 치켜세워지는 것이 아니다. 구성원 한 사람 한 사람이 소중하게 여겨지고 새로운 일을 시작할 때 힘이 되고 활력소가 되게 하는 것이다.

결과를 중요시하고 과정을 가볍게 여긴 경우에 실적은 이루어낼 수 있겠지만, 구성원의 몸과 마음을 지치게 한다. '일벌레', '일중독자'를 양산하고 자신의 업무가 '죽지 못해 하는 일'로 전락하게 만든다. 서로가 서로에게 경쟁자가 되어 따뜻한 말 한마디 쉽게 건네지 못할 것이다.

열정과 소망이 생기고, 은사와 재능이 발휘되려면 어떻게 해야 할

까? 설교를 잘하는 목회자라면 성경을 바르게 알고 있을 것이다. 좋은 곡은 훌륭한 연주자가 있을 때 대중에게 전달된다. 예를 들어 찬양 사역을 하고자 한다면, 노래를 잘 한다든지 악기를 잘 다루어야 하고, 행정적 기능, 기획 기능, 연구와 리더십 기능 등 예배찬양 사역자에게 필요한 다양한 지식과 전문성을 계발하기 위한 노력을 다해야 한다.

그러고 나서 인격적인 만남이 이루어진다면 더 말할 나위가 없다. 관계가 중요하다는 것은 머리로는 잘 인식하지만, 마음과 마음이 만나는 관계로 발전되기 위해서는 쉽지 않다. 그런 경우에는 은사와 재능이 있더라도 건강한 사역을 이끌지 못한다. 청지기 의식은 관계를 바탕으로 이루어져야 한다. 아무리 자신이 서번트 리더라고 외친다고 해도 신뢰하고 따라주는 구성원이 없다면 아무 소용없는 것이다.

인터넷의 발달로 만남이나 관계가 비인격적으로 자리잡고 있다. 인격적 관계성이 없기 때문에 쉽게 관계를 포기하거나 일방적으로 끊어버리는 경우에 대해 주저하지 않는다. 온라인에서 인간관계의 습관이 오프라인에서도 그대로 드러나고 있는 현실이다. 그러므로 인격적 관계성에 바탕을 둔 삶의 변화를 추구하기보다 당장 가시화되는 것에 대해 집중하고 몰입한다. 인격적인 만남과 관계 회복에 대한 말씀 묵상이 필요하다.

○ 인격적인 청지기 리더십의 모델

청지기 의식을 타고난 사람도 있으나, 대부분 훌륭한 청지기는 훈련을 통해서 만들어진다. 가끔 청지기의 본분을 잃어버리고 주인 노릇을 한다면 어떨까? '맡은 자' 곧 청지가가 '구할 것은 충성'뿐이며, 충성은 하나님을 바라보는 믿음에서 시작될 것이다.

하나님의 종으로서 일이나 은사, 재물이나 지위, 자녀나 가정 등을 맡고 있다고 생각한다면 충성된 청지기가 될 것이다. 하지만 모든 것이 내 것이라는 어리석은 생각을 가지고 있다면 결코 좋은 청지기가 될 수 없다.

예수님은 현장을 직접 다니며 청지기 의식을 몸소 실천한 분이었다. 명령하지 않았으며 직접 찾아갔고, 문제에 억눌리기보다 문제를 치유하고 가장 낮은 자리에서 리더십을 발휘했다. 예수님이야말로 12가지 서번트 리더십의 특징을 골고루 갖추시고 실천하신 분이다.

수많은 능력 있는 리더들이 각종 시험을 견디지 못하고 부패와 부조리로 물들었으나 예수님은 끝까지 올바른 모습을 보여주었다. 수많은 리더가 막강한 권력과 명예로써 대중을 이끌려고 했으나 결국 실패하고 말았다. 오직 예수님만이 구원의 선물을 안겨줄 수 있었던 것이다.

예수님은 따뜻한 심성으로 눈물을 흘리셨고, 치장하거나 허례허식하지 않으며 진리를 추구했다. 시험을 당해 곤경에 빠질 때에도 승리하는 삶을 보여주었다. 항상 깨어 기도해야 함을 일깨우셨으며, 기도와 말씀으로 인간의 한계를 뛰어넘었다. 넘어지고 쓰러진 제자를 일으켜 세우셨으며 소외된 이웃들에게 사랑을 전한 승리자였다. 더구나 예수님은 그때나 지금이나 부하뇌동하거나 앞뒤가 다르지 않고 동일하게 역사하셨다.

성령의 열매는 사랑이며, 여러 유형으로 나타나는 청지기 리더십이 희락과 화평, 오래 참음, 자비와 충성이며 온유와 절제인 것이다. 그와 같이 청지기 의식은 인격에서 비롯되며, 인격이 곧 바른 리더십을 세워준다. 성경적 리더십이라고 바꿔 말할 수 있을 것이다.

> 오직 성령의 열매는 사랑과 희락과 화평과 오래 참음과 자비와 양선과 충성과 온유와 절제니 이 같은 것을 금지할 법이 없느니라. 갈라디아서 5:22~23

　이처럼 리더의 사랑과 겸손이 청지기 의식의 핵심이다. 교회 공동체 리더가 사랑이 부족하다면 어떻게 하나님을 사랑할 수 있겠는가? 교회 공동체 성장을 위한 도구나 수단으로 교인들을 바라본다면 청지기 리더십은 찾아보기 어렵다. 하나님의 형상대로 지음 받았으므로 한 사람 한 사람 정말 하나의 인격체로서 사랑해야 한다. 교회 공동체 리더는 사람을 귀하게 여기고, 차별하지 않으며 존중하고, 교인과 더불어 즐거워할 줄 알아야 한다. 사랑이 없는 리더는 교회에 아무런 유익을 줄 수 없다.
　교회의 리더는 기쁨이 충만한 사람이거나 낙천적이고 긍정적인 사람이어야 하며, 마음의 평안을 유지하고 다툼과 분쟁이 있는 곳에 올바로 판단하고 건강하게 치유할 수 있어야 한다. 누군가에게 도움의 손길이 필요하다면 거절하지 말아야 하며, 선한 양심의 소유자여야 한다. 맡겨진 사역에 최선을 다하며, 많은 사람을 마음으로 품고 포용할 수 있어야 한다. 무엇보다 강조되어야 할 청지기 의식은 절제함으로써 나타나는 사랑이어야 한다는 것이다.

○ 예수께서 말씀하신 진실한 청지기와 거짓 종

예수께서 제자들에게 비유로 일러 가르쳐 주신 청지기, 즉 종에 대한 비유가 있다.

베드로가 여짜오되 주께서 이 비유를 우리에게 하심이니이까 모든 사람에게 하심이니이까 주께서 이르시되 지혜 있고 진실한 청지기가 되어 주인에게 그 집 종들을 맡아 때를 따라 양식을 나누어 줄 자가 누구냐 주인이 이를 때에 그 종이 그렇게 하는 것을 보면 그 종은 복이 있으리로다 내가 참으로 너희에게 이르노니 주인이 그 모든 소유를 그에게 맡기리라 만일 그 종이 마음에 생각하기를 주인이 더디 오리라 하여 남녀 종들을 때리며 먹고 마시고 취하게 되면 생각하지 않은 날 알지 못하는 시각에 그 종의 주인이 이르러 엄히 때리고 신실하지 아니한 자의 받는 벌에 처하리니 주인의 뜻을 알고도 준비하지 아니하고 그 뜻대로 행하지 아니한 종은 많이 맞을 것이요 알지 못하고 맞을 일을 행한 종은 적게 맞으리라 무릇 많이 받은 자에게는 많이 요구할 것이요 많이 맡은 자에게는 많이 달라 할 것이니라. 누가복음 12:41~48

신실한 청지기에 대한 비유의 말씀인데, 주인이 멀리 출타했을 경우에 두 종류의 종이 있다는 것이다. "그 종이 복이 있으리로다." 즉, 복이 있는 종이 있다는 것이다. 복이 있는 종의 특성은 마음에 "주인이 있던 없던 항상 성실하게 일해야지" 생각하고 주인의 뜻을 생각하며 지혜 있고 진실하게 최선을 다하여 일을 한다. 생각지 않은 때에 주인이 이르러서는 그 모습을 보고 칭찬하시면서 주인의 소유 전부를 맡기고 누릴 수 있도록 은혜를 받게 된다.

그러나 어리석은 종은 주인이 있을 때에만 최선을 다하는 것처럼 하고 주인이 없을 때에는 주인이 더디 오리라 생각하고 흥청망청 놀다가 주인이 갑자기 왔을 때에는 주인에게 책망을 받는 사람들이다. 바로 주님은 우리들이 눈가림으로 일을 하지 말고 누가 있든 없든 주님을 생각하며 신실하고 진실하고 지혜 있게 사명을 감당하라고 말씀하시는 것이다.

예수님은 분명하게 말씀하신다. "주인의 뜻을 알고도 준비하지 아니하고 그 뜻대로 행하지 아니한 종은 많이 맞을 것이요 알지 못하고 맞을 일을 행한 종은 적게 맞으리라 무릇 많이 받은 자에게는 많이 요구할 것이요 많이 맡은 자에게는 많이 달라 할 것이니라."

성경에서 '청지기'라는 단어는 여러 차례 언급된다. 〈창세기〉와 4복음서에 나타난 청지기에 대한 언급은 다음과 같다.

> 요셉이 베냐민이 그들과 함께 있음을 보고 자기의 청지기에게 이르되 이 사람들을 집으로 인도해 들이고 짐승을 잡고 준비하라 이 사람들이 정오에 나와 함께 먹을 것이니라. 창세기 43:16

> 저물매 포도원 주인이 청지기에게 이르되 품꾼들을 불러 나중 온 자로부터 시작하여 먼저 온 자까지 삯을 주라 하니. 마태복음 20:8

> 주께서 이르시되 지혜 있고 진실한 청지기가 되어 주인에게 그 집 종들을 맡아 때를 따라 양식을 나누어 줄 자가 누구냐. 누가복음 12:42

이처럼 성경 말씀을 살펴보면 청지기란 대개 주인의 것을 잘 관리하는, 즉 잘 분배하는 사람인 것을 알 수 있다. 부유한 가정에나 있을 법한 직책이 청지기였던 것이다. 바울은 "사람이 마땅히 우리를 그리스도의 일꾼이요 하나님의 비밀을 맡은 자로 여길지어다"(고린도전서 4:1)라고 했는데, 여기서 '맡은 자'는 영어로 '스튜어드Steward', 헬라어로 '오이코노미아Oikonomia'로, 청지기 또는 관리자라는 뜻을 담고 있다.

참된 교회 안에는 하나님의 일을 분배하는 청지기들이 있다. 바울은 〈고린도전서〉에서 자신은 '하나님 가정의 청지기'라고 말한다. 그러므로 바울은 바로 하나님의 생명을 사람들에게 나누는 임무를 수행할 수 있었다. 하나님의 가정이 교회이다. 교회 안에서 하나님의 생명을 나누는 것이 성경적인 청지기의 구실이라고 할 것이다.

기독교에서 청지기라는 말을 많이 쓴다. 청지기 사역이나 청지기 직분이라는 말을 교회를 다녀본 사람들은 많이 알고 있으나, 단지 교회에서 열심히 일을 하는 사람으로 생각하고 있다. 물론 일도 필요하다. 청소도 필요하다. 교회에서는 필요하지 않은 일이 없는데, 이런 일에만 집중을 하다보면 하나님의 성품을 분배한다는 것에 대해서는 그다지 관심이 없을 수 있다. 하지만 청지기 직분은 그런 것이 아니다. 육신으로 어떤 문제를 해결하는 것을 청지기 직분으로 여기는 것이 아니라 하나님의 보물을 나누는 사람이 참된 청지기인 것이다.

✤ 청기기 의식에 관한 성경 구절

은사는 여러 가지나 성령은 같고 직분은 여러 가지나 주는 같으며 또 사역은 여러 가지나 모든 것을 모든 사람 가운데서 이루시는 하나님은 같으니 각 사람에게 성령을 나타내심은 유익하게 하려 하심이라 어떤 사람에게는 성령으로 말미암아 지혜의 말씀을, 어떤 사람에게는 같은 성령을 따라 지식의 말씀을, 다른 사람에게는 같은 성령으로 믿음을, 어떤 사람에게는 한 성령으로 병 고치는 은사를, 어떤 사람에게는 능력 행함을, 어떤 사람에게는 예언함을, 어떤 사람에게는 영들 분별함을, 다른 사람에게는 각종 방언 말함을, 어떤 사람에게는 방언들 통역함을 주시나니 이 모든 일은 같은 한 성령이 행하사 그의 뜻대로 각 사람에게 나누어 주시는 것이니라. 고린도전서 12:4~11

우리에게 주신 은혜대로 받은 은사가 각각 다르니 혹 예언이면 믿음의 분수대로, 혹 섬기는 일이면 섬기는 일로, 혹 가르치는 자면 가르치는 일로, 혹 위로하는 자면 위로하는 일로, 구제하는 자는 성실함으로, 다스리는 자는 부지런함으로, 긍휼을 베푸는 자는 즐거움으로 할 것이니라.
로마서 12:6~8

각각 은사를 받은 대로 하나님의 여러 가지 은혜를 맡은 선한 청지기 같이 서로 봉사하라. 베드로전서 4:10

🌸 생각하기

청지기 의식은 어떤 의사결정이나 행동을 할 때 그 결과가 팀원에게 미치는 영향을 먼저 고려하는 태도와 행위로 서번트 리더의 가장 기본적인 자세이다. 청지기 의식은 다른 누군가를 대신하여 무엇인지를 맡아 관리하는 것이다. 그러므로 서번트 리더십에서 청지기 의식은 자신의 공동체보다 큰 이익을 위해 그들이 속한 팀을 맡아 관리하면서 저마다 중요한 구실을 담당하는 것이다. 무엇보다 다른 사람의 필요를 충족하는 데 최선을 다한다. 청지기 의식을 훈련하기 위해 다음 지침을 따라야 한다.

- 타인을 향한 신뢰감을 갖고 행동하라.
- 타인을 돌보라(지배하는 것이 아니라).
- 개인적인 관심을 넘어서 섬김을 선택하라.
- 통제하려 하지 말고 결과에 대해 책임감을 가져라.

❋ 은사 점검하기

우리 각자는 창조주에게서 지상에서 그의 나라를 건설하기 위한 은사들을 부여받았다. 이것은 우리가 개인의 삶과 하나님의 공동체 내의 사역에 적용할 수 있음을 의미한다. 이 은사들은 몇 개의 카테고리로 나눌 수 있다. 지도력, 가르침, 지식, 지혜, 예언, 분별, 권고, 목회, 믿음, 열정, 사도적 지위, 봉사, 긍휼, 구제 등이 있다. 우리가 누구인지와 공동체가 어떤 가치를 주는지를 이해하기 위해 하나님께서 주신 은사가 무엇인지 분별할 수 있는 것은 중요하다. 은사 점검의 목적 중의 하나는 자신이 받은 은사가 바로 내 것이 아니라 은사를 관리하고 사용할 수 있도록 청지기 의식을 갖게 하는 데 있다.

- 당신의 구체적인 일에서 은사와 재능을 어떻게 사용할 것인가?
- 당신의 공동체, 프로그램 대상자, 구성원의 창조적 변화를 위해 당신의 은사와 재능을 어떻게 사용할 수 있는가?
- 당신은 하나님의 공동체를 세우기 위해 은사와 재능을 어떻게 사용할 것인가?

❋ 맺는 말

이번 장을 마치면서 당신의 생각이나 의견을 일지에 작성하라. 특별히 다음 질문에 대답하라.

- 나는 조직 내에서 청지기 의식에 대해 무엇을 훈련했는가?
- 나는 내가 속한 공동체의 구성원들과 함께 상호 작용하는 가운데 청지기 의식을 훈련하는 중 무엇을 배웠는가?
- 나는 좋은 청지기가 되도록 나의 능력을 향상시키기 위한 어떤 3가지 행동 단계(생각하기, 행동하기, 구체적인 적용)를 밟을 수 있을 것인가?

영적 은사 조사*

〈영적 은사 조사〉는 당신이 은사와 재능이 무엇인지 이해할 수 있도록 돕는 퀴즈이다. 우리의 은사가 무엇인지 이해하기 위해 우리는 진정한 자가진단을 할 수 있어야 한다. 다음의 퀴즈를 풀고 점수를 매기라. 당신의 결과는 무엇인가?

　이것은 시험이 아니기 때문에 정답은 없다. 〈영적 은사 조사〉는 70개의 문제로 되어 있다. 몇 문제는 구체적인 행동을 요한다. 어떤 문제는 설명적 특성을 지니고 어떤 문제는 믿음을 진술한다. 각 문제에 딸린 문항 중 당신에게 해당되는 숫자를 괄호에 기록하라. 당신에 대해 잘 진술한다고 느껴지는 것에 표시하라. 한 문제에 너무 많은 시간을 쓰지 마라. 이것은 시험이 아니라는 것을 기억하라. 보통 당신의 즉각적인 대답이 가장 좋은 것이다. 각 문제마다 답을 달고 어떤 문제도 건너뛰지 마라. 타인이 어떻게 대답할 것인지 혹은 타인이 당신에게 어떤 대답을 원할지

---

* Wilkes C. Gene, *Jesus on Leadership, Becoming a Servant Leader*, Church Strengthening Ministry, Sto. Nino, Paranaque, Metro Manila, Philippines, pp.44~47 ; adapted from *Discovering Your Spiritual Gifts, Revised, Member's Booklet/Individual Study Guide*, Nashville : The Sunday School Board of the Southern Baptist Convention, 1998, pp.20~27.

에 대한 답을 하지 마라. 당신에게 해당되는 답을 하라. 당신이 응답할 선택사항은 다음과 같다.

> 5 : 나의 특성을 대단히 잘 설명함 / 나와 정확히 맞음
> 4 : 대부분 나에 대해 설명함 / 나와 맞음
> 3 : 나에 대해 대개 맞음 / 50퍼센트 정도 나와 맞음
> 2 : 나에게 조금 해당됨 / 25퍼센트 정도 나와 맞음
> 1 : 나에게 전혀 해당되지 않음 / 나에 대해 틀린 진술

1. 나는 의견, 자료, 시간, 사람 들을 효과적으로 조직할 수 있는 능력을 갖고 있다. (   )

2. 나는 가르치는 일을 위해 기꺼이 공부하고 준비한다. (   )

3. 나는 특수한 상황에 하나님의 진리를 연관시킬 수 있는 능력이 있다. (   )

4. 나는 다른 사람들이 그들의 믿음이 성장할 수 있도록 도울 수 있는 하나님께서 주신 능력을 갖고 있다. (   )

5. 나는 구원의 진리에 대해 이야기할 수 있는 특별한 능력을 소유하고 있다. (   )

6. 나는 사람들이 상처받는 것에 대해 민감하다. (   )

7. 나는 필요한 것을 나누는 모임에서 즐거움을 느낀 경험이 있다. (   )

8. 나는 공부하는 것을 즐긴다. (   )

9. 나는 하나님의 경고와 정의의 메시지를 전하고 있다. (   )

10. 나는 사람들의 진정한 동기를 자각하는 능력이 있다. (   )

11. 나는 어려운 상황에서 하나님을 믿는 특별한 능력이 있다. (   )

12. 나는 새 교회를 세우는 일에 공헌하기를 간절히 원한다. (   )

13. 나는 사람들의 육적이고 실제적인 필요에 대해 단지 이야기하거나 돕기를 계획하기보다는 행동한다. (   )

14. 나는 뜻있는 일을 위임하고 할당할 수 있다. (   )

15. 나는 가르치는 데 능력과 흥미가 있다. (   )

16. 나는 보통 상황을 정확하게 분석할 수 있다. (   )

17. 나는 자연스럽게 사람들에게 용기를 준다. (   )

18. 나는 그리스도인들이 그들의 믿음을 성장시킬 수 있는 일을 기꺼이 할 수 있다. (   )

19. 나에게는 사람들의 외로움, 고통, 두려움, 분노와 같은 감정을 읽을 수 있는 민감함이 있다. (   )

20. 나는 선뜻 물건을 준다. (   )

21. 나는 진실을 파헤치는 데 시간을 보낸다. (   )

22. 나는 하나님께서 다른 사람들에게 전하기를 원하는 메시지를 받았다고 느낀다. (   )

23. 나는 사람들이 진실하고 정직한지 인식할 수 있다. (   )

24. 나는 하나님의 뜻에 질문하거나 주저하기보다는 기꺼이 순종한다.
    (   )

25. 나는 다른 나라의 사람들에게 복음을 전하는 일에 더욱 적극적이길 원한다. (   )

26. 사람들의 필요를 채우는 일은 내게 기쁨을 준다. (   )

27. 나는 팀이 즐겁게 일할 수 있도록 하는 일을 잘한다. (   )

28. 나는 학습 연구를 계획하는 능력이 있다. (   )

29. 나는 용기가 필요한 사람들과 동일한 감정을 느낄 수 있다. (   )

30. 나는 그리스도인들이 더욱 순종적인 예수의 제자가 될 수 있도록 훈련시켜오고 있다. (   )

31. 나는 사람들이 그리스도에게 돌아올 수 있게 하는 일이라면 무슨 일이든지 기꺼이 할 수 있다. (   )

32. 나는 상처받은 사람들에게 끌린다. (   )

33. 나는 후하게 주는 사람이다. (   )

34. 나는 새로운 진실을 발견하는 능력이 있다. (   )

35. 나는 어떤 사건이나 사람들에 관한 성경 말씀을 말하는 영적인 통찰력을 지녔다. (   )

36. 나는 사람들이 하나님의 뜻에 부합하게 행동하는지 감지할 수 있다.
    (   )

37. 나는 상황이 어두울지라도 하나님을 신뢰할 수 있다. (   )

38. 나는 한 번도 들어보지 않은 곳에서 복음을 전하고자 하는 강한 소망이 있다. (   )

39. 나는 사람들의 필요에 대해 민감하다. (   )

40. 나는 그룹의 목적을 효과적이고 능률적으로 달성할 수 있도록 하는 능력을 지녀왔다. (   )

41. 나는 그리스도인들이 어려운 결정을 내리고 어려움을 겪을 때에 종종 상담을 해준다. (   )

42. 나는 모임에서 내가 어떻게 사람들이 편안하고 용기를 갖게 할 수 있는지에 대해 생각한다. (   )

43. 나는 다른 사람에게 영적인 방향을 제시할 수 있다. (   )

44. 나는 믿지 않는 사람들이 주님과 그의 구원을 받아들일 수 있도록 복음을 전할 수 있다. (   )

45. 나는 다른 사람들이 겪는 고통을 이해할 수 있는 특별한 능력을 지녔다. (   )

46. 나는 하나님께서 모든 것의 주인이라는 것을 인정하는 강한 청지기 의식을 지녔다. (   )

47. 나는 하나님께 직접 받은 메시지를 다른 사람들에게 전해오고 있다. (   )

48. 나는 사람들이 하나님의 지도 아래 행동하고 있는지 감지할 수 있다. (   )

49. 나는 하나님의 뜻 안에 거하고 그가 사용하실 수 있도록 노력한다. (   )

50. 나는 나와 다른 믿음을 가진 사람들에게 복음을 전해야 한다고 느낀다.
( )

51. 나는 다른 사람들의 육체적 필요에 대해서 민감하게 감지한다. ( )

52. 나는 긍정적이고 정확한 행동 단계들을 착수하는 데 재능을 갖고 있다.
( )

53. 나는 성경 말씀을 다른 사람들이 이해할 수 있도록 설명할 수 있다.
( )

54. 나는 보통 문제를 푸는 영적인 해결책을 볼 수 있다. ( )

55. 나는 휴식, 위로, 격려, 상담이 필요한 사람들을 돕는 기회를 기꺼이 받아들인다. ( )

56. 나는 믿지 않는 자들에게 그리스도를 나누는 것이 쉽게 느껴진다. ( )

57. 나는 다른 사람들의 스트레스와 고통을 인지한다. ( )

58. 나는 가치 있는 프로젝트나 사역에 관대하고 겸손하게 후원하기를 원한다. ( )

59. 나는 일반적 사실들을 의미 있는 관계들로 편성할 수 있다. ( )

60. 하나님께서는 나에게 사람들에게 전할 메시지를 주신다. ( )

61. 나는 사람들이 그들의 종교적 경험에 대해서 이야기할 때 그것이 정직한 것인지 분별할 수 있다. ( )

62. 나는 다른 문화와 배경에 있는 사람들에게 복음을 전하는 것을 좋아한다. ( )

63. 나는 사람들을 돕는 작은 일을 하기를 좋아한다. (   )

64. 나는 깨끗하고 명확한 표현을 할 수 있다. (   )

65. 나는 교회의 세부적인 필요에 따라 성경적인 진리를 적용시켜오고 있다. (   )

66. 하나님께서는 사람들이 그리스도를 닮은 삶을 살 수 있도록 격려하는 일을 하도록 나를 사용하고 계신다. (   )

67. 나는 사람들이 그들의 사역을 보다 효과적으로 하도록 돕는 데에 필요한 것을 감지할 수 있다. (   )

68. 나는 예수를 모르는 사람들에게 예수에 대해 이야기하는 것을 좋아한다. (   )

69. 나는 광대한 양의 학문적 자료를 갖고 있고 정보의 보안을 지키는 법을 알고 있다. (   )

70. 나는 상황이 불가능해 보일지라도 그 상황이 하나님의 영광을 위해 변화될 것이라고 느낀다. (   )

○ 채점

1. 각 문제 옆에 숫자 1~5로 기록한 것을 아래 표에 해당되는 부분에 써넣으라.
2. 각 은사들의 점수를 각 표 안에 써넣고 총점을 내어 총점 표에 쓰라.

○ 채점표

리더십	1	14	27	40	52	총점
가르침	2	15	28	53	64	총점
지식	8	21	34	59	69	총점
지혜	3	16	41	54	65	총점
예언	9	22	35	47	60	총점
분별	10	23	36	48	61	총점
권면	17	29	42	55	66	총점
목회	4	18	30	43	67	총점
믿음	11	24	37	49	70	총점
복음 전도	5	31	44	56	68	총점
사도직	12	25	38	50	62	총점
봉사	13	26	39	51	63	총점
자비	6	19	32	45	57	총점
베풂	7	20	33	46	58	총점

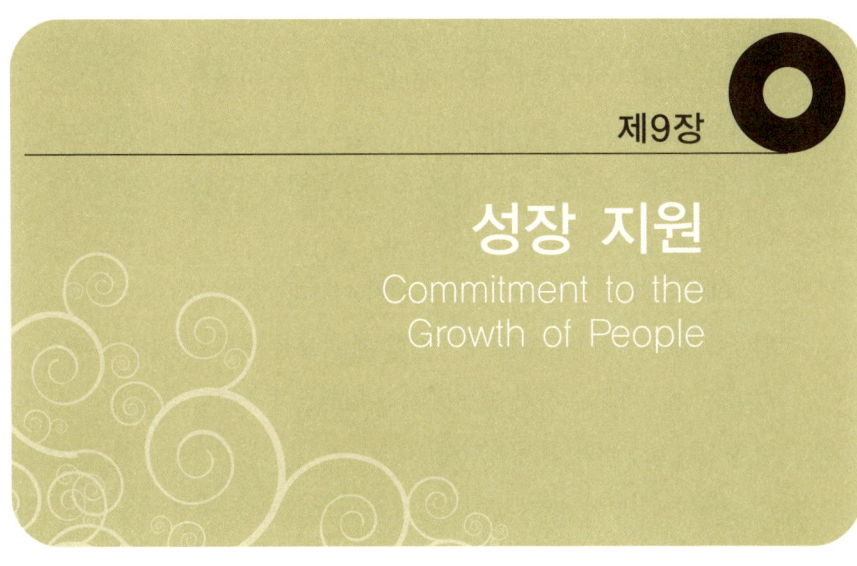

제9장

성장 지원
Commitment to the Growth of People

○ **따르는 사람이 없는 리더는 리더가 아니다**

리더는 팀원들의 개인적 성장·정신적 성숙과 활동 분야에서 전문성을 확보할 기회와 자원을 제공해야 한다. 서번트 리더는 동역자로서 재능있는 연주자로 이루어진 오케스트라를 지휘하는 것과 같다. 정확한 음과 악기의 개성을 살리면서 각기 다른 연주자들이 조화를 이루어 아름다운 음악을 창조하도록 조율하는 것이다. 팀원의 성장을 위한 노력은 연주의 템포를 유지하고, 연주자의 역할과 능력이 적절한지 점검하는 지휘자의 모습을 말한다.

구성원들의 의견이 목표에 적합한지 살피며, 다른 구성원들과의 의견 교류가 원활히 이루어질 수 있도록 조율하는 동역자로서 리더십인 것이다. 리더는 대개 업무 중심적으로 일을 처리하기가 쉽다. 그러나 동역자 리더십은 사람 중심이다. 업무 중심의 리더는 서번트 리더가 될 수 없으며, 따르는 팀원이 없으므로 엄격하게 말하자면 진정한 리더가 아니다.

리더 혼자의 힘으로 무언가 이루기 어렵다. 팀워크가 이루어지고 팀원들이 제자리에서 맡은 일에 충실할 때 목표를 이룰 수 있다. 그러므로 리더는 각기 다른 은사와 재능을 가진 팀원들이 소중함을 알게 하고, 리더 자신이 소중하게 여겨야 한다.

따르는 팀원이 없는 리더는 이미 리더가 아니다. 대개 건성으로 일하는 팀원, 늘 소소한 불만을 터뜨리거나 부정적인 생각으로 팀 분위기를 선동하는 팀원 등이 있기 마련이다. 그렇다고 면담을 하거나 매번 하지 말라고 질책할 수도 없는 노릇이다. 이런 경우 팀원 한 사람 한 사람이 얼마나 소중한지 일깨워야 한다. 누구 하나라도 낙오자가 된다면 더불어 목표를 이룰 수 있을 때 일에 대한 성취감을 느낄 수 없기 때문이다.

훌륭한 리더 밑에는 훌륭한 팀원이 있고, 부족한 리더 밑에서 부족한 팀원이 있다. 리더는 리더의 시선으로 팀원을 선택하기 때문이다. 그러므로 문제가 있을 때 반드시 리더 자신의 문제점을 먼저 바라보는 관점이 중요하다.

리더와 팀원의 관계는 동역자이기도 하고 부하직원이기도 할 것이다. 그런데 일방적인 관계일 때가 많다. 팀원들은 리더에게 많은 것을 기대하고 요구한다. 정직하고 솔선수범해야 한다거나, 마음이 넓고 너그러우며 포용력이 있기를 바란다. 프로젝트에 대한 성과도 남다르기를 바라고, 당연히 매사 도덕적이어야 한다고 기대한다.

하지만 상대적으로 리더에 대한 요구사항이 많은 것에 비해 팀원 자신에게는 한없이 관용을 베풀기도 한다. 업무 처리에도 쩔쩔매고, 지각과 조퇴를 반복한다든지, 리더의 질문에 제대로 답변을 하지 못한다. 그러므로 동역자로서 팀원의 자질도 중요하다. 리더와 함께 성장하지 않는다면, 둘의 사이는 자주 벌어지고 불편해질 것이다. 팀원의 자질이 부족하더라도 제대로 인식한 다음 인내심을 가지고 전문성을 키울 수 있도록 지지해야 한다. 자신의 임무를 필요한 일정에 맞추도록 하고, 자기 관리에 따른 규칙을 지키도록 요청하고, 책임감 있게 헌신하도록 독려해야 한다.

○ 서로 보완하고 수정하는 리더와 동역자

성장을 지원하는 리더십은 구성원들이 맡은 업무를 원활히 수행할 수 있도록 지원하고, 개인의 삶 속에서도 보람을 느끼도록 돕는 것을 말한다. 일과 삶의 균형을 이루도록 배려하는 것이다. 이러한 두 가지 측면에서 동역자의 일을 충실히 하면서 문제가 있을 때 팀원이 찾아오기보다 서번트 리더가 먼저 도움을 주려고 노력해야 한다. 리더는 구성원들에 대한 관심과 배려를 잊지 않으며, 수시로 그들에게 어떤 어려움이 있는지, 문제가 있다면 어떻게 도와야 하는지 함께 노력하고 지원해야 하는 것이다.

'따르는 사람'들에게 따르라고만 할 때 구성원들은 난감하다. 어떻게 따르고, 왜 따라야 하는지 알지 못해 우왕좌왕하기 쉽다. 좋은 리더십은 리더와 구성원이 목표를 공유하고 비전을 명확하게 인식하고 앞으로 이끌어야 한다. 그러므로 팀의 비전이 어떤 것이고 그것이 개인의 비전과 어떻게 연계되는지 점검하도록 안내한다.

빌 게이츠는 스티브 발머라는 동역자, 즉 팔로우십followership 덕분에 최고의 기업인 마이크로소프트사를 이끌 수 있었다. 스티브 발머는 프로그래머로서 팀원이 되어 인사 업무부터 인수합병 업무까지 다양한 업무를 수행했다. 그뿐만 아니라 인재를 발굴하고 전략을 세우는 데는 탁월한 능력을 가지고 있었으며, 회사 성장을 위해 무거운 짐을 지고 가는 짐꾼이기도 했다. 빌 게이츠는 스티브를 가리켜 '자신의 분신'이라고 했다.

훌륭한 대통령이라고 일컬어지는 해리 트루먼도 마찬가지였다. 트루먼의 성품은 변덕스럽고 트렌드를 좇는 인물이었다. 그런데 역사상 가장 위대한 미국인으로 손꼽는 조지 마셜이 그의 동역자이자 헬퍼였다. 그는 군인 출신으로 처음으로 노벨평화상을 수상한 인물이었다. 그가 얼마나 조용하고 위대한 동역자였는지 짐작할 수 있을 것이다.

혼자의 힘만으로 백만장자가 된 사람은 없듯이, 성공하려면 우수한 인재를 발굴하고 육성할 수 있는 리더여야 한다는 것이다. 그러려면 리더 자신이 먼저 다가가고 먼저 베풀어야 한다. 성경에도 "남에게 대접을 받고자 하는 대로 너희도 남을 대접하라"(누가복음 6:31)고 했다.

품고 베푼다는 데에 어떠한 목적이나 조건이 없어야 한다. 인격적인 만남이어야 함을 강조하고 싶다. 리더 자신의 영향력을 발휘하여 예측한 대로 일을 하도록 안내할 수 있다면 아주 좋은 만남일 것이다. 권위가 있되 권력이 되어서는 안 될 것이며, 명령이나 통제가 아니라 헌신과 희생으로 얻어지는 결과여야 한다.

리더십은 공동체에 끼치는 영향력으로 하나의 목표에 도달하게 하는 과정에서 발휘되는 것이다. 모든 구성원들이 공유해야 하며, 어떤 특정한 위치에 있는 한 사람만의 독점물이 아닌 것이다. 동역자 리더십이란 리더가 제시한 비전을 파악해서 긍정적으로 헌신하는 능력으로, 돕는 역할이며 후원하고 지지하는 일꾼이다. 그러므로 동역자는 리더에게 없어서는 안 될 존재이다. 건강한 동역자 리더십은 무조건 리더를 따르는 것이 아니라 리더에게 시의적절하게 권면하고 지적하여 더 나은 방향으로 안내할 수 있는 용기가 필요하다.

 리더가 엉뚱한 방향을 설정할 때 동역자는 리더를 비난하고 충고하더라도 그것을 이해하고 보완하는 데 초점을 맞춰야 한다. 리더가 진정으로 바라는 바가 무엇인지 깨닫고 동역자 리더십을 발휘해야 하는 것이다. 상황에 맞춤한 최선의 행동을 추구해야 한다. 그러므로 리더와 동역자의 관계는 언제나 상호보완적이며, 서로 성장하고 향상시킨다는 것을 간과해서는 안 된다.

◯ 따르는 법을 알지 못하면 좋은 리더가 될 수 없다

남을 이끌기 위해서는 남을 잘 따르는 방법을 배워야 한다. 좋은 리더란 좋은 폴로어를 알아볼 수 있는 사람이다. 좋은 폴로어란 훌륭한 리더를 알아보고 그를 도와 일을 할 수 있는 사람이다. 훌륭한 리더와 좋은 폴로어가 만날 때 작품을 만들 수 있고 이것이 성과로 연결되는 것이다. 좋은 동역자를 만나지 못하면 리더 역시 제 역량을 발휘하지 못한다. 야구에서 투수가 아무리 공을 잘 던져도 제대로 받는 좋은 포수가 없으면 아무 의미가 없고, 다른 사람을 따르는 법을 알지 못하면 좋은 리더가 될 수 없는 것이다.

　늘 새로운 아이디어를 끊임없이 만들어내지만 결과는 좋지 않은 리더가 있다고 가정해보자. 정리정돈을 한다거나 깔끔하게 매듭짓는 비즈니스에도 약한 편이었다. 하지만 아이디어는 별로 없지만 정리정돈을 잘하고 협상을 마무리하는 데 탁월한 동역자가 있었다. 그렇다면 두 사람은 리더와 동역자 관계로 매우 적절할 것이다. 시간이 흘러 두 사람은 좋은 성과를 나타내는 관계로 성숙한다. 그러나 서로 약점을 드러내며 비난을 일삼았다면 어떠한 결과를 가져왔을까? 아마 함께 일하기 어려우며, 일의 결과 역시 형편없었을 것이다.

　인재가 곧 기업의 경쟁력이며, 가장 중요한 자산이다. 그래서 기업은 능력있는 인재를 확보하기 위해 최선의 노력을 기울이고 있다. 또한 채용된 구성원들이 업무를 추진하고 높은 성과를 창출하기 위해 그들을 지원해야 한다.

　구성원이 성장하지 못한다면 공동체에 큰 손실이 발생한다. 어떤 일을 수행하는 데 리더가 없다면 공백이 되어버린다든지, 구성원들 스스로 독립적으로 처리할 수 있는 일이 없다면 곤란하다. 업무를 집행하고 수행하는 과정에 시간적·기회적 손실이 크게 나타나기 때문이다. 시간을 다투는 작업일 경우, 그 손실은 예측하기 어려울 정도이다.

　이처럼 리더가 있어야만 일처리가 되는 상황이 반복될수록 구성원들은 리더에게 지나치게 의존적이 되고 성장이나 성숙을 기대하기 어려울 것이다. 리더 역시 구성원에게 일을 맡기면 불안감으로 일일이 점검하고 보고받아야 하고, 명령하며 통제할 수밖에 없을 것이다.

　리더는 우수한 인재들에게 새롭고 도전적인 업무를 맡긴다. 특히 업무의 난이도가 높아 돕는 사람이 없다면 실패의 가능성이 높은 일이다. 이 경우에 인재는 실패에 대한 두려움이 커지고, 도움을 받을 만한 사람을 찾지 못해 외로움에 빠질 수 있다. 특히 실패에 대한 책임까지 떠맡긴다면, 제 아무리 우수한 인재라고 하더라도 창의적인 해결책을 강구하는 데 소홀할 수밖에 없다. 실패가 두려워 새로운 도전을 시도조차 하지 않는다. 따라서 인재들이 성과를 올릴 수 있도록 리더가 실패에 대한 책임이나 실패 후 질책은 막아줄 필요가 있다. 리더로서 실패에 대한 책임을 스스로 지고, 인재로 하여금 안정감 있게 창의력을 발휘하여 업무를 수행하도록 해야 한다.

리더와 구성원의 관계에 불신감이 많다면, 공동체가 성장을 거듭하더라도 조직의 규모만 커질 뿐 손실 역시 비례하기 때문에 공동의 이익에서는 마이너스 성장을 가져올 것이다. 리더는 갈수록 어려움을 겪고 생산성은 계속해서 저하된다. 성과의 양적·질적 수준도 과거의 수준을 뛰어넘을 수 없게 된다. 리더는 여러 가지 업무 처리를 위해 자신의 자리를 벗어나지 못할 것이다. 그러다 보면, 첨단기술의 습득이나 능력 향상 등 개인적인 성장의 기회는 없을 것이다.

그러므로 구성원들의 성장을 지원하려면 먼저 리더가 구성원들과 친밀한 관계를 맺어야 한다. 단순한 팀원이 아니라 공동체의 긍정적 자원으로써 동역자임을 인식하도록 해야 한다. 그런 다음 학습을 통한 성장 지원이 이루어진다면 습득과 적용이 훨씬 원활할 것이다.

구성원 각자 개별적으로 업무를 수행하는 데 필요한 정보는 어디에 있으며, 전문가는 누구인지, 노하우와 관련된 정보를 제공함으로써 자발적 학습 효과를 기대하고, 성장을 지원하는 방법이다. 환경변화에 따라 공동체에 필요한 역량을 발휘할 수 있도록 하며, 인재의 효과적인 육성과 함께 구성원들의 자아실현 욕구를 고려해야 한다.

○ 하나님과 함께하는 동역자 리더십

성장이 쉽게 이루어진다고 주장하는 사람이 있을 수도 있다. 하지만 정말 그러한가? 바울은 "나는 심었고 아볼로는 물을 주었으되 오직 하나님께서 자라나게 하셨나니"(고린도전서 3:6)라고 말했다. 하나님께서 모든 것들을 자라게 만드시고, 조직 안에서 하나님과 함께하는 리더십의 동역자들이 사람들의 성장을 돕도록 하실 것이다.

친밀하다는 것은 인간관계가 지속적이며 진정성을 담고 있음을 의미한다. 그러나 교제에서 성장을 촉진 혹은 저해할 수 있는 중대한 문제 앞에 놓일 때 말하기 곤란한 비밀이 생기게 된다. 인간관계 속에 비밀이 자리잡고, 고백할 수도 인정하기도 어려운 미묘한 것이어서 해결되지 않은 채 그대로 방치되다 보면 관계는 서먹서먹해질 것이다. 설령 상대방에게 상처를 받았다고 느낀다면 더욱 곤란해질 것이다. 이유가 명확하게 드러나지 않았기 때문이다. 그리고 그 상처 때문에 깊은 관계에 대한 건전한 소망이나 목적의식마저 사라지고 말 것이다.

헌신은 역경이 닥칠 때는 지키기 어려운 도전이다. 친구에게 헌신하면 시간을 너무 많이 빼앗기게 될까봐 두려워한다. 하나님께 헌신하면 지금까지 행복이라고 생각하고 추구해온 것들에 차질이 생길까봐 두려워한다. 그러므로 헌신이란 팀워크나 팀의 목표를 이루기 위해 필요한 모든 대가를 지불하는 것이다. 헌신이라는 것을 한 번도 본 적이 없는 사람들에게 더욱 깊은 차원의 헌신을 가르치려면 어떻게 해야 하는가?

이 문제에 대한 바울의 대답은 바로 예수님을 바라보라는 것이다. 바울은 헌신을 남을 위해 기꺼이 죽을 수 있는 마음과 같은 것으로 보았다. 그것이 바로 우리를 위해 자신을 내어주신 예수님의 마음이었다. 이는 적당한 선에서 타협하는 관계가 아니다. 헌신은 자기 권리를 포기하는데서 비롯되는 것이다. 예수님이 하신 일이 헌신이었으며 진정으로 사랑을 나누는 일이었다.

다른 사람의 요구나 기대는 귀담아 듣지 않으면서 자기 사정은 다 늘어놓는 당돌함도 있을 수 있다. 자신의 세계와 그 속에 있는 사람들을 너무도 강하게 지배하고 있기 때문에 자기 외에 타인을 이해하는 일에 대해서는 거의 신경을 쓰지 않는다. 언제나 남을 지배하고 통제하는 그런 사람은 다른 사람이 어떤 생각을 하고 무슨 고민을 갖고 있는지를 생각하는 능력을 잃어버리기 쉽다.

진정한 그리스도인들은 이기는 사람도 없고 지는 사람도 없이 성장하는 사람만이 있을 뿐이다. 그리스도의 제자가 된다고 해서 갈등이 사라지는 것이 아니다. 그러나 그리스도의 제자가 되었다면 갈등을 처리하는 방식에서는 근본적인 차이가 나타나야 한다. 진정한 그리스도인들에게 갈등이란 가능한 한 가장 깊은 차원에서 대화하는 것에 지나지 않는다. 대화 중에 통찰이 오고 가며 진실이 발견된다.

리더와 동역자처럼 세워주는 관계에는 인내와 더불어 은혜의 특성이 또 하나 필요한데 그것이 바로 보호이다. 바울은 '덮어줌'이라는 단어를 사용했다. 보호란 표면 밑으로 파고 들어가 곧 닥쳐올지도 모르는 문제들을 지적해줄 수 있을 정도로 상대방을 사랑하는 것을 뜻한다.

◯ 모세와 여호수아를 섬긴 갈렙

갈렙은 위대한 동역자였다. 그는 모세의 시대와 여호수아의 시대에서도 아름다운 믿음을 내보이면서 살았던 하나님의 사람이다. 정탐꾼으로 파송 받았을 때에도 갈렙은 여호수아와 한 팀을 이루어 믿음의 보고를 했다. 갈렙은 여호수아와 비교해볼 때 부족함이 없었다. 믿음과 용기와 주님의 말씀을 붙잡고 순종하면서 사는 삶에서 누가 보다라도 뒤지지 않았던 사람이다. 이스라엘의 지도자를 뽑을 때 두 명의 후보가 올랐는데, 여호수아와 갈렙이었다. 그런데 모세가 여호수아에게 지도자의 자리를 물려주었다.

이때 일반적으로 사람들은 어떤 반응을 보이는가? 낙심하거나 분노한다. 약한 자는 낙심한다. 강한 자는 분노한다. 만일 갈렙이 지도자로 지목된 여호수아에게 불만을 품고 반기를 들면서 비판 세력으로 있었다면 여호수아는 큰 어려움을 겪었을 것이다.

여러 사람들의 지지를 받았음에도 다른 사람이 세워졌을 때 그것을 진심으로 기뻐해주기란 쉬운 일이 아니다. 그런데 갈렙의 위대한 점은 여전히 여호수아와 동일한 영성과 팀워크를 이루면서 함께했다는 것이다. 여호수아와 한 팀을 이루면서 주님의 일을 감당했다.

여호수아는 지도자 역할을 하며 나아갈 때 갈렙은 여호수아와 마음을 같이하면서 여전히 동일하게 팀워크를 이루면서 함께 나아갔다. 믿음과 영성이 돋보이는 갈렙이다. 또한 하나님의 관점에서 상황을 바라볼 수 있었기에 가능한 일일 것이다.

동일한 헌신! 동일한 열정! 동일한 믿음! 이것이 바로 동역자 리더십의 실천이며 팀워크이다. 여호수아와 갈렙과 같은 팀워크라면 우리가 가진 비전은 이루지 못할 것이 없을 것이다.

여호수아는 그의 생애에서 모세 한 사람을 섬기면서 살았다. 그런데 갈렙은 모세를 섬겼고 동역자였던 여호수아도 섬겼다. 갈렙는 여호수아보다 어리고 부족한 사람이 지도자가 되었다고 해도 섬겼을 것이다. 그것이 하나님의 관점인 것이다. 갈렙은 그의 삶 속에서 단 한 번도 리더 자리에 있지 못했다. 여호수아와 함께했기 때문이다.

> 여호수아가 나이가 많아 늙으매 여호와께서 그에게 이르시되 너는 나이가 많아 늙었고 얻을 땅의 남은 것은 매우 많도다. 여호수아 13:1

여기서 진정한 동역자 리더십을 발견할 수 있을 것이다. 또한 "남은 것은 매우 많도다"라고 했으니 얼마나 축복이겠는가. 갈렙에게는 명예욕도 경쟁심도 없었고, 시기와 질투의 마음은 더더욱 없었다. 오직 하나님 나라를 위한 동역자 리더십만이 있었다.

❋ 성장 지원에 관한 성경 구절

그가 어떤 사람은 사도로, 어떤 사람은 선지자로, 어떤 사람은 복음 전하는 자로, 어떤 사람은 목사와 교사로 삼으셨으니, 이는 성도를 온전하게 하여 봉사의 일을 하게 하며 그리스도의 몸을 세우려 하심이라 우리가 다 하나님의 아들을 믿는 것과 아는 일에 하나가 되어 온전한 사람을 이루어 그리스도의 장성한 분량이 충만한 데까지 이르리니 이는 우리가 이제부터 어린 아이가 되지 아니하여 사람의 속임수와 간사한 유혹에 빠져 온갖 교훈의 풍조에 밀려 요동하지 않게 하려 함이라 오직 사랑 안에서 참된 것을 하여 범사에 그에게까지 자랄지라 그는 머리니 곧 그리스도라. 에베소서 4:11~15

이에 비유로 말씀하시되 한 사람이 포도원에 무화과나무를 심은 것이 있더니 와서 그 열매를 구하였으나 얻지 못한지라 포도원지기에게 이르되 내가 삼 년을 와서 이 무화과나무에서 열매를 구하되 얻지 못하니 찍어버리라 어찌 땅만 버리게 하겠느냐 대답하여 이르되 주인이여 금년에도 그대로 두소서 내가 두루 파고 거름을 주리니 이 후에 만일 열매가 열면 좋거니와 그렇지 않으면 찍어버리소서 하였다 하시니라. 누가복음 13:6~9

생각하기

이제 우리가 얼마나 많은 지체를 잃어버렸는지 심각하게 생각해야 한다. 마디와 힘줄에 의해 한 지체는 다른 지체를 지탱해준다. 이처럼 모든 마디가 서로 잘 연결될 때 몸은 지탱될 수 있다. 힘의 근원은 마디에 있다. 마디는 지체와 지체 사이의 관계를 말한다. 만약 우리가 어떤 관계를 가지고 있다면 우리는 관계의 수준을 높여야 할 필요가 있다. 만약 그렇지 못하다면 진실한 관계를 맺는 일부터 시작해야 한다.

- 한 공동체 안에서 동역자 리더십이란 무엇을 의미하는 것인가, 그것이 어떻게 성취되는가?
- 누군가가 스스로 만족하고 있다면, 그것은 개인의 성장과 어떻게 연관되는가?
- 만약 우리가 항상 가면을 쓰고 있다면, 우리에게 어떠한 성장이 필요한지를 우리가 어떻게 결정할 수 있는가?
- 지위는 개인의 목표 성취와 어떤 관계가 있는가?

서번트 리더로서 당신은 구성원의 지속적인 성장에 친밀한 관심을 기울여야 한다. 구성원들의 지속 가능한 성장을 위해 어떤 프로그램을 가지고 있는가?

- 차세대 리더들에게 힘을 실어주어라.
- 리더로서 역량을 구축하라.

✿ 맺는 말

이번 장을 마치면서 당신의 생각이나 의견을 일지에 작성하라. 사람들이 성장하도록 하기 위해 나의 역할은 무엇이라고 배웠는가? 당신이 조직 구성원들이 성장하도록 헌신하기 위해 취해야 할 행동은 무엇인지를 알고 결단하라.

제10장
공동체 구축
Building Community

○ **진정한 공동체 구축이 시너지 효과를 가져온다**

공동체 또는 커뮤니티는 생활이나 행동이나 목적을 같이하는 사회 집단이며, 대개 동일한 관심사를 가지고 있다. 믿음, 자원, 기호, 필요, 위험 등의 여러 요소들을 공유하며, 구성원의 동질성과 결속성에 영향을 주고받는다. 공동체를 뜻하는 커뮤니티Community는 '같음'의 뜻인 라틴어 Communitas에서 왔으며, Communis 즉 '모두에게 공유되는'에서 파생된 단어로 '서로 봉사한다'는 의미를 가지고 있다. 기독교 공동체는 하나님 사랑과 이웃 사랑의 연결점, 즉 하나님 사랑을 깨달은 사람들이 모여 이웃을 섬기는 모임이다.

서번트 리더는 이 같은 인식을 바탕으로 구성원들과 진정한 공동체 구축을 위한 노력이 있어야 하며, 사람들이 모인 곳이라면 반드시 공동체 의식은 구축되어야 한다. 공동의 목표를 위해 구성원들 사이에 영향력이 발휘될 때 업무의 효율성이 높아진다.

그렇다고 지하철 역사에 사람들이 많이 모여 있다고 해서 같은 의미가 적용되는 것은 아니다. 그들은 서로 다른 목적을 가지고 단지 한 장소를 이용하고 있을 뿐이다. 만약 공동체 구성원들이 지하철 역사에 모인 사람들과 같다면 진정한 공동체라고 할 수 없다. 그들이 목적지로 가기 위해 잠깐 머물렀다가 전동차에 몸을 싣는 순간 지하철 역사는 텅 비어 버리기 때문이다.

서번트 리더는 공동체 의식이 무엇보다 기초가 되어야 하며, 구성원들 스스로 서로 돕고 이끌며 실천하는 태도를 이끌어내야 한다. 팀워크는 한 사람의 힘으로 이루어지는 것이 아니며, 여럿이 함께일 때 비로소 공동체 구축이 시너지 효과를 발휘하기 때문이다. 시너지 효과는 서번트 리더의 태도에 따라 다르게 나타날 수 있다. 팀 이기주의, 개인 이기주의로 인해 결과 중심이 되었을 때 공동체 구축은 쉽게 무너지게 되므로 경계해야 한다. 자신의 맡은 일만 마무리하면 된다는 사고방식에서 벗어나 구성원들에 대한 관심과 배려를 인식하며 공동의 목표에 다가가는 일에 게을리 해서는 안 될 것이다.

그렇다고 지나치게 공동체 의식을 강조할 경우, 구성원이 진취적이며 독립적으로 업무에 임하기 어렵다. 지시와 통제가 리더의 권한일 수 있으나 그 자체가 리더십은 아니다. 명령체계 내에서는 구성원들이 수동적이 되고, 오히려 리더의 성장을 방해할 것이다. 진정한 지시와 통제는 사람에 대해서가 아니라 업무를 관리하는 데 초점을 두어야 한다. 일방적으로 공동체의 규칙에 따를 것을 요구하거나 개인의 다양성을 무시한다면, 서로 배려하고 나누고 섬기는 마음은 사라진다. 팀원들 스스로 소모품이나 기계처럼 인식하기 쉽다.

    리더는 팀의 원칙과 윤리에 근거하여 팀원 각각의 성과를 점검한다. 개인의 성과를 인정하되, 팀의 성과를 앞세우며 공동체 전체의 효율성에 보다 큰 가치를 부여하는 것이 바람직하다. 이는 팀원 각자의 가치와 가능성을 신뢰했을 때 가능한 것이다. 이때 신뢰감은 구성원들이 소속감을 느끼며 열심히 일할 수 있는 환경에서 비롯된다. 리더로서 팀원들이 미처 보지 못하거나 놓친 것들에 대해 관심을 가지고 자신의 욕구보다 팀원들의 마음을 움직이는 데 가치를 느낀다면, 팀원들은 리더를 신뢰하고 공동체 의식은 더 크게 자리잡을 것이다.

○ 좋은 '섬김'은 바르게 '세움'이다

공동체 구축을 위한 리더십은 팀원이 긍정적으로 일할 수 있도록 분위기를 만들고 팀원의 능력이 최대한 발휘되도록 하는 데 있다. "자기 자신을 이끌려면 머리를 사용하고 다른 사람들을 이끌려면 가슴을 사용하라"는 말처럼 서로에게 긍정적인 영향을 미치는 요소가 리더십이다.

    하지만 공동체를 위한 리더십은 리더에게만 필요한 것이 아니다. 가장 능동적인 리더십은 구성원 전체가 공동체의 목표에 부합하도록 유기적으로 화합하고 조율하며 자신의 잠재력을 충분히 발휘하는 것이다. 따라서 리더십은 모든 구성원에게 적용되어야 한다. 공동체 구축은 나 혼자가 아니라 여럿이 함께하는 관계 속에서 형성된다. 구성원들은 '자신이 회사에 충분히 기여하고 있다'는 자부심을 갖고 있으나, '모든 직원들이 진심으로 열심히 일한다고 생각하지는 않는다'고 한다. 자신은 최선을 다하는데, 동료들은 그렇지 않다는 이야기이다.

왜 그럴까? 공동체 의식이 부족한 탓이다. 나 이외의 사람들에 대한 이해와 배려와 맞물리므로 리더는 처지를 바꾸어 바라볼 줄 알아야 한다. 가능하면 긍정적으로 해석하고, 믿음을 가지고 바라보아야 하며, 팀원에 대해 진심으로 이해하려는 마음이 필요하다.

때때로 공동체의 부조리와 불만을 없애고 재창조하고 싶을 것이다. 우선 리더 자신부터 변화되어야 한다는 것을 인식해야 한다. 그때 비로소 팀원이 무엇을 원하는지 깨달을 수 있다. 리더가 자신의 능력으로 해낼 수 있다는 생각을 멈추고 팀원과 함께 변화를 이끌어내야 한다.

팀원 스스로 자신의 모습을 발견한다는 건 쉽지 않다. 가능성이나 잠재력에 주목하고 문제가 있을 때 반드시 해결될 수 있다는 믿음을 보여야 한다. 토론과 대화를 통해 서로 부족한 점을 인식하고 장점을 격려하고, 서로 도우려는 마음가짐을 일깨운다. 함께 모여 일할 때 더 잘할 수 있다는 것이 중요하다. 사람들은 서로 영향을 주고받는 관계 속에서 인생을 살아가는데, 참된 리더십은 이러한 영향력을 조율하는 사람이다.

캐나다 리젠트 칼리지 학장을 역임한 월터 라이트는 "다스리며 명령하는 사람이 리더가 아니라 다른 사람들의 변화와 성장을 위해 영향력을 주는 사람이 리더이며, 그런 의미에서 모든 그리스도인들이 리더가 된다"고 했다.[27] 곧 서번트 리더를 말하는 것이다.

-----

[27] 월터 C. 라이트 Jr., 양혜정 옮김, 《관계를 통한 리더십》, 예수전도단, 2002, pp.130~132.

그래서 서번트 리더는 사람을 볼 줄 알아야 하는데, 그렇다고 해서 그 시야가 개인적 수준에 머물러서는 안 된다. 리더의 시선은 자신이 관심을 갖는 개인들이 모여 이루고 있는 공동체의 특성까지 확장되어야 한다. 스포츠에서 팀 전력을 분석할 때 아주 중요한 기준이 팀 케미컬team chemical이라고 부르는 '팀 화합력'이다. 그러므로 리더는 구성원들이 서로 존중하며 봉사하는 진정한 의미의 공동체를 만들어가야 하며, 한 개인이 아니라 공동체 전체를 섬기는 리더가 되어야 하는 것이다.

◯ 공동체의 지속적인 변화 과정을 창조해야 한다

리더들은 공동체의 성공이 미래 예측에 달려 있으므로 환경 변화에 맞는 전략적 계획을 세워 통합하고 조정해나가야 한다고 믿었다. 그러나 세상이 점점 복잡해지고 공동체의 단기적인 활동은 미리 계획할 수 있으나 장기적인 전략은 세우기 어렵다. 오히려 공동체의 장기적인 계획 대신 지속적인 변화 과정을 창조할 수 있는 여건을 조성하는 것에 주력한다.

이때 무엇보다 필요한 것이 '인재 확보'일 것이다. 진정한 서번트 리더가 필요하다. 이는 똑똑하고 유능한 한 사람이 공동체 전체를 변화시킬 수 있다는 믿음 때문이다. 구성원들이 즐겁게 일하고 보람을 느끼도록 분위기를 이끌고 최고의 성과를 창출하도록 유도하는 데 있다. 구성원들의 숨어 있는 잠재력을 최대한 이끌어내어 생산성을 높이는 것 또한 간과해서는 안 될 것이다.

리더의 비판을 받고 나서 일을 더 잘하거나 더 열심히 노력하는 사람은 드물 것이다. 리더의 비판만큼 의욕을 꺾는 일도 없기 때문이다. 리더가 유능한 팀원의 장점을 인정하면, 업무 만족도가 높아지게 됨을 잊어서는 안 될 것이다. 이때 커뮤니케이션을 통해 생각과 의지가 공유된다면 팀원들의 만족도는 더욱 높아질 것이다. 불확실성의 시대이다. 네비게이션에 의존한 여행처럼 타성에 젖는다면 곤란하다. 공동체를 성공적으로 이끄는 핵심은 네비게이션에 의존해서 그대로 따르는 것이 아니라 스스로 창의력 있게 지도를 수정보완하고 만들어가는 데 있다.

그러므로 공동체의 경쟁력를 확보하려면 우수한 인재를 확보하는 것뿐만 아니라, 구성원들의 공동체 구축이 절실하다. 서로의 처지에서 바라보며 소통하고, 팀에 몰입하여 열정적으로 일할 수 있도록 동기부여해야 하는 것이다.

○ 사랑의 공동체를 위한 성찬의 의미이다

성찬식은 예수의 살을 상징하는 빵과 피를 상징하는 포도주를 나누는 의식이다. 예수님의 고난을 기념하는 의식으로, 예수님의 최후의 만찬을 떠올리면 될 것이다. 밀알을 빻아 빵을 만들고 이를 나누어 먹는다는 것은 교회 공동체 구성원들의 일치와 나눔을 상징하고, 이는 예수 그리스도 몸 안에서 이루어지는 일치와 나눔이다. 곧 주님 안에서 우리 모두 한 몸이라는 의미이다. 나아가 예수님께서 하신 것처럼 서로를 위해 봉사하고, 기쁨과 슬픔을 서로 나누어야 한다.

성찬식을 일깨우는 '그들이 순수한 마음으로 기쁘게 음식을 함께 먹었다'는 말에서 '기쁨'은 사도 바울의 표현과 같이 기분 좋은 내적 감정뿐만 아니라 외부로 터져나오는 환호의 감정까지도 포함한다. 진정 예수 그리스도 안에서 기뻐할 수 있는 것은 우리 자신이 세상적인 가치에서 자유로울 때에야 가능하다.

또한 나눔에서 중요한 것은 '순수한 마음'이다. 이것은 온전히 하나님께 향하는 태도이며, 하나님의 축복을 이끌어내는 원인이기 때문이다. 바로 이러한 순수한 나눔이 있을 때 비로소 '공동체'라는 말의 의미가 충분히 발휘될 것이다. 즉, 자신보다 공동체를 우선 선택하고 그에 속한 모든 구성원을 포용할 수 있어야 한다.

> 우리가 유대인이나 헬라인이나 종이나 자유자나 다 한 성령으로 세례를 받아 한 몸이 되었고 또 다 한 성령을 마시게 하셨느니라. 고린도전서 12:13

이 성경 말씀은 바울이 기록할 당시의 상황에서 볼 때 무척 혁명적인 사실을 담고 있다. 바울은 예수를 믿기 전에 가졌던 선민의식을 버리고 유대인이나 헬라인, 종이나 자유로운 사람이나 구별하지 않으며, 그리스도 안에서 다 같이 동등한 처지에서 그리스도의 몸을 이루게 된다는 것이다. 이제 유대인이나 헬라인으로 존재하는 것이 아니라 그리스도인으로 존재한다는 것이며, 바울은 그리스도 안에서 새로운 피조물이 되었다고 했다. 이와 같이 새로운 관계의 정립은 확실히 새로 태어나지 않으면 이룰 수 없는 관계란 점에 주목해야 한다.

혹시 나 혼자만 예수 잘 믿으면 된다는 의식은 잘못된 것이다. 예수를 믿는다는 것은 나 혼자의 일이 아니라 바로 공동체 속에서 이루어져야 한다. 신앙공동체를 떠나서는 신앙 자체가 의미가 없다. 우리의 신앙이 성장한다는 것은 바로 이런 공동체 의식이 성장한다는 의미도 될 것이다. 성령은 바로 우리에게 공동체 의식을 갖도록 역사했기 때문이다. 이에 바울은 마음을 새롭게 함으로써 변화하라고 한다. 즉, 그리스도의 마음을 본받으라고 요청하고 있다. 세상 풍습에 순응된 모습에 제한을 두지 말고, 서번트 리더가 되고자 지난 삶 속의 짐을 내려놓으라고 주문한다.

이러한 바울의 복음을 너무 개인적인 차원에서 받아들인 것은 아닌지 되돌아볼 필요가 있다. 개인의 삶에서 믿기 전과 믿은 후의 변화된 삶만을 강조할 것이 아니라 공동체적인 삶으로 변화한다는 것을 의미하기 때문이다. 내가 예수를 믿고 거듭난다는 것은 나 개인의 거듭남뿐만 아니라 그리스도 안에서 새로운 공동체를 이룬다는 것까지 의미한다. 도로시 데이Dorothy Day는 그의 자서전 《The Long Lonelines》에서 다음과 같이 말했다.

> 우리는 서로 사랑하지 않고서는 하나님을 사랑할 수 없다. 우리는 빵을 떼며 그를 알고, 빵을 떼며 서로를 안다. 우리는 더는 혼자가 아니다. …… 기나긴 외로움을 잘 알고 있고 사랑이 유일한 해결책이라는 것과 사랑은 공동체에서 온다는 것을 알았다.[28]

진정한 공동체 구축을 이루려면 훈련이 따라야 한다. 성령이 거하는

---

[28] Robert Ellsberg, *The Saints' Guide to Happiness*, New York, NY : North point Press, a division of Farrar, Straus and Giroux, 2003, p.99.

존재인 우리들, 서로의 내면을 끊임없이 인식하려는 노력이 필요하다. 우리가 성찬식을 갖는 것도 바로 내가 예수 그리스도의 살과 피를 받으므로 그 공동체에 속한 구성원이라는 것을 확인하기 위함이다. 그것이 바로 공동체 구축이다.

❃ 공동체 구축에 관한 성경 구절

그에게서 온 몸이 각 마디를 통하여 도움을 받음으로 연결되고 결합되어 각 지체의 분량대로 역사하여 그 몸을 자라게 하며 사랑 안에서 스스로 세우느니라. 에베소서 4:16

날마다 마음을 같이하여 성전에 모이기를 힘쓰고 집에서 떡을 떼며 기쁨과 순전한 마음으로 음식을 먹고 하나님을 찬미하며 또 온 백성에게 칭송을 받으니 주께서 구원 받는 사람을 날마다 더하게 하시니라. 사도행전 2:46~47

❃ 생각하기

우리는 신앙공동체를 위해 헌신의 기회들을 놓치지 말아야 한다. 한 번 지나가는 기회는 다시 오지 않으며 언제나 하나님은 지금 현재를 중요시하신다. 지금 내가 예배자로 있느냐, 아니면 비판하고 정죄하는 자리에 있느냐가 중요하다. 이제 서로에게 관심을 가지고 주 안에서 교제하라. 주님의 일은 모든 사심을 내려놓고 먼저 하나님의 일에 집중하며, 하나님의 나라를 위해 힘써 행하라. 그때 비로소 하나님은 우리가 원하는 것을 채워주실 것이다.

- 공동체를 세우는 것이 왜 중요한가?
- 공동체 안에 있을 때 개인의 정체성을 유지하는 일이 왜 중요한가?
- 기독교인이 되는 것은 공동체를 세우는 것과 무슨 상관이 있는가?
- 우리가 공동체와 연결되는 것을 막는 것은 무엇인가?
- 내가 속한 공동체의 본질은 무엇인가?

행동하기

공동체 구축의 양상

당신의 일지에 공동체를 세우기 위해 사용할 수 있는 최소 10가지 전략을 세워라. 그 다음 당신이 속한 공동체에서 어느 것을 사용할 것인지 결정하라. 그리고 당신은 어떻게 이 의견을 실행할 것인지 생각하라.

공유된 리더십

개인이 리더의 위치에 설 때, 그들은 그들의 지위가 손상되는 것이 두렵기 때문에 그들의 직함이나 권력에 집착한다. 공동체 구축과 구성원들에게 권한을 위임하기 위해 다음과 같이 하라. 만약에 당신이 리더라면, 공동체를 이끌 책임을 교대로 할당하라. 그들이 하기 원하는 일들을 할 수 있는 기회를 주라. 그리고 그들이 할 수 있도록 격려하라. 그들의 위치에서 그들은 불편해 하는가, 아니면 그들이 이 기회를 즐기는지를 생각해보라.

❋ 맺는 말

이번 장을 마치면서 당신의 생각이나 의견을 일지에 작성하라. 내가 속한 공동체 구축에 대해 나는 무엇을 배웠는가? 내가 속한 공동체의 구성원들을 돕는 관점에서 공동체를 구축하는 일에 대해 나는 무엇을 배웠는가? 당신의 공동체를 구축하기 위해 당신이 취할 수 있는 것이 무엇인지 파악하고 그에 따른 결단을 하라.

제11장

사랑 Love(Agape)

○ 사랑은 리더십의 자양분이다

사랑의 리더십을 발휘하는 핵심 단어로는 인내심, 관심과 배려, 격려와 칭찬, 존중, 희생, 헌신 등 수없이 많을 것이다. 인내는 목표를 성취하기 위해 어떤 어려움이 있더라도 자신을 통제할 수 있는 힘을 말하며, 책임감 있는 행동의 바탕이 된다. 팀원들이 실수하거나 실패하더라도 질책하거나 염려하기보다 격려하고 배려하는 원동력이 될 것이다.[1]

리더십 패러다임의 변화 중 마음을 움직이려면 '사랑하라'는 말이

------

[1] 섬김의 리더십의 12가지 특징은 내가 2008년 2학기 협성대학교 신학대학원 '섬김의 리더십 과정'에서 행한 강의와 협성대학교 대학원생들과 함께 토의하며 나눈 내용들이다.

있다. 이성보다 감성에 호소하고, 물리적인 힘보다 심리적인 힘을 발휘해야 한다는 것이다. 리더십은 리더와 팀원과 공동체가 조화를 이룰 때 더욱 빛난다. 이 3요소를 조화롭게 하는 것이 사랑의 감정이다. 아무리 뛰어난 리더라고 하더라도 리더와 팀원 사이에 사랑이 존재하지 않는다면, 내면에서 긍정적인 감정을 이끌어내기 어렵다.

그러므로 사랑의 리더십은 팀원이 원하는 방향으로 움직이도록 영향력을 발휘하는 것이며, 손을 잡자고 요구하기 전에 마음을 감동시키는 리더십이다. 가슴이 머리를 앞서기 때문에, 마음을 감동시키지 못한다면 그렇게 행동할 수 없다. 그런 측면에서 가장 영향력 있는 것이 사랑의 힘이다.

사랑은 서로를 소유하려는 경향이 있다. 누구나 더 사랑받기를 원하기 때문이다. 사랑을 받지 못한다고 느끼면 더 많은 것을 바라게 되고, 그로 인해 잦은 다툼이나 불화가 있기도 한다. 더구나 자칫하면 나를 돌보고 지지하는 사람에게 매달리려고 하는데, 이는 상대방에게 줄 수 있는 것보다 많은 것을 요구하려는 마음 탓이다.

사랑의 리더십은 연인과의 사랑, 부모와 자식의 사랑, 이웃과의 사랑이 잘 조화를 이루어야 한다. 리더로서 팀과 팀원을 돕고 서로 간에 영향을 주는 행위, 이웃과 나누고 이웃을 섬기는 모든 행위와 실천적인 태도를 포함할 때 더욱 진정성이 발휘될 것이다.

사랑의 사전적 의미는 '아끼고 위하며 한없이 베푸는 마음'이지만, 어원의 폭이 워낙 넓어서 한마디로 정의하기 어렵다. 사랑은 4가지로 나누는데, 부모와 자식 간의 사랑인 '스토르게Storge', 친구 사이의 우정인 '필리아Philia', 초월적 사랑인 '아가페Agape', 남녀간의 사랑을 의미하는 '에로스Eros'가 있다. 이러한 사랑들이 복합적이면서 긍정적으로 작용되도록 하는 것이 리더의 역할이라고 할 것이다.

완전한 사랑을 주고받을 수 있는 사람은 아무도 없다. 오직 하나님만이 가능한 일이다. 그러므로 사랑은 비워 있는 것을 인정하는 것, 나 이외에 다른 것들을 품도록 바라보는 것이라고 바꿔 말할 수 있다. 비워 있는 마음을 채우려고 하지 않는다면 사랑이 고통이 되는 경우는 없을 것이다. 비워 있는 마음의 자리를 깨닫고, 상대방의 마음을 알아차릴 때 서로 돕고 이해하며 나누고 섬길 수 있다. 사람과의 교제도 그렇지만 하나님과의 교제도 더더욱 그러하다. 이것이 사랑의 리더십의 동기이다.

그렇다면 내 마음이 비어 있다고 느낄 때 어떠한가? 즉, 마음의 고독 solitude of heart은 먼저 부정적으로 다가올 수 있다. 그러나 혼자라고 느낄 때 오히려 주변사람들을 돌아보는 긍정적인 면을 발견하게 될 것이다. 자신과 대화할 상대가 누구인지, 상대방을 위해 무엇을 하는 것이 옳은지 살펴볼 기회로 삼아야 한다. 소망과 비전을 품게 되는 기회인 것이다. 마음의 고독이 없다면 상대방을 이해하고 상대방에게 공감하려는 마음을 품기 어렵다.

이처럼 진정한 자아를 깨달은 리더라면 교만에서 오는 가식이나 거짓된 겸손을 보이지 않는다. 리더 자신이 스스로 한계를 명확히 알고 팀원들에게서 협력을 구할 수 있게 된다. 리더와 팀원의 진실한 관계가 형성된다면, 자신의 욕구와 기대를 희생하고 팀원을 우선시할 수 있다.

○ 사람은 사랑으로 산다

사랑이 인간관계를 바람직하게 이끌고 신뢰를 구축하는 최선의 실천행위라면, 사랑은 분명한 리더십의 본질이다. 그러므로 사랑에서 리더십의 모델을 배울 수 있어야 한다. 성경의 진리처럼 '사랑은 결코 실패하지 않기' 때문이다. 그렇지만 사랑을 표현하고 나누는 데 부자연스러울 때가 많다. 마음만으로는 사랑이 이뤄지지 않으며, 진정한 사랑은 표현하고 실천할 때 비로소 성숙된다. 더 많이 더 깊은 사랑으로 나누고 섬긴다면 우리의 삶이 매우 풍성해질 것이다.

톨스토이는 《사람은 무엇으로 사는가》를 통해 '사람은 사랑으로 산다'고 전하고 있다. 모든 사람들은 사랑 없이 살 수 없으며, 곧 사람과 사람의 사랑, 하나님과 나의 사랑으로 산다는 것을 깨닫게 한다.

첫째, 사랑을 실천하려면 인정하는 말로서 표현해야 한다. 칭찬하고 격려하고 감사하다는 표현이 바로 사랑을 전달하는 통로이다. 리더로서 팀원을 인정하고 아낀다는 뜻이기도 하다. 이때 부드럽고 따뜻한 마음으로 전하는 것이 중요하다.

둘째, 함께하는 시간을 할애해야 한다. 누군가에게 온전히 관심을 집중시키는 것을 의미한다. 그를 위해 봉사한다는 것은 시간과 노력과 정성이 필요하다. 팀원이 원하는 것을 도우며, 그를 도와주는 것이 기쁘다면 그것이 사랑의 표현인 것이다.

셋째, '돌본다'는 말은 사랑의 다른 표현이다. 돌보는 모습에서, 사랑이 있는지 없는지를 증명해주는 리트머스 종이처럼 확연히 드러난다. 일에 대한 돌봄, 가치에 대한 돌봄, 신뢰에 대한 돌봄, 정직에 대한 돌봄이다. 그러므로 서번트 리더는 돌보는 리더인 셈이다. 돌봄은 사랑의 행동으로, 팀원의 재능과 능력은 물론 그들의 스트레스에 관심을 가진다. 이처럼 서로 돌보는 관계가 될 때 팀워크는 공동체 목표를 이룰 수 있는 관계가 된다.

이때 칭찬이 필요하듯 권면 또한 필요한데, 제대로 권면하기가 칭찬하는 것보다 어렵다. 사랑의 권면이 아니라 감정이 섞인 질책이기 쉬우며, 잘못이나 실수를 지적하고 도우려는 것이 아니라 결과를 미루어 짐작한 나머지 화를 낼 수 있다. 이런 경우 팀원은 잘못된 점을 수정하거나 보완하는 마음을 가지려고 하지 않는다. 오히려 일을 기피하거나 리더와의 관계가 소홀해지기 십상이다.

그렇다고 권면이 필요할 때에 다음 기회로 미루거나, 애써 참는 것은 바람직하지 않다. 그러므로 부적절한 권면이 아니라 사랑이 담긴 권면의 마음가짐을 가져야 한다. 팀원에 대한 사랑의 권면이라면 올바른 방향을 제시하게 되며, 팀원 역시 긍정적으로 이해하고 받아들일 것이다.

넷째, 사랑에는 용서하려는 마음이 있어야 한다. 용서란 비난하기를 멈추는 것을 뜻한다. 리더의 기억 속에 팀원들의 실수와 허물과 약점 등이 자리잡고 있다면 불필요하게 드러낼 수 있다. 팀원들에게 꾸중하거나 비난하는 것이 될 것이다. 그런 마음일 때 용서란 있을 수 없다. 그러므로 용서하는 마음이 없는 자세는 부메랑처럼 리더 자신에게 되돌아올 것이다.

○ 리더는 참된 우정이 있어야 한다

리더 자신 역시 잘못했거나 실수했을 때 기꺼이 사과하고 용서를 구할 수 있어야 한다. 팀원에게 부당한 태도를 취했거나 정당한 권리를 배려하지 않았을 때, 중요한 사안을 가볍게 처리했을 때 반드시 필요한 자세이다. 만일 용서를 구하지 않는다면 정작 사랑의 리더십을 발휘하기 어렵다. 사랑의 리더십의 실천적 모습을 〈요한복음〉에서 찾아볼 수 있다.

> 내 계명은 곧 내가 너희를 사랑한 것 같이 너희도 서로 사랑하라 하는 이것이니라 사람이 친구를 위하여 자기 목숨을 버리면 이보다 더 큰 사랑이 없나니 너희는 내가 명하는 대로 행하면 곧 나의 친구라 이제부터는 너희를 종이라 하지 아니하리니 종은 주인이 하는 것을 알지 못함이라 너희를 친구라 하였노니 내가 내 아버지께 들은 것을 다 너희에게 알게 하였음이니라. 요한복음 15:12~15

예수님은 사랑에 대해 종의 반대 개념인 '친구', 즉 우정의 개념을 핵심적으로 전하고 있다. 우정은 교제의 끈을 단단히 묶고 서로에 대해 인내하고, 서로에게 베풀고자 하는 데 있다. 그러므로 참된 우정이라면, 어떤 것도 갈라놓을 수 없다. 사랑의 관계인 우정은 서로에게 동등하다. 우정은 서로의 감정을 느낌으로 알 만큼 가까우며, 권면과 질책을 자연스럽게 할 수 있을 정도로 객관적이다. 친구에게는 명령하지 않으며, 속마음을 터놓기도 한다. 그러므로 허세가 필요 없으며, 불이익이 있더라도 희생적으로 도울 수 있는 것이다. 이런 점에서 예수님의 친구로서의 사랑, 즉 우정은 특별한 자리에 있다.[2]

......
[2] 이진우, 〈다원주의 시대의 리더십 "사랑을 경영하라"〉, 《신동아》, 2006년 6월호.

리더로서 팀원들과 참된 우정을 주고받고자 한다는 것은 리더가 가진 특권이나 위치를 내려놓는 것을 의미한다. 리더에게는 팀과 팀원들의 성장을 위한 헌신이 요구될 것이다. 약속을 준수하고 목표를 이루려는 열정, 정직하게 최선을 다해 팀원을 도우려는 태도를 말한다. 무엇보다 최고의 리더는 실천하기 위해 노력하는 사람이다. 그렇지 않다면 리더로서 팀원에게 최선의 노력을 요구한다거나 헌신과 열정을 기대해서는 안 될 것이다.

헌신이란 올바른 길을 추구한다는 용기가 있을 때 가능하다. 용기란 내면의 소리를 듣겠다는 의지나 위험을 감수하더라도 올바른 일을 하겠다는 의지를 포함한다. 또한 팀원들이 올바른 행동을 하는 데 나타날 걸림돌을 제거해주겠다는 결의이기도 하다.

예수 그리스도의 리더십은 '사랑'에서 출발한다. 예수님께서 이 땅에 인간으로 오신 첫째 이유가 인류의 구속에 대한 사랑이기 때문이었다. 이러한 사랑은 예수 그리스도의 십자가 사건을 통한 인류 구원으로 이어졌다. 결국 인류에 대한 하나님의 간섭은 심판이 아니라 사랑이었던 것이다. 설교자이자 성경 교사인 베스 무어Beth Moore는 자신의 죽음이 가까워오는 상황 속에서도 제자들과 모든 믿는 이들을 위해 드린 예수의 유언적인 중보기도(요한복음 17:6~26)를 "아가페 사랑이 보여줄 수 있는 최고의 표현"이라고 했다.[3]

---

[3] Beth Moore, *Living Beyond Yourself : Explring the Fruit of the Spirit*, Nashville, TN Lifeway press, 1988, pp.63~64.

사랑에 대한 탐구

❋ 사랑에 관한 성경 구절

사랑하는 자들아 우리가 서로 사랑하자 사랑은 하나님께 속한 것이니 사랑하는 자마다 하나님으로부터 나서 하나님을 알고 사랑하지 아니하는 자는 하나님을 알지 못하나니 이는 하나님은 사랑이심이라. 요한1서 4:7~8

사랑은 오래 참고 사랑은 온유하며 시기하지 아니하며 사랑은 자랑하지 아니하며 교만하지 아니하며 무례히 행하지 아니하며 자기의 유익을 구하지 아니하며 성내지 아니하며 악한 것을 생각하지 아니하며 불의를 기뻐하지 아니하며 진리와 함께 기뻐하고 모든 것을 참으며 모든 것을 믿으며 모든 것을 바라며 모든 것을 견디느니라 사랑은 언제까지나 떨어지지 아니하되. 고린도전서 13:4~8

그러나 너희 듣는 자에게 내가 이르노니 너희 원수를 사랑하며 너희를 미워하는 자를 선대하며 너희를 저주하는 자를 위하여 축복하며 너희를 모욕하는 자를 위하여 기도하라 너의 이 뺨을 치는 자에게 저 뺨도 돌려대며 네 겉옷을 빼앗는 자에게 속옷도 거절하지 말라 네게 구하는 자에게 주며 네 것을 가져가는 자에게 다시 달라 하지 말며 남에게 대접을 받고자 하는 대로 너희도 남을 대접하라 너희가 만일 너희를 사랑하는 자만을 사랑하면 칭찬 받을 것이 무엇이냐 죄인들도 사랑하는 자는 사랑하느니라 너희가 만일 선대하는 자만을 선대하면 칭찬 받을 것이 무엇이냐 죄인들도 이렇게 하느니라 너희가 받기를 바라고 사람들에게 꾸어 주면 칭찬 받을 것이 무엇이냐 죄인들도 그만큼 받고자 하여 죄인에게 꾸어 주느니라. 누가복음 6:27~34

네 마음을 다하고 목숨을 다하고 뜻을 다하여 주 너의 하나님을 사랑하라 하였으니 이것이 크고 첫째 되는 계명이요 둘째도 그와 같으니 네 이웃을 네 자신 같이 사랑하라 하셨으니. 마태복음 22:37~39

내 계명은 곧 내가 너희를 사랑한 것 같이 너희도 서로 사랑하라 하는 이것이니라 사람이 친구를 위하여 자기 목숨을 버리면 이보다 더 큰 사랑이 없나니 너희는 내가 명하는 대로 행하면 곧 나의 친구라 이제부터는 너희를 종이라 하지 아니하리니 종은 주인이 하는 것을 알지 못함이라 너희를 친구라 하였노니 내가 내 아버지께 들은 것을 다 너희에게 알게 하였음이라 너희가 나를 택한 것이 아니요 내가 너희를 택하여 세웠나니 이는 너희로 가서 열매를 맺게 하고 또 너희 열매가 항상 있게 하여 내 이름으로 아버지께 무엇을 구하든지 다 받게 하려 함이라 내가 이것을 너희에게 명함은 너희로 서로 사랑하게 하려 함이라. 요한복음 15:12~17

내가 비옵는 것은 이 사람들만 위함이 아니요 또 그들의 말로 말미암아 나를 믿는 사람들도 위함이니 아버지여, 아버지께서 내 안에, 내가 아버지 안에 있는 것 같이 그들도 다 하나가 되어 우리 안에 있게 하사 세상으로 아버지께서 나를 보내신 것을 믿게 하옵소서 내게 주신 영광을 내가 그들에게 주었사오니 이는 우리가 하나가 된 것 같이 그들도 하나가 되게 하려 함이니이다 곧 내가 그들 안에 있고 아버지께서 내 안에 계시어 그들로 온전함을 이루어 하나가 되게 하려 함은 아버지께서 나를 보내신 것과 또 나를 사랑하심 같이 그들도 사랑하신 것을 세상으로 알게 하려 함이로소이다. 요한복음 17:20~23

너희가 사랑 가운데서 뿌리가 박히고 터가 굳어져서 능히 모든 성도와 함께 지식에 넘치는 그리스도의 사랑을 알고 그 너비와 길이와 높이와 깊이가 어떠함을 깨달아 하나님의 모든 충만하신 것으로 너희에게 충만하게 하시기를 구하노라. 에베소서 3:17~19

❀ 생각하기

하나님의 속성인 사랑을 설명할 때, 에이든 토저 Aiden Tozer는 이렇게 기도한다. "당신의 사랑은 자존自存하며 우리에게 과분합니다."[4] 하나님의 본질적인 속성으로서 사랑은 여러 방법으로 나타난다. 사랑은 모든 이들

4　Aiden W. Tozer, *The knowledge of the Holy, The Attributes of God : Their Meaning in the Christian Life*, San Francisco, CA : Harper San Francisco, 1961, p.97.

에게 선한 것을 지향하고, 결코 그 누구에게도 해악을 끼치지 않는다.[5] 사랑이 행해지는 곳에서 두려움은 사라지며, 우리가 사랑하기를 배우고 주님을 믿고 그분 안에서 쉼을 누린다면, 다른 사람들과 사랑의 관계를 맺을 수 있게 된다. 사랑은 또한 정서적인 확인이다. 자기 자신을 위한 것을 생각지 않고 다른 대상을 향해 애정을 가지고 모든 것을 값없이 준다. 자기희생의 행위는 사랑에서 공통적인 모습이다.[6]

우리가 그리스도 안에서 자라고 그분이 우리를 위해 행하신 지고한 사랑의 행동을 이해하게 되면, 나 자신보다 남을 먼저 생각하게 되고 그리스도를 닮아가게 된다. 우리를 향한 사랑으로, 하나님은 우리 안에서 기뻐하신다. 특히 하나님의 권능 안에서, 성령에 인도하심을 받는 사랑을 훈련할 때 하나님은 가장 기뻐하신다. 사랑은 그 어떠한 대가를 치르더라도 자신의 모든 것을 내어주어야 한다.[7] 사랑은 상대방을 바라보고, 상대방에게 귀를 기울이고, 상대방을 만나는 길이라면 어디든지 가는 것이다.

❋ 행동하기

서번트 리더십의 여정은 끝없는 과정이다. 그러므로 여기에 있는 질문에 대한 당신의 생각과 응답을 일지에 기록하여보라. 질문이나 통찰력이 떠

---

[5] Aiden W. Tozer, *The knowledge of the Holy, The Attributes of God : Their Meaning in the Christian Life*, San Francisco, CA : Harper San Francisco, 1961, p.98.
[6] *Ibid*, p.100.
[7] *Ibid*, p.102.

오를 때, 당신이 배우고 있는 것과 당신이 어떻게 생각하고 있는지에 대해 당신의 멘토와 함께 나누라. 또한 당신이 속한 소그룹의 구성원들과 나누고자 한다면 핵심 요점들을 확인해두라. 사랑을 공동체 속에서 어떻게 드러낼 것인지, 명확하고 구체적으로 적용하라.

🌸 구체적인 적용

우리가 전하는 말 속에 있는 사랑의 영

바울은 "내가 사람의 방언과 천사의 말을 할지라도 사랑이 없으면 소리 나는 구리와 울리는 꽹과리가 되고"(고린도전서 13:1)라고 말했다. 우리는 리더의 위치에서 부정적인 말들을 얼마나 많이 했는가? 질책하고, 꾸짖고, 책임을 전가하고, 제대로 행동하라고 타인을 훈계하면서 말이다. 그런 말을 할 때 어떤 단어들을 사용했는가? 어떠한 영靈을 가지고 있었는가? 그때 사랑의 영이 우리가 쓰는 말을 선택하시도록 그분께 선택권을 내어드렸는가? 우리가 했던 말은 어떠한 열매를 맺었는가? 당신의 행동과 말씀의 상호 작용을 우리는 인내했는가? 친절했는가? 아니면 질투했는가? 자랑하고 교만했는가?

이 과제를 하면서 아랫사람 혹은 윗사람으로 동역자와 맺었던 최근의 관계를 떠올려보라. 사랑의 15가지 특성(고린도전서 13장)인 "인내하고, 친절하고, 질투하지 아니하고, 자랑치 않고, 자만하지 않고, 무례히 행하지 않고, 자기의 유익을 구하지 않고, 쉽게 성내지 않고, 악한 것을 좇지 않으며, 불의를 기뻐하지 않고, 진실하고, 보호하고, 믿으며, 희망하며, 참고" 행동했는지 아닌지 솔직하게 상호 작용을 분석해보라. 구체적인 관계에 대한 내용을 적절한 주제의 옆에 놓으면 된다. 이것을 다 마쳤으면, 인용된 성경과 질문에 대해 당신이 기록한 것을 다시 한 번 읽고 분석해보라. 그다음, 그것이 성령께서 당신의 마음을 채우시도록 모시는 사랑의 언어를 반영하는 것이 되도록 다시 한 번 글을 쓰라. 먼저 작성했던 내용과 나중에 작성했던 내용이 얼마나 다른가? 그렇다면 당신이 다음에 취해야 할 행동은 무엇이 되겠는가?

- 아가페는 다른 종류의 사랑과 어떻게 다른가? 아가페는 어떻게 작용하는가?
- 사랑은 섬김이나 섬김의 리더십과 어떻게 연관되는가? 우리가 속한 조직 속에서 사랑과 섬김은 어떻게 나타나게 되는가? 리더로서 섬기지 않을 때에는 어떤 결과가 생기는가?
- 아가페는 선물로서의 사랑gift-love과 필요로서의 사랑need-love, 이 두 종류의 사랑과 어떻게 다른가? 혹은 그것들은 같은 것인가? 아니라면 왜 그런 것인가? 그렇다면 어떻게 그러한가?
- 사랑은 서로 다른 조직들 속에서 어떻게 명확하게 형성되는가?

사랑이 어떻게 우리의 마음을 변화시키는가

당신이 처음 만났을 때 왠지 거부감이 들고 즉시 관계를 맺을 수 없었던 사람, 혹은 당신이 부정적인 태도로 대했던 사람을 떠올려보라. 다음은 도로시 데이Dorothy Day가 한 말이다.

"네가 만일 누군가를 사랑하고자 한다면 너는 곧바로 그렇게 하게 된다. 네가 만일 이 까다로운 노인을 사랑하고자 한다면 언젠가 너는 그렇게 할 것이다. 그러나 그것은 네가 얼마나 노력하느냐에 달려 있다."

이 말을 당신의 상황에 구체적으로 적용한다면 그 결과는 무엇이겠는가? 또는 당신이 노력하지 않았다면, 그 결과는 무엇이겠는가? 당신이 취해야 할 다음 행동은 무엇이 되겠는가?

우리는 사랑을 표현하는 데 얼마나 친숙한가

〈요한복음〉 17장 예수님의 기도를 읽고 그리스도께서 제자들과 우리를 위해 사랑을 나타내신 것에 대해 확인해보라. 종이를 한 장 꺼내 왼편에 리스트를 작성해보라. 그러고서 당신의 행동들 중에 어떤 부분들이 그리스도를 따라가고 있는지 확인해보라. 그리고 이러한 행동들이 당신의 삶 속에서 일어났던 구체적 사례를 적어보라.

당신이 했던 행동들 중에서 그리스도를 따르는 것이 아니었다고 생각되는 사건을 떠올려볼 수 있는가? 무엇이 당신으로 하여금 그리스도를 따르는 행동을 하는 데 방해가 되었는가? 이러한 상황들 속에서 좀더 그리스도를 닮은 모습으로 변화되기 위해 무엇을 해야 하겠는가?

내가 속한 공동체 사람들에게 사랑을 표현하라

우리는 내가 속한 공동체를 통해 많은 사람들을 만나게 된다. 우리가 자신을 성령의 인도하심에 맡긴다면 진실로 모든 사람들을 사랑할 수 있다. 이러한 사랑이 어떻게 일상 속에서 우리가 섬겨야 할 다른 사람들에게 나타나게 되는가? 당신은 상대방에게 사랑을 표현하기 위해 특별히 어떤 행동을 취하는가? 당신의 도움의 손길은 어떻게 사랑을 나타내는가? 그것은 당신이 섬기고 있는 '절실한' 혹은 '절실하게 느껴지지 않는' 사람들의 필요에 대해 어떻게 응답하고 있는가?

이러한 사랑의 행동들을 확인한 후 그 내용들을 당신의 멘토와 함께 나누어보라. 당신이 팀원들에게 공동체를 향한 그들의 사랑을 향상시키도록 도울 수 있는 방법들이 있는가?

❋ 맺는 말

이번 장을 마치면서 당신이 갖게 된 생각이나 코멘트를 일지에 기록해놓도록 하라. 특히 다음의 질문들에 대한 답을 적어보길 바란다.

- 내가 속한 공동체 내에서 사랑을 나타내는 것에 대해 내가 배우게 된 것은 무엇인가?
- 내가 섬겨야 할 사람들에 대한 사랑의 표현에 대해 내가 배우게 된 것은 무엇인가?

서번트 리더가 되고자 한다며, 사랑의 특징에 대한 보증의 표시가 될 만한 성경 구절을 적어보면서 이번 장을 마무리하도록 하라. 마지막으로, 당신이 속한 공동체 내에서 사랑의 능력을 향상시키기 위해 취할 수 있는 구체적인 3가지의 행동 단계(생각하기, 행동하기, 구체적인 적용)들을 확인하도록 하라.

제12장

겸손 Humility

○ 능력과 지식을 겸손의 바구니에 담아라

겸손한 리더는 팀원을 변화시키는 것이 아니라 팀원의 변화를 돕는다. 즉, 서번트 리더십을 발휘할 수 있다. 이는 팀의 공동의 목표를 이루어나가는 데 팀원에 대한 배려와 공감대 형성을 포함하고 있으나, 그에 앞서 내적인 리더십인 마음가짐을 강조하는 것을 말한다. 나눔은 내어주어야 하듯이, 섬김은 겸손을 전제로 한다. 겸손 없이는 도저히 불가능한 것이 서번트 리더십이다. 내 것을 소유한 채 나누어줄 수 없으며, 낮아지지 않고는 섬길 수 없다. 모든 섬김에는 수고와 고난과 희생이 따른다.

포스트모던 시대의 가장 두드러진 특징은 기존의 가부장적 권위를 인정하지 않는 것이다. 통제된 사회의 권위적 리더십이 붕괴되면서 자신을 낮출 줄 아는 겸손의 리더십이야말로 서번트 리더십의 핵심이다. 봇물처럼 들어오는 정보를 팀원들에게 믿고 맡기며 조합하여 성과를 이루도록 하는 것이다. 이는 다시 팀원들과 나누어지는 섬김과 나눔의 피드백, 이른바 겸손의 리더십이다.

경영연구가 짐 콜린스Jim Collins는 그의 저서 《좋은 기업을 넘어 위대한 기업으로》에서, 15년 동안 평균 이하의 누적수익률을 보이다가 이후 15년 동안 평균 3배 이상의 성과를 보인 회사들의 기업 문화 등을 조사한 결과, 공통점 중에 하나로 'CEO의 겸손의 리더십'을 꼽았다.[8] 사회society, 파트너partner, 주주invester, 고객customer, 종업원employer 등에게 골고루 잘하는 기업이 바로 '사랑받는 기업'이다. 위대한 기업을 넘어 사랑받는 기업의 조건이 부각되고 있다.

사전적으로 겸손은 '남을 존중하고 자기를 내세우지 않는 태도가 있음'이라고 했다. 자기 자신을 내세우기보다 스스로 굽히는 것이다. 겸손은 교만의 반대이며, 사랑과는 밀접한 관계가 있다. 자신의 주장과 의지를 포기하는 비굴이 아니라 자신의 의지로 앞으로 나아가되 쉽사리 화내지 않으며, 실수하거나 잘못을 했을 때 꾸중보다 격려하며 인내할 줄 아는 것을 말한다.

자기 방어를 하기 위한 변명을 하지 않으며, 일의 성과로 인해 초조하지 않으며, 구설수로 인해 의기소침해지거나 두려워하지 않으며, 자신을 공격하는 자에 대해 미움을 품지 않는다. 어렵고 힘든 일에 먼저 나서며 중요한 일의 공적은 팀원에게 먼저 돌리고 책임감 있는 태도를 보인다.

......
[8] 짐 콜린스, 이무열 옮김, 《좋은 기업을 넘어 위대한 기업으로》, 김영사, 2002.

능력을 과시하고 자신을 드러내야 인정받을 수 있다고 믿는 세대에게는 한없이 어리석고 미련한 이야기로 들릴 수도 있다. 리더라며 지배당하기보다 지배하고 살기를 원하기 때문이다. 글로벌 경쟁에 겸손은 성장의 장애물이며, 구시대의 유물이라고 말하는 사람도 있을 것이다. 그러나 겸손한 리더는 팀원에게 신뢰와 존경을 받으며, 리더로서 빛과 향기를 드러내는 힘이 있다. 더 넓은 세계를 보기 때문에 자신의 상처나 손실을 걱정하지 않으며 이미 낮아져 있으므로 넘어질 것을 염려하지 않는다.

성 어거스틴은 '천사를 마귀로 만든 것은 교만이며 인간을 천사로 만든 것은 겸손'이라고 했으며, '모든 미덕의 바구니는 겸손'이라고 했다. 지식도 겸손 안에 담길 때 가치가 있다는 것이다. 능력도, 돈도, 아름다움도, 권력도 겸손 안에 담길 때 아름답다.

○ 겸손한 리더의 생명력은 길다

리더십은 아래로 흐르는 물과 같다. 팀원의 마음을 미리 헤아리고 어루만지는 일은 리더가 해야 할 가장 자연스럽고도 중요한 일이나 절대적으로 마음 없이 행동하기 어렵다. 설령 일방적이고 공격적인 이미지였다면 그 이미지를 바꾸는 가장 좋은 태도는 겸손이다. 인격의 폭이 깊고 넓어지는 것은 말할 것도 없다. 하지만 겸손을 실천하기는 그리 쉬운 일이 아니다.

겸손한 리더의 도덕적 생명력은 길다. 존경을 받을 뿐만 아니라 팀원들이 성실하게 일하도록 만드는 동기가 되기도 하다. 팀원의 개성과 인격에 관심을 두고, 자기보다 팀과 팀원을 먼저 생각할 줄 아는 마음가짐이 성공한 리더로 만드는 데 주효하다. 자신이나 공동체의 이익보다 한 개인을 존중하고 배려하는 마음이 앞설 때 존경받는 자리에 앉게 될 것이다.

리더의 강인한 리더십만으로 한 기업을 위대한 기업으로 만들 수는 없다. 아놀드 토인비Arnold Toynbee는 권력은 '과식, 거만, 재난'에서 끝이 난다고 했다. 리더가 경계해야 할 중요한 대상인 것이다. 게다가 도덕성에 문제가 있다면 치명적이다. 그는 팀과 팀원들에게 크나큰 상처를 줄 수 있으며, 도덕성이 없는 기업은 매출을 많이 올렸다고 해도 결국 내리막길을 걷게 될 것이다. 겸손한 리더 주위에는 자연스럽게 인재들이 모이며, 그들 스스로 리더가 필요하다는 것을 느끼고 리더에게 충성한다. 누가 지시하고 통제하지 않더라도 창조적이며 보기 좋은 공동체와 행복한 팀을 추구할 것이다.[9]

○ 겸손은 하나님께서 사용하는 최우선 자격조건이다

겸손은 권력이나 교제를 위해 필요한 자질이 아니다. 오히려 그것에 반대해 거추장스러운 것이 겸손이다. 대개 리더라면 자신의 능력을 알리고, 명성을 얻고자 하기 때문이다. 그러나 하나님께서 사용하는 리더에게 겸손의 가치는 그 무엇보다 중요하다.

기독교인이라면 누구나 겸손하고 싶고 교만을 피하고 싶어한다. 성

---

9 황영철, 《겸손》, IVP, 2007.

경은 하나님이 교만한 자를 얼마나 미워하시는지에 대해 무수히 말하고 있다. 심지어 교만한 자에 대한 징계를 전하면서 조심하라고 경고한다. 이는 교만한 자는 그 교만함을 빠져나오는 것이 어렵다는 점을 암시하는 것이다. 교만한 사람은 스스로 책망받지 않으려고, 자기에게는 부족함이나 잘못이 없다고 생각하기 때문이다.

겸손과 교만은 여러 미덕과 악덕 중의 하나라기보다 태도를 결정하는 심리 상태이다. 즉, 겸손한 리더는 겸손하게 말하고 들으며, 교만한 리더는 교만하게 처세한다. 그러므로 자칫 태도나 행동에 따라 판단하면 오해의 여지가 있다. 성향이 각기 다르기 때문에 어느 한 가지로 평가할 수 없다.

그렇다면 성경은 겸손에 대해 무엇이라고 말하고 있는가. 신약에서 겸손하다는 의미로 주로 사용되는 '타페이노프론'은 자신에 대해 '그다지 중요하지 않다'는 뜻을 가지고 있다. 혹은 부정적인 의미로 '비천하다'고 말할 때도 이 단어가 사용된다. 따라서 '타페이노프론'은 어떤 형태로든지 '낮다'라는 의미라고 할 수 있을 것이다. 또한 동사형 '타페이노'는 낮은 자리를 '준다', 비천한 자리를 '준다', '낮춘다'라는 뜻이다. 예를 들어, 주인이 자기 종에게 천한 일을 하는 낮은 자리를 줄 때 그 행동을 가리켜 '타페이노'라고 하는 것이다.

> 복 있는 사람은 악인들의 꾀를 따르지 아니하고 죄인들의 길에 서지 아니하며 오만한 자들의 자리에 앉지 아니하고. 시편 1:1

여기서 '복 있는 사람'은 겸손한 사람이다. 그러므로 악인의 꾀에 따르지 않고 죄인에 길에 서지도 않는다. 만약 교만한 자라면 오만한 자리에 앉기 마련이다. 결국 겸손한 리더는 곧 하나님의 복을 받은 사람이라는 증명서와 같은 것이다. 그러므로 하나님의 제자들은 겸손이 중요한 관심사일 수밖에 없다.

겸손은 리더 자신에 대한 올바른 인식에서 출발한다. 하나님이 손을 잡아 일으켜주지 않는다면, 혼자 힘으로는 그 무엇도 할 수 없는 존재임을 알아야 한다. 다시 말하면 비천한 처지에 대한 인식, 자신의 참된 모습을 아는 것이 겸손의 시작이다. 이렇게 자신을 이해할 때 비로소 하나님을 진심으로 의지할 마음이 들기 때문이다. 그래서 성경은 겸손한 사람을 가난한 자, 병든 자, 사회적 약자에 비교해서 말하고 있는 것이다.

겸손은 삶에 대한 환상에서 깨어나야 하는 것이며, 실상을 알아차리는 것이다. 이렇게 인식하는 것이 성경에서 말하는 진정한 지혜이며 겸손이다. 더 나아가 하나님의 불쌍히 여기심과 도우심을 구하는 것이며, 자신이 완전히 낮아진 상태에 다다를 때 바로 겸손하다고 말할 수 있다.

겸손과 자기 연민을 혼동해서는 안 된다. 자기 연민은 겸손이 아니라 연약함에 대한 불만과 절망감의 다른 표현에 불과하다. 자기 연민은 스스로 연약함을 인정하는 데까지는 도달했으나 참된 겸손에 이르지는 못한 상태이다. 따라서 자기 연민에는 무력감과 우울증이 동반하기 마련이다. 어쩌면 교만의 다른 이름이라고 할 수 있다.

겸손이란 무언가를 성취하려는 과정에서 자신의 한계를 잘 아는 것이기도 하다. 자신이 아닌 다른 사람들의 중요성을 깨닫고, 그것을 드러내는 것이 겸손이다. 즉, 자기 자신을 낮추는 것뿐만 아니라 남을 높이는 것이다.

진정한 겸손은 절망감에서 하나님의 도우심을 구하는 데까지 나아가야 한다. 하나님은 어떤 사람도 외면하지 않으며, 심지어 겸손한 사람을 두루 찾아다니신다고 했다. 그렇게 겸손한 자, 그렇게 하나님 앞에서 자신을 낮추는 자를 한 사람도 예외 없이 들어서 쓰시는 하나님이다. 그러므로 겸손한 사람은 하나님의 눈에 보일 것이다. 하나님이 경배의 대상이자 우리에 대한 유일한 관찰자이며 권위자로 인식할 때 그릇된 교만과 두려움은 겸손으로 바뀐다. 하나님께 자신을 드러내고 의지한다면 가능한 일이다.

예수님은 자존감이 낮고, 자존심이 없어서 겸손했던 것이 아니다. 사랑과 권력과 능력이 없어서 겸손한 자세를 보이신 게 아니다. 예수님의 겸손은 자신이 누구이며, 어디에서 왔고, 어디로 가고 있는지, 누구에게 속해 있는지를 잘 알고 있는데서 비롯되었다. 그래서 예수는 우리를 사랑하고 존중할 수 있었던 것이다.[10]

예수님처럼 리더십을 발휘한다는 것은 겸손한 자세로 리더십을 발휘하라는 뜻이다. 그러기 위해서는 자신이 누구인지 분명히 알아야 한다. 모든 일을 하나님에 대한 절대적 순종으로 시작하며, 겸손하게 하나님께 의지함으로써 얻는 자신감으로 일할 수 있어야 한다. 그것이 하나님의 무조건적인 사랑을 알고, 그 사랑을 깨달은 우리들의 몫이다.

---

[10] 데니 군더슨, 이종환 옮김, 《리더십 패러독스》, 예수전도단, 2004, pp.151~155.

🌸 겸손에 관한 성경 구절

내가 붙드는 나의 종, 내 마음에 기뻐하는 자 곧 내가 택한 사람을 보라 내가 나의 영을 그에게 주었은즉 그가 이방에 정의를 베풀리라 그는 외치지 아니하며 목소리를 높이지 아니하며 그 소리를 거리에 들리게 하지 아니하며 상한 갈대를 꺾지 아니하며 꺼져가는 등불을 끄지 아니하고 진리로 정의를 시행할 것이며. 이사야 42:1~3

우리가 전한 것을 누가 믿었느냐 여호와의 팔이 누구에게 나타났느냐 그는 주 앞에서 자라나기를 연한 순 같고 마른 땅에서 나온 뿌리 같아서 고운 모양도 없고 풍채도 없은즉 우리가 보기에 흠모할 만한 아름다운 것이 없도다. 이사야 53:1~2

시온의 딸아 크게 기뻐할지어다 예루살렘의 딸아 즐거이 부를지어다 보라 네 왕이 네게 임하시나니 그는 공의로우시며 구원을 베푸시며 겸손하여서 나귀를 타시나니 나귀의 작은 것 곧 나귀 새끼니라. 스가랴 9:9

모든 겸손과 온유로 하고 오래 참음으로 사랑 가운데서 서로 용납하고 평안의 매는 줄로 성령의 하나 되게 하신 것을 힘써 지키라 몸이 하나요 성령도 한 분이시니 이와 같이 너희가 부르심의 한 소망 안에서 부르심을 받았느니라 주도 한 분이시요 믿음도 하나이요 세례도 하나요 하나님도 한 분이시니 곧 만유의 아버지시라 만유 위에 계시고 만유를 통일하시고 만유 가운데 계시도다 우리 각 사람에게 그리스도의 선물의 분량대로 은혜를 주셨나니. 에베소서 4:2~7

너희 중에 있는 하나님의 양 무리를 치되 억지로 하지 말고 하나님의 뜻을 따라 자원함으로 하며 더러운 이득을 위하여 하지 말고 기꺼이 하며 맡은 자들에게 주장하는 자세를 하지 말고 오직 양 무리의 본이 되라 그리하면 목자장이 나타나실 때에 시들지 아니하는 영광의 관을 얻으리라 젊은 자들아 이와 같이 장로들에게 순종하고 다 서로 겸손으로 허리를 동이라 하나님은 교만한 자를 대적하시되 겸손한 자들에게는 은혜를 주시느니라 그러므로 하나님의 능하신 손 아래서 겸손하라 때가 되면 너희를 높이시리라 너희 염려를 다 주께 맡기라 이는 그가 너희를 돌보심이라. 베드로전서 5:2~7

그러므로 너희는 하나님이 택하사 거룩하고 사랑 받는 자처럼 긍휼과 자비와 겸손과 온유와 오래 참음을 옷 입고 누가 누구에게 불만이 있거든 서로 용납하여 피차 용서하되 주께서 너희를 용서하신 것과 같이 너희도 그리하고 이 모든 것 위에 사랑을 더하라 이는 온전하게 매는 띠니라 그리스도의 평강이 너희 마음을 주장하게 하라 너희는 평강을 위하

여 한 몸으로 부르심을 받았나니 너희는 또한 감사하는 자가 되라. 골로새서 3:12~15

마음을 같이하여 같은 사랑을 가지고 뜻을 합하며 한마음을 품어 아무 일에든지 다툼이나 허영으로 하지 말고 오직 겸손한 마음으로 각각 자기보다 남을 낫게 여기고. 빌립보서 2:2~3

하나님은 교만한 자를 대적하시되 겸손한 자들에게는 은혜를 주시느니라 그러므로 하나님의 능하신 손 아래에서 겸손하라 때가 되면 너희를 높이시리라 너희 염려를 다 주께 맡기라 이는 그가 너희를 돌보심이라. 베드로전서 5:5~7

생각하기

겸손은 서번트 리더십의 두 번째 특징이자 서번트 리더십의 동기이다. 우리는 하나님께 순종의 의미로 무릎을 꿇고 나아가서 겸손을 표한다. 이것은 나 자신은 너무도 작고 하나님께서는 위대하시다는 것을 잘 알고 있기 때문이다. 하나님이 어떤 분이신지, 그분의 속성과 성품이 어떠한지를 그리스도에 의해 계시된 모습을 통해 알아가게 되면서, 우리는 자신에 대한 더 큰 자각을 하게 된다. 바로 그분은 창조주이시고 우리는 그분의 피조물이라는 사실이다. 이것은 우리 자신의 가치를 폄하하려는 것이 아니다. 오히려 우리 자신이 하나님에 의해 창조되었다는 사실을 알게 됨으로써 우리는 자신의 한계를 깨닫게 되고 창조주 하나님을 인정하게 된다는 것을 말하려는 것이다.

예수님께서 아버지 하나님 앞에서, 제자들 앞에서, 그분이 마주치는 다른 사람들 앞에서 어떻게 겸손의 모습을 취하셨는지를 주의 깊게 보고 마음에 새기길 바란다. 예수님의 겸손이 우리와 동역자들 사이의 상호관계 속에서, 또한 우리가 섬겨야 될 사람들과의 관계 속에서 어떻게 우리를 인도하시는지 깊이 생각해보라. 겸손을 실천할 때에 다음과 같은 원칙을 따라야 한다.

- 자신이 무지하다는 사실을 인정하라.
- 자신에 대해 너무 심각하게 생각하지 마라.
- 경외하는 마음을 품으라.
- 실패를 두려워하지 마라.
- 자신보다 다른 이들을 먼저 생각하라.

겸손하기 위해서는 자기 자신에 대한 정확한 평가를 내려야 한다. 이것은 자기 자신을 비우는 일에서부터 시작된다. 겸손은 우리 하나님의 엄정한 판단에서 기인하는 우리 자신에 대한 정확한 평가이다.[11] 우리는 겸손이 의미하는 바가 '아닌' 것에 대해 명확히 해두어야만 한다. 겸손이란 자기 자신을 향한 미움이나 비하를 의미하는 것이 아니다.[12] 그것

---

[11] Beth Moore, *Living Beyond Yourself : Exploring the Fruit of the spirit*, Nashville, TN Lifeway press, 1988, pp.172~173.

[12] *Ibid*, p.174.

은 우리가 찰스 디킨스의 소설에 등장하는 '우라이아 힙'이라는 인물(자신의 교활한 목적을 이루기 위해 잘못된 겸손을 표방한 인물)의 성격을 갖는 것을 의미하지 않는다.

- 매일 매일의 조직의 상황 속에서 겸손은 어떻게 나타나는가?
- 겸손과 '나 중심'의 리더십 스타일은 어떻게 비교·대조되는가?

❋ 행동하기

이 질문들에 대한 대답과 당신의 반응·성찰한 내용들을 일지에 적어보라. 겸손에 대해 당신에게 특별한 통찰이나 어떠한 관심을 갖게 해준 핵심 이슈들을 확인하라. 이러한 점들을 당신의 상사나 멘토 혹은 목회자와 함께 나누라. 당신이 섬기는 리더로 성장하는 데 겸손이 어떤 도움을 줄 수 있는지 생각해보고, 그 내용을 당신의 조직 안에 있는 연장자 혹은 선배와 나누어보라.

❋ 구체적인 적용

겸손을 나타내기
당신이 가지고 있는 성경 지식을 동원하여 성경 안에 등장하는 인물들 중 겸손으로 충만했던 인물을 확인해보라(예를 들면 엘리야, 다윗, 세례 요한, 바울, 디모데, 동정녀 마리아, 엘리사벳, 에스더 등). 이 인물들의 행동을 묘사한 특정한 성경 구절을 확인해보라. 종이의 왼편에 관련된 성경 구절을 적어보고 바로 그 옆에 그 인물들의 성격을 써보라. 무엇이 그 인물의 행동을 낳는 데 특별하게 작용했는가? 그 인물이 이러한 행동을 한 데에는 어떠한 마음가짐이었는가?

    이제 이러한 행동을 당신의 리더십 실행에서 어떻게 적용하고 나타낼 것인가 하는 문제로 당신의 생각을 전환할 때이다. 이러한 역할 모델들에게 보다 가까워지기 위해서 당신의 행동 중 바꿔야 할 부분은 무엇인가? 당신에게는 어떠한 마음가짐이 필요한가? 이러한 태도와 행동을 갖기 위해 당신이 취해야 할 다음 단계는 무엇인가? 이 모든 내용을 일지에 적어보라.

겸손의 도표 만들어보기

겸손에 대해 묵상하고, 내가 속한 공동체 안에서 겸손이 중요한 이유에 대해 생각하는 대로 설명해보자. 당신이 관계에 있어서 자신의 행동과 상호 반응을 생각해보면서, 무엇이 당신으로 하여금 상호간의 반응에서 차이점을 만드는지 생각해보라.

    그것은 특정 그룹 내에서 당신의 위치인가? 당신이 속한 공동체 내에서 당신은 위치상으로 리더인가 아니면 따르는 사람인가? 당신의 그룹 내에서 위치가 그곳에서 당신의 행동에 어떠한 영향을 미치는지 생각해보라. 당신이 겸손에서 비롯한 행동을 하는 섬김의 리더가 되기 위해서는 어떠한 마음가짐을 가져야 하겠는가? 다음의 도표에 표시해보자.

행동 영역	'나 중심' 행동	겸손한 행동
리더십		
동료들과의 인간관계		
공동체 속에서 인간관계		
다른 공동체 또는 팀, 팀원들과의 관계		
가족 구성원들과의 관계		

❋ 맺는 말

이번 장을 마치면서 당신이 가지게 된 생각이나 코멘트를 일지에 기록해 놓도록 하라. 특별히 다음의 질문들에 대해 답을 찾아보라.

- 공동체에서 겸손의 모습을 나타내는 것에 대해 내가 배운 것은 무엇인가?
- 구성원들과의 상호관계 속에서 겸손의 모습을 나타내는 것에 대해 내가 배운 것은 무엇인가?

서번트 리더가 되고자 한다면, 겸손의 특징에 대한 보증의 표시가 될 만한 성경 구절을 적어보도록 하라. 당신의 공동체 내에서 당신이 겸손의 모습을 나타내는 능력을 향상시키기 위해 취할 수 있는 3가지의 행동 단계(생각하기, 행동하기, 구체적인 적용)를 확인해보도록 하라.

섬김의 리더십의 12가지 특성의 적용*

소그룹(교회, 직장, 학교, 단체 등)에서 본 저서를 사용할 때 섬김의 리더십의 12가지 특성을 읽은 후 한 가지씩 주제를 선택하여 다음과 같이 각자가 느낀 점을 발표하여 적용점을 함께 나눈다. 또한 섬김의 현장방문을 통해 섬김의 리더십을 구체적으로 삶의 현장에서 적용하도록 돕는다.

I. 발표 주제 선택

교재 중 '섬김의 리더십 12가지 덕목' 중 한 개를 선택하여 주제와 연관된 리더십(사례)이나 리더(인물)를 조사하여 정리한다. (예: 사랑의 리더 – 마더 테레사 / 사랑의 리더십의 덕목과 사례를 찾아/사랑의 리더십을 실천하는 교회 / 기관 / 단체 중에서 조사하여 소개한다.)

1. 구체적인 내용

1) 주제 및 인물을 선정한 동기 (자기 의견)
2) 선택한 한 가지 주제에 대한 설명 (교재참조 요약 및 기타 자료 참조)
3) 주제에 대한 구체적 사례 및 덕목 (리더십 활동사례나 인물 소개)
4) 성찰 및 적용 (자기 의견)

2. 발표 시간은 1인이 한 가지 특성을 20분 이내로 요약 발표하고 함께 토의한다.

3. 섬김의 리더십 발제 견본

주제 : 섬김의 리더십 덕목 중 공동체 구축의 리더십

흑인의 희망 넬슨 만델라

1) 주제 및 인물 선정 동기

섬김의 리더를 찾던 중에 넬슨 만델라를 찾게 되었다. 그는 흑인과 백인의 평등을 주장하다 많은 고난을 받은 사람이다. 남아프리카 공화국은 17세기 중반부터 백인들의 지배를 받아야 했다. 그 빈곤과 질병, 무지 속에서 살아온 남아프리카의 흑인들에게 자유를 얻게 해준 사람이 바로 넬슨 만델라이다. 1918년 남아공화국 트란스케이에서 출생했으며 태어나면서부터 부당하게 차별대우를 받게 된 만델라는 흑인의 인권을 위해 평생 살아갈 것을 결심하게 되고 청년동맹과 민족회의를 결성해 저항운동을 전개했고, 그 후 27년을 감옥에서 보낸 인권운동의 투사이다. 그는 많은 나이에 아무것도 할 수 없을 것 같은 노인에 불과해 보였지만 백인 우월주의와 흑인차별을 타파하여 남아프리카의 흑인들에게 희망과 비전을 제시한 위대한 인물이 되었다.

2) 섬김의 리더십에서 '공동체 구축'이란?
주제에 대한 개괄적 설명 – 주교재 요약

3) '넬슨 만델라'의 섬김의 리더십 (리더십 사례나 인물 소개)
넬슨 만델라는 1962년부터 1990년 2월까지 약 27년간 감옥생활을 하면서 남아프리카 인구의 다수를 차지하는 흑인의 희망이 되어 왔다. 넬슨 롤리랄라 만델라는 코사어를 쓰는 템부족(族) 추장의 아들로 태어났다. 포트헤어 대학에 유니버시티 칼리지에 입학했으나 학생운동으로 제적되었고 잠시 트란스발 광산의 경찰관으로 일한 적도 있었다.
1942년 버트바터스란트 대학교에서 법률 학위를 취득하고 동료인 올리버 탐보와 함께 변호사 사무실을 열었다. 1944년부터 아프리카 민족회의에 참여했고 이후 흑인해방운동의 지도자로 부각되었다. 1948년 이후 집권 국민당의 아파르트헤이트 정책(흑인에 대한 인종차별 정책)에 대항해온 결과 반역죄로 기소되었으나(1956), 1961년 무죄 석방되었다. 이 기간에 부인과 이혼하고 놈자모 위니프레드(위니 만델라)와 재혼했다.
1960년 경찰의 발포로 스하르페빌레에서 비무장 군중들이 살상된데 이어 ANC에도 활동 금지령이 내려지자 만델라는 그때까지의 비폭력 노선을 포기하고 대(對) 정부 사보타주를 역설하기 시작했다. 1962년 만델라에게 5년 징역형이 선고되었다. 1963년 투옥 중인 만델라와 동료들이 사보타주·반역죄·공모죄로 재차 소추된 이른바 '리보니아 재판'이 열렸다. 경찰은 요하네스버그 교외의 풍광 좋은 리보니아에 있는 움콘토 웨 시즈웨('국민의 창'이라는 이름의 ANC 전투조직)의 본부를 급습해 막대한 물량의 무기와 장비들을 발견했다. '국민의 창' 설립의 산파역을 맡았던 만델라는 기소내용 일부를 시인했고, 1964년 6월 11일 종신형을 선고받았다. 그는 1964~1982년 케이프타운 앞바다의 로번 섬 교도소에 투옥되었고, 1988년까지는 삼엄한 경비로 악명 높은 폴스무어 교도소에 감금되었는데 결핵 증세가 나타나 입원치료를 받기도 했다.

그동안 남아프리카의 흑인과 아파르트헤이트에 비판적인 국제사회에서 넬슨 만델라의 투쟁은 하나의 위대한 지향점으로 인식되어 갔고, 마침내 1990년 2월 11일 F. W. 데 클레르크 정부는 그를 석방하기에 이르렀다. 석방된 만델라는 3월 2일 ANC의 부의장에 선출되었고 1991년 7월에는 오랜 동료 올리버 탐보의 뒤를 이어 의장에 취임했다. 인종차별을 불식한 민주헌법의 제정을 위해 데 클레르크 대통령과 긴밀한 협조관계를 유지하며 평온한 사회로의 이행을 부단히 추구한 공로를 인정받아, 1993년 두 사람이 함께 노벨 평화상을 수상했다. 1994년 4월 실시된 대통령선거에서 약 65퍼센트의 지지율을 얻어 마침내 남아프리카 최초의 흑인 대통령에 당선되어 46년간에 걸친 아파르트헤이트 시대를 마감시켰다.

4) '만델라'를 섬김의 리더로 인정할 만한 덕목과 사례

긍휼의 마음

그는 1918년 남아공화국 트란스케이에서 출생했으며 태어나면서부터 부당하게 차별대우를 받게 된 만델라는 다른 여러 흑인을 보고, 흑인의 인권을 위해 한평생 살아갈 것을 결심하게 되고 청년동맹과 민족회의를 결성해 저항운동을 전개했다. 그 후 그는 무려 27년을 감옥에서 보내야 했지만, 흑백차별정책을 종식시키고 남아공에서 백인통치를 끝내는 결정적 업적을 남겼다. 또 1993년 노벨 평화상을 받고 1994년 남아공 최초 흑인 대통령이 되었다.

그는 초대 흑인 대통령이란 타이틀보다 '아프리카인의 대부'라는 타이틀로 진정한 존경을 받고 있다. '남녀구분 없이! 피부색 상관없이! 빈부 차이 없이! 직책에 상관없이!' "친구들, 동지들 그리고 친애하는 남아프리카여! 평화와 민주주의와 자유의 이름으로 모든 여러분께 인사드립니다. 나는 여기서 선지자로서가 아니라 국민인 여러분의 겸손한 종으로 여러분 앞에 섰습니다. 저는 여러분의 손에 남아 있는 제 여생을 다 맡기고자 합니다"라고 말했다.

만델라의 석방은 한편에서 다수 흑인의 백인들에 대한 복수의 기회로 여겨질 수 있었고, 다른 한편으로는 혹독한 인종차별 정책으로 여태껏 부와 권력을 독차지했던 소수 백인의 생존권을 위협할 수도 있었다. 하지만 그는 석방된 이후에도 또한 대통령에 당선된 뒤에도 백인들에 대한 일체의 정치보복을 가하지 않았다. 흑백화합을 위한 관용과 화해, 즉 긍휼의 마음이 전제되어야 한다는 것이 그의 통치 철학이었기 때문이다. 뿐만 아니라 그는 대통령직에서 물러날 때도 섬김의 미학, 퇴장의 미학을 제대로 보여 주었다. "나는 내 국민과 조국을 위해 내가 해야 할 의무를 다했다고 느끼기에 이만 물러갑니다"라며 대통령직을 퇴임했다.

우리가 보기에 그는 탁월한 정치가이자 전 대통령이다. 그러나 그는 스스로 국제적 영향력 있는 정치가이기보다 21명에 이르는 손자 손녀와 보다 많은 시간을 보낼 수 있는 '마디바'(흑인 언어로 시골의 마음씨 좋은 친근한 할아버지)로 불리길 원했다. 그는 낮아짐과 비움의 미덕을 가지며 타인을 지배하지 않고 섬기며 봉사하고, 권력에 대한 욕구보다, 나와의 싸움에서 이기고 타인을 사랑하는 마음을 가지고 베풀며 봉사하는, 그들의 아픔을 나눌 수 있는 진정 긍휼의 사람이었던 것이다.

성실의 마음

"나는 노력하는 노인일 뿐이다." 그는 자신이 용감한 템부족 후예임을 자랑스럽게 생각하며 자랐다. 그는 어렸을 때부터 성실하게 공부하는 학생이었다. 그는 공무원이나 통역관이 되는 꿈을 키우며 살았다. 하지만 백인들의 우월주의와 흑인차별로 현실을 인식하고 아프리카 민족회의(ANC)를 성실하게 더욱 많은 활동을 하게 된다.

넬슨 만델라는 최근 영국 BBC방송의 인터넷 사이트에서 뽑은 전 세계 지도자와 사상가 중에서 '세계의 대통령이 되어야 할 사람 1위'로 뽑혔다고 한다. 또한 대통령 퇴임 후 각종 협회와 대하에서 만델라에게 상과 학위를 수여하고 있다. 그 와중에도 만델라는 "이러한 명예가 남아공 국민이 자신에게 준 힘의 결과라는 점을 잊지 않고 있으며 나는 대단한 인간이 아니고 노력하는 노인일 뿐이다"라고 말한다.

열정의 마음

백인 우월주의 현신을 목격한 그는 "소년 시절의 자유는 환상일 뿐이며, 젊은 시절 이미 자유를 빼앗겼고, 자신뿐만 아니라 나와 내 형제자매들도 자유롭지 못하다는 것을 깨닫게 되었다"면서 자유를 갈망하게 된다. 그는 동지들과 1944 ANC 청년동맹을 창설하고, 인종차별적인 법안들을 폐지하기 위한 활동과 운동을 적극적으로 참여한다.

1952년 올리버 탐보와 함께 남아프리카 최초의 흑인 변호사 사무실을 열어 흑인들에게 희망을 주게 된다. 그 후 비폭력 투쟁운동을 전개하던 그는 샤프빌 대학살 사건으로 무장투쟁을 하게 되고 '민족의 창'(MK)를 창설하고 무력투쟁을 추구하는 투사가 된다. 그 후 만델라는 대통령 취임식 때 "우리가 두려워하는 것은 우리 스스로가 상상할 수 없을 정도로 강하단 사실이다. 우리를 가장 놀라게 하는 것은 어둠이 아니라 빛이다. 우리 스스로에게 이렇게 물어보자. 현명하고, 재능 있고, 전설적인 사람이 되려고 하는 나는 누구인가?" 이 연설은 과거 마틴 루서 킹의 "나는 꿈이 있습니다"와 함께 세상을 바꾼 흑인 운동가의 연설로 꼽힌다. 이러한 만델라의 용기와 비전 제시는 아프리카인들에게 가슴속 서방 강대국들과도 맞설 수 있는 비전을 심어주는 계기가 되었고 그의 열정이 빛을 비추게 되는 계기가 되었다.

5) 성찰 및 적용(자기 의견)

오늘날 적용해 볼 요소

오늘날 많은 사회적 불공평과 양극화 현상이 나타나고 있다. 그 가운데서 진정으로 용기를 내서 잘못된 것을, 모두가 눈치를 보며 Yes라고 외칠 때 NO라고 외칠 수 있는 용기가 필요할 것이다.
옳지 못한 것을 볼 때, 부조리한 것을 보고 지적하며 고쳐나가는 사람이 어느 공동체에나 필요한 것이다.
만델라와 같이 흑인들의 고통을 몸소 느끼면서 그들의 아픔을 함께 하고 학대당하는 흑인들뿐만 아니라 학대하는 백인들도 영혼이 망해가 자유롭지 못하다는 것을 인식하며, 사람들이 보지 못하는 시각과 공감의 능력을 갖춰서 관대하고 관용을 베풀 줄 아는 사람이 되어야 할 것이다. 또 감옥에서 풀려나와서도 백인들에게 보복할 수 있었지만 보복하지 않고, 서로 화해를 이끌고 화합을 도모하는 리더가 필요한 것이다. 그래서 오늘날 계층 간의 갈등, 상류층들의 이권, 서민들의 아픔을 동시에 해결하며 서로 WIN/WIN 할 수 있는 리더가 필요할 것이다.

자신의 소감과 적용

TV에서 어렴풋이 몇 번 본 기억밖에 없는 넬슨 만델라를 실제로 조사하게 된 후, 이 또한 서로 섬기고 세워주는 비전을 제시하는 서번트 리더가 갖춰야 할 자세라는 것을 느낄 수 있었다. 세상의 타락과 부조리를 향해 선지자처럼 외칠 수 있는 용기, 죽어가는 사람들에게 올바른 길과 비전, 희망을 주는 격려, 먼저 다가가 고통을 함께하며, 같이 느끼는 공감의 능력, 긍휼의 마음 등, 넬슨 만델라처럼 매 순간 순간 열정적으로 노력하는 삶이 필요하다는 것을 뼈저리게 느끼게 되었다.

가장 낮은 자세로 섬길 때 많은 사람에게 존경을 받는 넬슨 만델라처럼, 높아지려면 도리어 낮아지라는 예수님의 말씀처럼, 먼저 섬김의 리더가 되었을 때 세계 어디에도 통용되고 어느 장소에서도, 필요로 하는 섬김의 리더들이 많아져야겠다는 것을 느꼈다.

또한 넬슨 만델라처럼 "흑인들의 자유와 이익을 위해서, 편견과 흑인편협법들을 없애기 위해서"라는 확고한 신념과 목표의식, 그리고 솔선수범하는 태도, 열정을 본받아 사역하며, 사회에 나가서도 확고한 신념으로 흔들리지 않고 뚜렷한 목표의식과 비전을 가지고 노력해야겠다. 그리고 영혼에 대한 식지 않는 사모하는 열정으로 섬기며 전도와 구령의 열정을 회복해야겠다.

이번 서번트 리더십 과정을 통해서 넬슨 만델라처럼 어떤 어려운 상황 가운데서도 나를 이기고, 사람에게 희망과 꿈을 주는 서번트 리더가 되어야겠다.

II. 각자 섬김의 리더십 현장탐방 보고서

섬김의 현장 탐방

1) 단체(기관)명 :
2) 소재지 :
   대표자 :
   연락처 :
3) 탐방기관 선정 동기
4) 주요 섬김의 활동 내용
5) 조사 후 적용될 섬김의 리더십 덕목 (예 : 사랑, 성장, 치유, 청지기, 공동체 등)
6) 자기 성찰과 적용점

제3부

교회 공동체를 위한
서번트 리더십

제1장

참된 교회 공동체
-세이비어교회를 중심으로

○ 세이비어교회의 목회철학

세이비어교회는 1947년 고든 코스비 목사가 설립한 교회로 미국 워싱턴의 백악관에서 북쪽으로 4킬로미터 가량 떨어진 빈민가 아담스 모건 Adams Morgan에 있다. 이 교회는 교회의 영성 Inward Journey과 사역 Outward Journey의 균형을 강조하며 철저한 입교 과정과 훈련 과정을 통해 구성원들을 양육하고, 신실하게 지역사회를 섬겨왔다. 그 결과 참된 교회를 추구하는 수많은 그리스도인들에게 대안모델이 되었으며, 이 시대 미국을 움직이는 가장 영향력 있는 교회로 평가받고 있다.[1]

------

1 유성준, 《세이비어교회 실천편》, 평단문화사, 2006, pp.22~26.

▎**고든 코스비** 1947년 세이비어교회를 창립했다. 제2차 세계대전 때에 군목종군 시절에 받았던 충격이 계기가 되어 세이비어교회를 세웠다. 세상을 변화시키는 진정한 교회는 고도의 영적 훈련을 통해 자신을 헌신할 수 있는 사람들이 모인 소그룹 사역공동체에 의해 가능하다는 것을 몸소 보여주었다.

교회 역사에서 교인수가 150명이 넘은 적이 없는 규모이나 세이비어교회는 '교회 안의 작은 교회' 운동으로 불리는 소그룹 사역공동체Mission Group를 실천 기반으로 삼는다. 세이비어교회 사역의 핵심 목회철학은 영적인 삶을 통해 주님을 닮아가는 삶을 추구하고, 주님이 보여주신 긍휼의 마음으로 지역사회를 섬기며, 가난한 자·버림받은 자·소외된 자들에게 헌신하며, 용기와 희생적인 삶을 통해 세상을 변화시키는 데 있다. 또한 고든 코스비 목사는 "참된 교회가 되려면 초대교회가 보여준 원原교회의 모습으로 갱신되어야 한다"고 강조한다.

엘리자베스 오코너Elizabeth O' Conor는 세이비어교회의 사역을 세상에 알리는 일에 일생을 헌신했다. 그는 그의 저서 《헌신에의 부름Call to Commitment》에서 세이비어교회가 어떻게 교회의 구조를 변화시키고 있는지에 대한 질문에 이렇게 답변했다.

우리 교회는 어떤 최종적인 안정된 구조에 대해 기대한 적이 없습니다. 교회에 대해서 다음과 같은 사실을 이해하는 것이 중요합니다. 교회가 조직으로 굳어질 때, 시험하거나 증명할 수 있는 방법을 잊어버리고 맙니다. 만약 오늘날의 교회들이 거리에서 들리는 세상의 소리를 덮을 만한 예언자의 소리를 내지 못한다면, 선구자적인 정신이 더는 자신들과는 관계없는 이야기가 되어버렸기 때문일 것입니다.

엘리자베스 오코너는 세이비어교회의 목회철학에 대해 결코 하나의 실험이 아니며, 교회는 성경이 조명하는 자신의 사명에 충실할 때 선각자적으로 변화하여 하나님의 말씀을 전하려고 애쓰게 된다고 말한다. 그러나 교회가 스스로 만든 조직에 갇혀 그 안에 머물러 있다면, 이러한 소명을 감당할 수 없게 된다는 것이다. 다시 말해 교회가 새로운 길을 모색하려는 노력이 부족하고, 간혹 새로운 시도를 하더라도 단지 실험에 불과할 뿐이라고 여긴다는 것이다.

참된 교회를 이루기 위해서는 먼저 바른 교회관과 목회철학이 있어야 한다. 교회의 본질을 성서적·신학적·교회사적으로 이해해야 할 것이다. 다시 말해 복음 선포Kerygma와 진리에 대한 바른 가르침Didache을 통해 초대교회적 영적 친교Koinonia와 섬김의 삶Diakonia을 회복해야 한다.

올바른 교회 공동체는 〈마태복음〉 22장 34~40절의 위대한 계명The Great Commendment과 〈마태복음〉 28장 18~20절의 대사명The Great Commission에 헌신하는 공동체이다. 이처럼 교회 공동체가 예수님께서 말씀하신 하나님 사랑과 이웃 사랑의 연결점임을 인식하고, 교회의 사역을 통해서 교회 공동체의 본질을 경험해야 한다. 그것은 영성과 사역의 균형을 유지하며, 전혀 다른 배경의 사람들이 한 그룹 안에서 서로 사랑하며 함께 공동체를 경험하는 것을 의미한다.

◯ 세상의 문화적 중독에서 회복되어야 한다

교회 공동체의 위기는 예수님이 말씀하시고 보여주신 하나님 나라의 가치관kingdom value보다 세상적인 가치관 또는 문화에 중독되어 있다는 것이다. 이 시대 교회 공동체가 참된 공동체authentic community가 되기 위해서는 성경이 조명하는 바른 모형을 따라야 할 것이다.

하나님의 역사는 항상 발전하고 진보한다고 믿는다. 그러므로 스스로 구습이나 전통이나 제도에 얽매이거나 집착하는 데서 벗어나야 한다. 우리를 그 속에 가두어서는 안 될 일이다. 우리는 지금보다 효과적으로 그리스도의 사역을 감당할 수 있는 방법을 강구하고 받아들여야 하며, 그에 따른 시스템의 변화가 필요하다면 변화되어야 한다.

그러기 위해서 패러다임이 변화되어야 한다. 진정 자신을 검증하고 시험하는 방법을 상실한 이 시대에 실험적이고 개척적인 새로운 길을 탐험해야 할 것이다. 그것은 하나님이 우리에게 주시는 무한한 사랑과 자유, 화해의 메시지를 이 시대에 전해야 하기 때문이다.

만일 참된 교회란 어떤 것인지 깨닫고, 우리가 버려야 할 것이 무엇인지 알았음에도 새로운 도전에 주저한다면 그 이유는 무엇인가? 예수님이 누구인지 알고, 그분의 길이 우리를 위해 가장 좋은 길임을 믿는다고 하더라도 열정적으로 온전히 따르지 못한다. 예수님의 본성을 닮기 원하지만, 우리 자신의 본성에 매여 있는 탓이다. 세상의 문화에 중독되어 있으며 혼자 힘으로는 벗어날 길이 없다는 뜻이기도 하다.

고든 코스비 목사가 세이비어교회에서 가장 중점적으로 다루는 사역은 돈과 권력과 명예 등에 중독되어 있는 현대인들의 정신을 깨우는 일이었다. 소외되고 어렵게 살아가는 이웃들에게 관심을 갖기보다는 돈과 권력으로 누릴 수 있는 세속 문화에 중독되어 있는 것은 아닌지 자문할 필요가 있다는 것이다.

또한 대개의 사람들은 건강에 이상이 없거나, 안정된 가정, 공부 잘하는 자녀, 정기적인 수입과 교제 등에 기준을 삼는다. 그것에 문제가 없거나 느끼지 못할 경우에는 더욱 자신의 삶이 하나님께 향해 있다고 믿는 오류를 범하기도 한다.

그러므로 우리가 살아가는 삶의 방식이 오류에 빠져 있음을 깨닫는 것이 진정한 자유의 시작이다. 안락함, 안전함, 칭찬, 분주함, 통제하고 지시하고 싶어함, 가벼운 인간관계, 쾌락, 돈이 너무 많거나 너무 적은 것에 대해 자기 자신을 우월하거나 열등하게 여기는 것 등의 문화적 중독에 대해 인식할 때 비로소 사회 구조적인 모순들과 대면하고, 그것들이 부조리하다는 것을 깨닫게 된다.

그리고 나서야 비로소 구원의 손길을 기대한다. 함께할 공동체를 간절히 갈망하게 되는 것이다. 잘못된 구조에 의존적이었던 자신에 대해 치유가 필요하다는 것을 느끼며, 그러한 갈망이 예수 그리스도를 향할 때 우리는 겸손해질 것이다. 예수님의 사랑을 받을 준비가 되어 있다는 뜻이기도 하다. 차츰 진리를 알게 되고, 문화적 중독에서 벗어나고자 한다. 이것이 진정한 치유와 회복의 시작이다.

◯ 위기와 변화의 시대에 필요한 영적 리더십

교회 공동체의 리더들은 자칫 슈퍼맨처럼 해결책을 제시하고 싶은 유혹에 빠진다. 그러나 중요한 결정을 내리기 전에 하나님 앞에서 묻고 인내

▌**헨리 나우웬** 예수회의 사제이자 심리학자이며, 고든 코스비의 가장 가까운 동역자였다. 예일대학 교수로 재직시절 풍요롭지만 의미 없는 자신의 삶에 염증을 느껴 페루 빈민가로 가서 민중들을 돌보는 삶을 선택했다. 그리고 프랑스 파리의 라르쉬 정신지체 장애인 공동체에 삶을 마감할 때까지 머물렀다. 그의 《이는 내 사랑하는 자요》는 종교 밖에 있는 사람들을 위한 책으로, 고든 코스비의 지지로 출판을 하게 되어 섬김의 리더십을 위한 대표적인 책이 되었다.

할 줄 알아야 한다. 내 뜻대로 해보겠다는 유혹에서 벗어나야 한다. 이에 대해 헨리 나우웬Henri Nouwen은 《이는 내 사랑하는 자요》에서 "하나님을 사랑하기보다 하나님 되기가, 사람들을 사랑하기보다 사람들을 지배하기가, 삶을 사랑하기보다 원하기가 쉬운 듯하다"고 했다. 또한 "오직 당신의 몸과 정신과 마음을 하나님께 드려야 교회에는 희망이 있다"고 말한다.

진정한 사역은 공동체 안에서 상호보완적인 경험을 이루는 것이다. 예수님이 가르치신 사역원리를 살펴보면, 제자들을 파송할 때 둘씩 짝지어 보냈다는 것을 알 수 있다(마가복음 6:7). 즉, 혼자가 아니었으며, 개인이 아닌 공동체 단위로 함께 복음을 전하도록 부름을 받은 것이다. 그러므로 교회의 리더십은 영원한 목표를 향해 교회의 유익이 되도록 그리고 구성원들의 진정한 필요를 채워줄 수 있는 특별한 영향력을 가진 사람을 원한다.

위기와 변화의 시대에 누가 교회 공동체를 인도해나갈 것인가? 진정한 교회 공동체의 리더는 영속적이고 친밀한 관계에 뿌리를 두고, 말씀과 권면, 중보기도를 원천으로 삶의 가치를 찾아야 한다. 지속적인 기도생활을 통해 주님의 음성, 사랑의 목소리를 들을 수 있도록 훈련해야 하며, 어떤 문제가 생기더라도 대처할 수 있는 지혜와 용기도 하나님의 사랑 안에 있음을 인식해야 한다.

예수님께서 세례받을 때 하늘 문이 열리고 "이는 내 사랑하는 아들이요 내 기뻐하는 자"(마태복음 3:17)라는 음성이 들렸다. 또한 베드로가 경험했던 것과 같이 예수님을 만나야 한다. 부활하신 주님이 사역에 실패하고 다시 어부가 된 베드로에게 "이 사람들보다 나를 더 사랑하느냐, 네가 나를 사랑하느냐"(요한복음 21:15, 16)고 묻자, "주님 모든 것을 아시오매 내가 주님을 사랑하는 줄을 주님께서 아시나이다"(요한복음 21:17) 라고 베드로가 대답했다. 우리도 이처럼 하나님의 사랑받은 자가 되었다는 확신이 있을 때 자신감을 가지고 사랑을 나누는 의미있는 삶을 살 수 있다.

이러한 영적 리더십을 지니려면 신학적 성찰을 할 수 있는 훈련이 필요하다. 마치 우연처럼 보이는 수많은 사건들 가운데 하나님의 역사하심을 깨달아야 한다. 예수님의 마음을 알고 온갖 세상의 소리에 묻혀 듣지 못하는 하나님의 음성을 들을 수 있어야 하는 것이다. 부드럽고 온화한 음성에 귀 기울이고, 그 사랑을 느끼고 위로와 평안을 얻을 수 있기 때문이다. 그러기 위해서는 전인적全人的이고 깊은 영적 체계화를 위한 공동체적 훈련이 필수적이다.

교회와 회사는 다르다. 교회와 정치도 다르다. 그 존재의 목적과 설립 이념부터 다르기 때문이다. 그래서 교회의 리더십과 세상의 리더십은 달라야 하며 다를 수밖에 없다. 교회에서는 영적 리더십이 발휘되어야 하는 것이다. 〈마태복음〉 20장 25~27절에서 그 이유를 찾아볼 수 있다. 이 말씀은 서번트 리더십의 근원이기도 하다.

이방인의 집권자들이 그들을 임의로 주관하고 그 고관들이 그들에게 권세를 부리는 줄을 너희가 알거니와 너희 중에는 그렇지 않아야 하나니 너희 중에 누구든지 크고자 하는 자는 너희를 섬기는 자가 되고 너희 중에 누구든지 으뜸이 되고자 하는 자는 너희의 종이 되어야 하리라.

이 말씀에서 우리는 세상적인 리더십과 교회 리더십, 즉 영적 리더십의 차이를 명확히 구분할 수 있다. 세상적인 리더는 자신의 권위와 편의에 따라 사람들에게 군림하고 지배하려는 의도를 가지는 경우가 대다수이다. 그러나 교회 공동체의 리더는 '섬기는 자가 되고', '종이 되어야 하리라'란 말씀으로 명쾌하게 정리하여 전하고 있으며, 리더는 교인들의 발전과 성장을 위해 돕고 봉사하는 자임을 밝히고 있다.

교회 리더십의 특징은 영적인 일을 수행하기 위해 하나님의 부름을 받아 성령의 능력으로 일하는 것이다. 하나님의 영광을 추구하는 것이 최종 목적이다. 리더십의 동기도 사적인 욕망을 간구하는 것이 아니라 하나님 나라의 건설을 위한 순수한 동기에서 출발한다.

교회 리더십은 군림하는 리더십이 아니라 '섬기는 리더십'이다. 그래서 교회 공동체 리더는 프로그램보다 사람을 강조하고, 사람을 이용하기보다 사람을 성장시키는 데 관심을 가져야 한다. '어떻게' 사역을 하는지에 초점을 맞추는 것이 아니라 '왜' 하는지에 대해 설득하고 인식하도록 하는 데 있다. 방법도 중요하지만, 원리를 더 강조한다. 또한 교회의 리더는 사역의 규모보다 왜 사역을 맡기셨는지를 묵상하고 무엇으로 어떻게 사역을 감당할 것인지에 대해 간구해야 한다. 즉, 교회 리더십은 외적인 변화를 추구하는 게 아니라 내적인 변화를 추구하는 것이다.

○ 영성과 사역을 통해 깊어지는 하나님과의 관계

서번트 리더십은 깊고 생명력 있는 하나님과 예수 그리스도와의 관계, 그 관계를 우리가 세상을 통해 표현하는 것을 의미한다. 그것은 세이비어교회의 전통에서 내적인 여정과 외적인 여정으로 표현된다. 내적인 여정(영성)은 기도와 성경 연구, 그리고 한 사람이 깊은 사랑을 경험할 수 있는 믿음의 공동체를 통해서 양육된다. 이것이 소그룹 공동체를 중심으로 이루어지는 세이비어교회의 핵심 목회철학이기도 하다. 그러므로 서번트 리더십을 교회 공동체에 적용하기 위한 실제적인 훈련 과정은 기도Prayer, 성경 연구Scripture, 교회 공동체Community, 소명Calling, 공동체 안에서 자유롭게 되는 관계Mutually Liberating Relationships, 영성Divine Power 등 6가지 특성을 균형 있게 조합하는 것이 중요하다.

단순히 서번트 리더십을 교회의 평신도 훈련을 위한 프로그램 정도로 생각할 수 있지만, 이것은 목회자·평신도·교회 공동체·기독교 관련 기관 등을 포함한 우리의 삶의 모델이 된다. 서번트 리더십은 예수 그리스도의 삶을 통해서 몸소 실천한 제자도의 모델인 것이다. 세이비어교회에서는 인턴 교인으로서 받는 훈련을 거쳐 정식 교인이 될 준비가 되었다고 생각할 때, 후보자는 자신의 삶의 전과정과 결단을 포함하는 영적 자서전을 준비하여 모든 교인들과 함께 나눈다. 이때 정식 교인이 되는 것에 대해 성직을 받는 것과 같은 '권위'를 가지고, 각자의 소명에 헌신할 것을 다짐한다. 정식 교인이 되는 전과정을 통해 소명을 깨닫는 것에 가장 중요한 우선순위를 둔다. 소명은 서번트 리더십의 렌즈와도 같은 역할을 한다.

소명의 원칙은 모든 사람은 하나님께 귀한 존재이며, 절대적으로 무제한적으로 사랑받는 존재라는 것을 깨달았다는 것을 의미한다. 하나님의 사랑, 그 사랑을 전하는 도구라는 것을 확신해야 한다. 건강한 영성을 위해서 믿음의 공동체의 역할은 절대적이다. 예수님께서 교회의 머리가 되시고 우리가 몸이라는 믿음 위에 서로 깊고 친밀한 관계를 맺기 위해 노력해야 한다. 그것이 한 사람 한 사람이 책임 있는 존재가 되어 섬기고 나누는 소그룹 사역공동체의 원리이다.

하나님과 더 깊은 관계를 맺기 위해서는 영성 사역을 통해 드러내는 것이 필요하다. 외적인 여정을 통해 표현해야 한다. 공생애 기간 동안 보여주신 예수님의 행적은 우리의 삶과 사역에 모범이 되어야 한다. 이것은 무엇을 의미하는가? 우리가 예수님을 따르는 제자라면 예수의 모범을 우리의 삶을 통해 적용해야 할 것이다. 늘 가깝고 친한 사람들과 어울리려고만 한다면 이러한 뜻을 이룰 수 없다. 다소 불편하거나 정서적인 어려움이 따를지라도 다른 배경을 가진 사람들과 관계를 맺을 때 이전에 깨닫지 못한 것들을 배울 수 있다.

세이비어교회의 교인들은 한 사역공동체에서 활동하는 기간이 얼마인지 구체적으로 정해져 있지 않다. 한 그룹 안에서의 멤버십은 짧게는 몇 개월, 혹은 몇 년, 심지어 평생 동안 계속되기도 한다. 그러나 자신을 향한 하나님의 부름을 더욱 깊이 깨닫고, 또한 자신의 은사를 더욱 분명히 알게 될 때 새로운 사역을 감당하게 된다. "내가 너희를 사랑한 것 같이 너희도 서로 사랑하라"(요한복음 13:34)고 하신 주님의 말씀을 기억하며 복음 선포는 물론 영적인 교제와 봉사 등을 균형 있게 실천할 때 사랑의 공동체가 만들어지는 것이다.

○ 교회 공동체 리더십, 위기인가 기회인가

세상적인 리더십과 교회 리더십이 전혀 다르다고 말할 수는 없다. 공유하는 면이 있다면, 각기 서로 다른 목표라고 하더라도 비전을 가지고 목표를 향해 나아간다는 점에서는 동일하다. 그 비전을 성취하기 위해 전략을 세우고 연구하고 노력하는 것 또한 마찬가지이다. 그러나 교회 리더들이 영적 리더십을 갖지 않는다면, 교회는 참된 교회로 존재할 수 없다. 영적으로 준비되어 있지 않는데, 어떻게 하나님의 의를 이룰 수 있겠는가? 아무리 매력적이고 재능있는 교회 리더라고 할지라도 세상적인 리더십의 전략과 방법을 추구한다면 교회는 위기에 빠질 수밖에 없다.

교회 리더는 경건 훈련과 인격 훈련을 쌓아야 한다. 사도 바울이 지적한 것처럼, 교회 리더가 경건의 모양은 있으나 경건의 능력이 부족한 리더로 전락해서는 안 되기 때문이다. 그러기 위해서는 우선 하나님의 성품을 갖춘 사람이어야 한다. 리더의 내면에서 흘러나오는 인격만큼 사람을 설득하고 변화시키는 힘은 없다.

또한 리더는 효율적으로 사역을 실천할 수 있어야 한다. 무엇을 위해서, 왜 하는지, 혹은 어떻게 계획을 세우고, 어떻게 교인들과 연합하여 함께 일하는지를 알고 있어야 한다. 비전과 함께 목표를 세우고, 그 목표를 달성할 전략을 세우고, 사람들을 동원하고, 동기를 부여하여 그 목표를 달성하는 방법과 능력을 쌓아야 한다. 그럼으로써 올바른 사역자를 양육하고 헌신할 수 있도록 안내할 수 있는 것이다.

시대적인 리더십의 위기는 교회 리더들에게도 동일하게 적용된다. 그렇다면 교회 리더가 당면한 리더십의 위기는 무엇인가? 급변하는 사회의 시대적 흐름에 무감각하다는 점이다. 그밖에 평신도에 대한 상투적인 관심, 뚜렷한 소신이나 열정이 없다는 것도 리더십 위기의 조짐이라고 할 수 있다.

그뿐만 아니라 물욕, 탐욕, 명예욕, 세상적인 가치관에 물드는 현상, 목회자 권위에 대한 사회적 박탈감, 대중매체를 통한 성직자나 교회 분열에 대한 부정적 이미지 부각, 영적·지적으로 뛰어난 평신도의 출현, 평신도 리더들을 제자로 양육하지 못한 교회의 구조 등이 교회 공동체 리더십을 위협하고 있다.

하지만 교회 리더로서 하나님의 뜻을 완성할 수 있도록 준비된 사람은 흔치 않다. 그러므로 이와 같은 리더십의 부재와 위기는 참된 교회를 세우는 중요한 기회라고 할 수 있을 것이다. 예수님도 제자들에게 "추수할 것은 많되 일꾼이 적으니 그러므로 추수하는 주인에게 청하여 추수할 일꾼을 보내 주소서 하라"(누가복음 10:2)고 부탁했다. 결국 사람의 문제이다. 교회를 일으키고 세상을 변화시킬 사람이 필요하다. 특별히 평신도 사역에 필요한 인재 양육에 관심을 기울여야 한다.

교회 공동체 리더십은 목회자와 평신도 리더십을 포함한 말이다. 따라서 목회자의 리더십만이 강조되는 것이 아니라 평신도 리더십도 중요하다. 리더의 성장과 성숙 없이 교회의 부흥은 기대할 수 없기 때문이다. 예수님도 "제자가 그 선생보다 높지 못하나 무릇 온전하게 된 자는 그 선생과 같으리라"(누가복음 6:40)고 말씀하고 지도자 훈련을 강조했다.

교회는 그리스도의 몸이다. 하지만 조직이며 시스템을 유지해야 하는 것은 분명한 사실이다. 하나님께서 함께하실 때 교회의 부흥과 성장을 기대할 수 있으나, 그 또한 사람을 통해 역사하시는 것이다. 사람의 열정과 능력과 활동을 통해서 이루어진다. 그러므로 건강한 사역을 이루기 위해서는 영적 훈련은 물론 헌신된 구성원들을 통해 사역에 필요한 전문성을 갖추어야 한다.

○ 인격적 리더십을 우선순위에 두라

교회 공동체의 리더는 인격적 리더십이 우선되어야 한다. 재능, 학력, 재산, 사회적 지위 등도 교인들에게 영향을 미치겠으나, 교인들과의 인격적인 교제가 무엇보다 중요하다. 그러므로 교회 리더는 반드시 하나님의 인격을 닮아가는 사람이어야 한다. 인격적인 리더십이 우선되어야 교인들을 이끌 수 있다.

목회자의 설교가 그 반증일 것이다. 김남준 목사는 "설교는 인격이다"라고 주장한다. 설교가 교인들에게 잘 전달되려면 먼저 설교자 자신이 인격적일 때 메시지가 더욱 온전해진다는 말일 것이다. 설교가 설교자를 능가할 수 없기 때문이다. 설교는 설교자의 인격을 통해 전달된다.

교회 리더의 인격은 성격과는 다른 말이다. 따라서 어떤 성격의 목회자인지는 그다지 중요하지 않다. 성품, 즉 인격이 리더십을 세워주기 때문이다. 리더의 성경적 성품은 어떠한 성품일까? 〈갈라디아서〉 5장 22~23절의 성령의 열매를 통해 살펴볼 수 있다.

> 오직 성령의 열매는 사랑과 희락과 화평과 오래 참음과 자비와 양선과 충성과 온유와 절제니 이 같은 것을 금지할 법이 없느니라.

여기서 원어적으로 살펴보면, '성령의 열매'는 사랑뿐이다. 그 사랑이 여러 유형의 인격, 즉 희락, 화평, 오래 참음 등으로 나타난다고 볼 수 있다. 리더로서 인격의 핵심은 사랑임을 알 수 있다. 리더가 교회 성장의 수단으로 교인을 사랑하는 것이 아니라 하나님이 자기의 형상대로 지으신 하나의 인격체로서 사랑해야 한다. 사랑이 없는 리더는 교회에 아무런 유익이 될 수 없다.

교회 리더의 사랑은 희락으로 나타난다. 기쁨이 충만한 사람이거나 낙천적이고 긍정적인 사람이며, 모든 사람들에게 기쁨을 준다. 또한 리더의 사랑은 마음의 평화를 전한다. 다툼과 싸움이 있는 곳에 평화와 안정으로 안내하는 지혜의 사람이며, 조급하거나 서두르지 않으며, 하나님의 축복과 은혜를 기다리는 '오래 참음'의 사람이다.

비록 현실이 어둡고 무겁더라도 비전을 제시하는 빛의 사람이며, 따뜻한 손길로 위로하고 격려하며, 진정성을 가지고 참 진리를 전하고, 리더에게 맡겨진 소명을 최선의 삶으로 여기며 충성된 종의 자세를 가지고 살아간다. 리더의 사랑은 온유와 절제로 나타난다. 말씨, 태도, 표정, 행동이 부드러우며 겸손하여 많은 사람들을 품을 수 있어야 한다. 충동적이며 제멋대로 행동한다거나 과격하고 거칠게 드러낸다면 성령의 열매라고 할 수 없으며, 교회의 리더로서 부절적하다고 할 것이다.

이와 같은 성품은 노력하거나 훈련하여 계발되는 것만은 아니다. 우리 안에 살아서 역사하시는 성령의 역사에 의해 얻어지는 결과이며, 열매일 때 가능하다. 그러므로 사도 바울은 '예수를 깊이 생각하라', '위에 것을 생각하고 땅에 것을 생각지 마라'고 권면했다. 성경의 진리는 무엇을 심든지, 그 심는 대로 열매를 맺게 하신다는 것이다.

○ 세상과 하늘나라를 잇는 교회

교회 리더가 올바른 교회론과 목회철학, 각자의 목회 상황에 따른 목회의 전략과 프로그램 없이 열정만 갖고 주님의 교회를 세우려고 하다 보면 자칫 교회의 본질과 사명에서 벗어날 수 있다.

> 주의 전을 사모하는 열심이 나를 삼키리라. 요한복음 2:17

이 말씀은 무작정 열심인 우리에게 경고하는 메시지임을 알 수 있다. 그래서 교회 리더는 교회를 향하신 하나님의 뜻을 명확히 이해하고 리더십을 발휘하는 것이 중요하다. 그러면 어떻게 교회를 향한 하나님의 뜻을 이룰 것인가? 먼저 성경적 교회론을 정립해야 한다.

성경적 교회론은 교회의 본질과 목적, 그 구조와 형태에 대하여 다루는 것이다. '하나님의 교회, 하나님의 집, 그리스도의 몸, 성령의 전' 등의 교회 명칭에서 알 수 있듯이, 교회의 본질은 그리스도가 직접 교회를 세우셨다는 데 있다. 예수님은 "주는 그리스도시요 살아 계신 하나님의 아들이"(마태복음 16:16)라고 고백한 믿음의 반석 위에 교회를 세우셨다.

신약시대의 교회를 헬라어로 '에클레시아Ekklēsia'라고 한다. "밖에서 불러들이다"라는 의미를 가지고 있으며, 세상에 그리스도를 전파하고 그 복음으로 인하여 믿음으로 화답한 모든 성도의 모임을 의미한다. 이런 관점에서 볼 때, 교회는 세상과는 구별되나 그렇다고 온전한 하늘나라도 아니다. 그러므로 교회는 언제나 세상에 의하여 오염될 수 있고 타락할 수도 있다. 다만 교회는 하나님의 뜻을 실현하는 도구이어야 하며, 사람들을 하나님 나라로 인도하는 다리 구실을 해야 한다. 교회의 목적이 "인자가 온 것은 잃어버린 자를 찾아 구원하려 함이니라"(누가복음 19:10)고 하신 예수님의 말씀에 함축되어 있기 때문이다.

교회의 사역은 예배, 교육, 구제, 봉사, 교제 등의 여러 활동이 있으나 궁극적으로는 영혼 구원이 최고의 목적이며, 그러기 위해서는 복음 전파 즉 선교가 질적으로 양적으로 이루어져야 한다. 그 밖에 교회의 특징은 생명체로서 교회이다. 세상의 조직과 시스템에서는 찾아보기 어려운 점이다. 어느 한 부분이 약해지면 자동적으로 다른 부분들이 도움을 준다. 그리스도의 생명으로 서로 연결되어 상부상조하는 기능을 갖게 되는 것이다.

또한 교회는 조직의 기능이 있는데, 제도적인 틀을 말한다. 기능적으로 필요에 따라 질서와 규칙을 가지고 활동한다. 각 부서의 직분과 사역에 따라 사람들이 배치되고, 각각 권한과 책임을 위임한다. 이러한 기능은 세상의 단체나 회사의 기능과 흡사하다.

교회의 성격은 대개 몇 가지로 구별할 수 있다. 전통을 지키려는 교회, 규칙과 절차가 중요시되는 교회, 목회자의 카리스마가 우선시 되는 교회, 혈연이나 계보 등 친근한 관계로 맺어진 교회, 다양한 은사로 교회의 시스템과 조화를 이루며 평신도 사역이 잘 이루어지는 교회 등이다. 여기서 교회 리더가 추구해야 할 교회의 모습은 무엇일까?

교회 리더에게는 교회의 구조와 형태에 대해서 훈련받고 그것을 적용해야 하는 과제가 있다. 영적 리더십과 인격적 리더십을 바탕으로 효율적인 리더십이 필요하다. 다만 교회 리더가 주의를 기울여야 하는 것은 일꾼을 세울 때 영성과 사역이 균형을 이루는 일꾼을 선택해야 한다는 점이다.

　그뿐만 아니라 교회는 '믿는 자'들만의 공동체가 아니라는 것을 인식해야 한다. '믿지 않는 자'도 참여할 수 있어야 한다. 교회가 세상과 하늘나라의 다리가 되어야 하기 때문이다.

○ 교회 리더는 문화적 상황을 이해해야 한다

오늘날 교회의 다양한 분쟁은 교리적인 것이나 신학적인 문제가 아니다. 성경에 대한 무지에서 발생하는 것도 아니다. 세대별 갈등이나 문화적 차이에서 오는 경우가 허다하다. 우리는 오랜 세월 통일된 문화를 형성해왔다. 집단문화를 양산하고 생활방식과 신앙 습관도 가능한 한 통일성을 유지하고자 했다. 그러나 사회가 다원화되고 경제와 과학이 발달하면서 각기 다른 복합적이며 다양한 생활방식을 갖게 되었다. 즉, 다양한 문화를 가진 복합적 사회로 발전한 것이다. 그러므로 교회 리더가 과거의 습관에 따라 동일한 신앙양식과 의식을 강요한다는 것은 화합하기보다 분열을 가져오기 쉽다.

　목회는 모방이 아니다. 교인들을 위한 독창성과 창조성이 가미된 돌봄이 되어야 한다. 그러려면 리더는 교회 주변의 문화를 파악하고, 소속된 교회의 문화를 정확히 이해해야 한다. 즉, 구성원들이 공감하는 사역이어야 한다는 것이다. 교인들에게 친근감을 주지 않는 배타적인 사역은 성공할 수 없다. 교인들의 사고와 생활양식의 흐름을 파악하고, 이에 적합한 리더십을 발휘하는 것이 필요하다. 그렇다고 성경의 진리를 문화에 적용하기 위해 타협하라는 것은 아니다.

그러면 문화란 무엇인가? 문화인류학자인 레슬리 뉴비긴Lesslie Newbigin은 문화는 인류 집단에 의해 만들어지는 것으로 "한 세대에서 또 다른 세대로 전이되는 총체적인 삶의 방법"으로 정의하고 있으며, "어떤 주어지는 행위가 아니라 습득하는 행위"로서 수시로 변하는 특징이 있다고 주장한다.

그렇다면 한국인의 문화는 무엇인가? 한마디로 단정할 수 없지만, 한국문화는 서양문화와 비교해볼 때, 수직적 구조를 나타내는 인간관계로 구성되어 있다. 유교적 사고에서 비롯된 것으로 명령과 복종의 관계로 권위주의를 양산하고, 혈연과 학연과 지연에 의한 신분(체면)을 중요시하는 형식주의를 낳았다. 이 체면은 허례와 허식으로 연결되었다고 할 것이다.

여기서 교회 리더가 적용해야 할 것이 무엇인지, 우리 공동체 구성원들의 문화는 어떤 것인지 살펴야 한다는 것이다. 복음을 전하기에 효율적 사역을 위해 문화를 파악하고 이해해야 한다. 이에 바울 사도의 목회를 참고할 만하다. 그는 훌륭한 선교사였다. 복음을 전하기 위해 사람들의 환경과 상황에 따라 갖가지 방법으로 복음을 전했다. 유대인에게는 유대인들이 이해하는 용어로 복음을 전했으며, 이방인들에게는 같은 복음이라도 이방인들이 이해할 수 있는 주제와 사례들을 인용했다. 그는 복음을 변질시킨 것이 아니라, 전도하기 위해 복음을 그들의 문화적인 것으로 상황화contextualization한 것이다.

예수 그리스도 역시 상황화의 전문가였다. 그의 성육신incarnation 자체가 상황화인 것이다. 그는 사람들에게 하나님의 사랑을 전하고자 사람의 형상으로 세상에 오셨으며, 인간이 이해할 수 있는 방법으로 하나님의 진리를 전했다. 특히 사람들이 예수에게 매력을 느꼈던 것은 그의 독특한 가르침과 성품 때문만은 아니었다. 그가 유대의 풍습과 문화에 적응했기 때문이다. 그는 각 지방의 언어를 사용했으며, 그의 설교는 그들이 이해할 수 있는 친근감 있는 소재들로 구성했다.

이와 같이 예수님의 사역은 사람의 필요와 상황에 타협한 것이 아니라 눈높이에 맞춤하여 하나님의 진리를 아낌없이 전한 것이다. 그러므로 우리의 사역 또한 예수님을 닮고자 하는 성육신적 사역이어야 한다. 세대 간의 문화적 차이, 남녀 간의 문화적 차이, 교육적인 문화적 차이, 취미에 따른 문화적 차이 등을 살피고 적용하는 돌봄의 사역이어야 한다.

제2장
서번트 리더십의 주요 훈련 과정

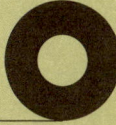

O 기도

기도는 영혼의 호흡이자 하나님에 대한 열망이다

기도는 자아를 부인하는 것이며, 하나님 뜻에 순종하는 것을 포함한다. 하나님과의 친밀한 교제이며 우리 마음을 거리낌 없이 이야기하는 것이다. 하나님이 주시는 은혜에 올바르게 응답하는 것을 말한다. 기도는 서로 연합하게 하며 하나님과 연합시키며, 예수님께 다가가며 예수님께서 우리에게 다가오게 하는 통로이다. 끊임없는 기도는 영혼의 호흡이며 지치고 힘들 때 새 힘의 원천이 된다. 어떠한 은사도 기도를 대신할 수 없으며 기도하지 않는 영혼은 건강하다고 할 수 없다.

이후정 목사는 그의 저서 《존 웨슬리의 영성》에서 기도는 '성화의 기도'라고 말하고 있다.[2] 이는 거룩한 하나님과의 열린 교제와 일치를 목적으로 기독교적 삶 전체의 일차적인 기초와 원동력이 되어야 함을 의미한다. 성령 안에서 하나님과 교통하고 일치하는 길로서 기도는 살아계신 하나님을 만나고 하나님과 대화하고 그 임재를 체험하는 통로인 것이다. 기도는 하나님에 대한 열망과 경험 없이 이루어질 수 없다. 하나님과 인격적으로 만나는 소중한 자리이기 때문이다.

기도는 누구에게나 초보라고 할 수 있다. 그러므로 기도는 가르침이 필요하며 의지와 노력이 필요한 영적 훈련이다. 가장 중요한 것은 기도는 의무적으로 하는 것이 아니라 하나님의 자녀로서 특권임을 인식하는 것이다. 또한 기도는 우리가 알지 못하는 순간까지 포함한다. 하나님과의 교제가 이루어지는 모든 삶이 기도이며, 기쁘고 행복한 순간에도 힘들고 지친 날에도 기도해야 하는 것은 예외가 아니다. 그러므로 기도는 존재하는 모든 것을 매순간 하나님의 관점에서 해석하는 행위이다.

기도는 삶이며 일상이다. 그래서 답답하고 위급한 순간에 더욱 간절해지는 것이 기도이며, 때때로 뜨거운 눈물과 아픈 마음으로 하나님께 고백하기도 한다. 또한 예배 형식의 하나로 지루한 습관처럼 굳어져버려 대체로 무의미하게 되풀이되는 기도가 아닌지 돌이켜볼 필요가 있다. 기도는 하나님을 안다는 것이며, 그것이 하나님이 주시는 은혜와 축복의 원천임을 깨달아야 할 것이다.

기도는 습관에서 벗어나고, 투정하며 항의하는 어린아이 같은 기도를 넘어서서 하나님을 알고 하나님의 마음을 헤아리는 장성한 자로서 깊

---

[2] 이후정, 《존 웨슬리의 영성》, 감신, 2006, p.177.

은 교제가 이루어져야 한다. 그럴 때 삶의 통찰력을 얻을 수 있으며, 실질적이며 유용하게 생활에 적용하는 진솔한 믿음의 사람으로서 살아갈 수 있다. 기도는 메마르고 허약한 영혼에 힘과 용기를 주며 비전을 찾을 수 있게 한다.

헨리 나우웬은 영적 훈련 가운데 특히 관상Contemplation기도를 강조한다. 관상기도는 묵상기도가 발전한 기도이자 본질의 직관에서 오는 직관기도이다. 관상은 하나님과 인간 사이의 중개적 수단으로 사용되는 기도문, 언어, 상상, 표상 등을 최소한으로 줄이거나 전혀 사용하지 않고 하나님과 친밀히 사귀는 마음의 기도이다.[3] 또한 인간의 지성, 의지, 감정, 감각, 상상력의 기관을 거의 혹은 전혀 사용하지 않고 하나님과 사귀는 기도의 형태. 특히 관상기도는 자신을 비우고 하나님을 새롭게 만나는 관상의 삶contemplative life을 강조한다.

래리 크랩의 파파기도

우리에게 잘 알려진 상담심리학자인 래리 크랩Larry Crabb이 노년기에 쓴 《파파기도》의 '파파PAPA'는 영어로 '아버지'를 친근하게 부르는 말이듯이 하나님이 바로 우리의 파파, 즉 아빠라는 것을 강조한다. 아울러 PAPA의 알파벳 첫 자를 따서 Present(내어놓기), Attend(예의주시하기), Purge(쏟아놓기·제거하기), Approach(다가가기)라는 4가지 단계의 기도방식을 제시하고 있다.[4]

---

[3] 유성준, 《세이비어교회 실천편》, 평단문화사, 2006, pp.187~189.
[4] 래리 크랩, 김성녀 옮김, 《래리 크랩의 파파기도》, IVP, 2007, pp.35~37, pp.49~50, p.120.

래리 크랩 세계적으로 존경받는 그리스도인 작가, 저명한 상담심리학자, 성경 교사로서 영향력 있는 저서들을 통해 수많은 사람들에게 하나님의 평화를 발견하는 길을 안내해왔다. 미국 어시너스대학에서 심리학을 전공하고, 일리노이대학에서 임상심리학을 전공했다. 미국 플로리다 애틀랜틱대학 심리상담센터의 소장을 역임했으며, 현재는 콜로라도 크리스천 대학교수로 있다. 2002년 '뉴웨이 미니스트리New Way Ministries'를 창설하여 기존의 기독교 상담 영역을 넘어 그리스도인의 삶에서 하나님의 임재를 경험하고 예수 그리스도를 닮아가며, 참된 공동체 안에서 영적 성장을 이루는 일까지 관심을 확대해왔다.

첫 번째는 자신을 꾸밈없이 하나님 앞에 내어놓아야Present 하며 진실해야 한다. 내적으로 외적으로 어떤 일이 일어나고 있든지 인식하고 있는 모든 것을 하나님께 고백하며, 그 다음에는 스스로 하나님을 어떻게 생각하고 있는지 집중하여 주시Attend해야 한다. 바꾸어 말하면, 꾸미거나 대충 얼버무려서는 안 된다는 것이다. 하나님을 마치 동전을 넣으면 원하는 것을 주는 자동판매기로 여기는 것은 아닌가? 또한 근엄하고 두려운 존재, 금방이라도 꾸중을 들을 것만 같아 움츠리게 하는 존재인 것은 아닌가? 하나님은 전지전능하면서 한없이 나를 사랑하는 분이심을 기억해야 한다.

세 번째는 하나님과의 관계를 가로막는 것은 무엇인지 생각나는 대로 쏟아내어 제거Purge해야 한다. 하나님과 친밀하고 깊은 관계를 맺고 싶은데, 자꾸만 걸림돌이 되는 것이 무엇인지 살펴보고 점검해야 한다. 그것을 말로 고백해야 한다. 어쩌면 하나님이 기뻐하시는 것보다 자기 자신의 욕구에 만족을 느끼려고 하는지 살펴볼 기회일 것이다.

마지막으로, 하나님을 가장 우선순위로 여기고 가까이 다가가야Approach 한다. 하나님이 그 누구보다 소중하고, 궁금하고, 너무나 알고 싶은 분으로 삼아야 한다. 하나님보다 좋은 사람이 있을지도 모른다. 최대한 빨리 하나님 다음으로 순위를 바꾸어 놓아야 한다.

하나님이 우선순위에 있는 기도 생활이라면, 하나님이 주시는 은혜에 응답할 수 있을 것이다. 하나님과의 관계를 우선시하는 기도가 무엇을 간구하는 기도보다 선행되어야 한다는 것을 깨닫는다면, 비로소 하나님과 관계가 맺어지는 것이며 하나님이 주시는 사랑을 더 많이 누릴 수 있을 것이다.

하나님의 응답을 받는 기도

하나님이 자신을 계시하시는 가장 중요한 수단이 있다면 그것은 하나님 말씀, 즉 성경이다. 또한 죄인된 우리가 하나님 앞에 나갈 수 있는 가장 중요한 수단이 있다면 그것은 기도이다. 그래서 바울은 그의 믿음의 아들인 디모데를 지도할 때 "말씀과 경건에 관한 교훈"(디모데전서 6:3)에 착념著念하라고 했고, "내가 첫째로 권하노니 모든 사람을 위하여 간구와 기도와 도고와 감사를 하"(디모데전서 2:1)라고 했다.

하나님께 긍휼과 축복을 구하려고 할 때 먼저 우리 마음 가운데 사랑과 용서가 필요하다. "우리가 우리에게 죄 지은 자를 사하여 준 것 같이 우리 죄를 사하여 주옵시고"(마태복음 6:12)라는 기도가 사랑과 용서 없이 가능하겠는가? 우리의 기도가 응답되기를 바란다면, 우리가 용서함을 받고자 하는 것과 같이 용서할 수 있어야 한다. 예수 그리스도의 삶과 죽으심과 부활을 통해 얻어지는 하나님과의 관계를 다지고 키워나가는 것이 기도이며, 그 통로로 인해 성령께서 가장 하고 싶어하는 일을 하도록 기회를 열어준다. 그것이 바로 예수 그리스도를 닮아가는 삶이기 때문이다.

내가 하나님을 알고, 하나님이 나를 아는 그런 기도야말로 원하는 것을 구하는 기도이며, 하나님에게서 받은 복에 대해 감사하는 기도가 참된 열정의 근원이 된다는 걸 알기 때문이다. 그러므로 기도는 하나님께 자신을 더 깊이 내어드리는 통로인 것이다. 그러므로 용서는 필수이다.

응답 받는 기도의 또 하나의 요소는 믿음이다. "하나님께 나아가는 자는 반드시 그가 계신 것과 또한 그가 자기를 찾는 자들에게 상 주시는 이심을 믿어야 할지니라."(히브리서 11:6) 예수께서 그의 제자들에게 말씀하시기를 "무엇이든지 기도하고 구하는 것은 받은 줄로 믿으라 그리하면 너희에게 그대로 되리라"(마가복음 11:24)고 하셨다. 하나님께 간청하는 능력은 하나님과 맺는 관계의 깊이, 즉 믿음에 달려 있다.

믿음을 가지기 전에 의심과 두려움에 사로잡혀 있다면, 우리가 알 수 없는 모든 것을 스스로 해결하려고 한다면, 불안은 더욱 커지고 깊어질 뿐이다. 그러나 만일 나약하고 무력한 상태로 문제를 고백한다면 무한하신 지식을 가지고 모든 것을 다 아시며 창조하신 만물을 자기의 뜻과 말씀으로써 통치하시는 하나님께서는 그 부르짖음에 응답하실 것이다.

기도는 성령에 힘입어 영적 능력을 얻는 비결이다. 다른 어떠한 은혜의 수단이라도 이를 대신할 수 없다. 기도는 생명의 샘에 닿게 하여 신앙적 경험의 근육을 강화시킨다. 주님이 겟세마네 동산에서 기도의 본을 보이셨고, 〈주기도문〉을 통해 우리에게 기도를 가르쳐주셨듯이 모든 능력은 기도에서 비롯되며 기도의 통로를 허락하신 귀한 은혜를 잊어서는 안 될 것이다.

그러므로 우리의 기도 생활에도 하나님과 바른 관계를 맺기 위해서는 바른 질문^{right question}이 필요하다. 나를 향한 하나님의 뜻을 찾기 전에 하나님의 뜻에 우선순위를 두고 하나님의 세미細微한 음성에 귀를 기울이기 시작할 때 우리의 기도에 응답하시는 하나님을 경험하게 될 것이다.

○ 성경 연구

하나님의 특별한 선물, 성경

성경이 쓰인 목적은 "예수께서 하나님의 아들 그리스도이심을 믿게 하려 함이요 또 너희로 믿고 그 이름을 힘입어 생명을 얻게 하려"(요한복음 20:31)는 것이다. 하나님이 누구시고, 예수님이 누구이며, 그리스도가 우리의 구세주임을 알 수 있다. 하나님, 예수 그리스도, 인간의 상호관계, 예수님의 생애와 말씀과 행적을 통한 가르침을 담고 있는 것이다.

성령의 영감으로 기록된 성경은 기원전 10세기부터 기원후 1세기까지 1,000년 이상의 시간 동안 쓰인 것으로, 구약성경과 신약성경으로 나뉘어져 있다. 성경의 기자들은 하나님의 뜻에 따라 기록했으며, 구원의 역사를 이루려는 데 목적이 있다. 구약성경은 모두 39권으로 이루어져 있으며, 내용에 따라 모세 오경(5권), 역사서(12권), 시서·지혜문학(6권), 대선지서·소선지서(16권) 등으로 나누어져 있다. 신약성경은 '새 언약'이라는 뜻으로 이 '새 언약'이란 예수 그리스도의 십자가의 피를 통한 구원의 약속을 말한다.

신약성경은 모두 27권으로 복음서는 〈마태복음〉, 〈마가복음〉, 〈누가복음〉, 〈요한복음〉이며, 예수님의 생애와 부활, 말씀과 행적이 기록되어 있다. 그리고 초대 공동체적 삶과 제자들의 행적을 기록한 〈사도행전〉, 제자들이 초대 그리스도교 공동체들에 보낸 편지인 서신서, 〈요한계시록〉으로 구성되어 있다.

성경은 하나님의 특별한 선물로 〈디모데후서〉의 증거에서 알 수 있듯이 "교훈과 책망과 바르게 함과 의"(3:16)로 교육하기에 가장 유익하다고 할 수 있다. 존 웨슬리John Wesley는 성경은 모든 신학의 원천이며, 최고의 권위와 유일한 표준이라고 믿었으며, 그의 모든 신학은 성경에서 나왔고 성경에 근거했다. 그러므로 존 웨슬리의 글들은 모두 신구약성경의 인용으로 가득 차 있다.[5]

성경은 하나님 말씀이다. 이것이 우리가 알아야 할 최고의 사실이다. 그러나 우리의 힘으로 하나님을 알 수 없다. 하나님께서는 그가 지으신 사물들 속에 자기 자신을 계시하신다고 했으며, 하나님의 도우심과 인도하심이 있을 때 가능한 일이다.

> 창세로부터 그의 보이지 아니하는 것들 곧 그의 영원하신 능력과 신성이 그가 만드신 만물에 분명히 보여 알려졌나니. 로마서 1:20

또한 하나님의 전지전능하심보다 먼저 알아야 할 것은 우리가 죄인이라는 것이다. 따라서 우리는 구원하시는 하나님의 선하심과 구원하시기 위해 어떠한 사건이 있었는지 알아야 하는 것이 성경의 핵심이라고 할 것이다. 성경은 우리에게 구원의 길을 제시한다. 예수 그리스도의 삶

---

[5] 김진두, 《우리의 교리 : 초기 감리교 교리 연구》, 감신, 2003, p.30.

▌**존 웨슬리** 영국의 종교개혁자이자 신학자로 감리교를 창시했다. 그는 영국 성공회 주교 S. 웨슬리의 아들이며, 학생신앙단체 '신성클럽'의 메서디스트운동에 참여했다. 사람들에게 종교적 체험과 성결한 생활을 역설하며 대규모의 신앙운동을 전개했으며, 이 운동이 그가 죽은 뒤 메서디스트(감리교) 교회로 정착되었다.

과 부활에서 명확하게 나타나 있다. 우리 스스로 그 길을 발견할 수 없으며, 하나님께서 우리에게 말씀하셔야 하는데, 바로 성경이 그것이다.

구약성경과 신약성경

성경은 성령의 감동하심을 입은 사람들이 하나님의 계시를 받아 그대로 기록한 것으로 "예언은 언제든지 사람의 뜻으로 낸 것이 아니요 오직 성령의 감동하심을 받은 사람들이 하나님께 받아 말한 것임이니라"(베드로후서 1:21)고 했다. 성경은 마치 거대한 퍼즐과 같다. 3개 대륙에서 기원전 1500년경부터 기원후 100년경까지 1,600여 년의 오랜 세월에 걸쳐 다양한 신분과 계층의 기자들에 의해 기록되었다.

그렇지만 66권의 성경은 서로 다른 주제와 이야기를 담고 있는 듯하나, 전체가 하나의 주제 가운데 유기적으로 조화를 이루고 있다. 신약성경 기자들은 '기록되었으되'라는 말을 사용한다. 구약성경에 기록되었다는 것으로 모든 논란을 매듭짓는 것이다. 최초의 기독교 설교는 구약성경의 내용이다. 성령의 강림하심도 구약성경에 근거하며(사도행전 2:17~21), 그리스도의 부활의 메시지(사도행전 2:25~28, 13:33~37)도 마찬가지이다. 그리스도의 십자가의 의미도 구약성경에서 제시했던 것이다(고린도전서 15:3).

그래서 일부에서는 신약성경이 성경 기자들의 기록이라고 하지만 구약성경에 덧붙였다고 표현하기도 한다. 그러나 성경 기자들의 권위는 예수님의 말씀에서 찾을 수 있다. 예수님이 직접 기록하신 내용은 없으나, 예수님께서 친히 그들에게 명령을 주신 사실에서 신뢰해야 하는 것이다. 성부 하나님께서 성자인 예수님을 세상에 보내신 것처럼, 예수님도 그들을 세상에 보내셨고(요한복음 17:18), 성령께서 인도하신 것이다(요한복음 16:13). 사도 이후 시대의 로마 감독이었던 클레멘트 Clement of Rome는 기원후 95년경 고린도 교회에 보낸 편지에서 다음과 같이 전하고 있다.

> 사도들은 주 예수 그리스도에게서 복음을 받아 우리에게 전해주었고, 예수 그리스도는 하나님께로부터 보내심을 받았다. 그러므로 그리스도는 하나님께로부터 말미암은 자요, 사도들은 그리스도로부터 말미암은 자들이다.

사도들은 바로 이러한 권위에 근거하여 오늘날 신약성경에 해당하는 기록을 할 수 있었던 것이다. 그들은 예수님께서 약속하신 성령의 감동으로 성경을 직접 기록할 수 있는 사명을 받았다. 신약성경에는 '새 언약'이라는 단어가 5번 가량 나타난다. 새 언약은 각 종족과 언어와 민족과 나라에 속한 모든 사람들 중에 그리스도께서 베푸시는 구원을 믿음으로 받아들이는 사람들이 바로 그 새 언약에 해당한다고 할 것이다. 믿는 자들은 하나님의 택하신 백성, 즉 공동체의 일원이 되며, 하나님과의 깊은 교제에 들어가는 것이다.

그러므로 구약과 신약 즉 '옛 언약'과 '새 언약'이라는 명칭은 처음에는 하나님께서 사람들과의 특별한 관계를 지칭하는 뜻으로 사용되었으나, 후에는 그런 관계들의 조건들이 제시되어 있는 '성경'을 지칭하게 되었다.

성경을 묵상하며 그리스도인으로 산다는 것

성경은 하나님에게서 오는 메시지이다. 그러므로 하나님 말씀에 순종하는 것이야말로 완전한 자유를 의미한다. 시대를 초월하여 끊임없이 새로운 변화를 주시며, 하나님께서 친히 우리의 삶 속에 역사하시는 말씀이기 때문이다. 그러므로 성경을 읽고 묵상한다는 것은 하나님을 만나서 교제하는 것을 의미하며 하나님을 알아가는 것이다. 켄 가이어 Ken Gire 는 이에 대해 이렇게 말한다.

> 하나님은 나와 단순히 인격적 관계만 원하시는 것이 아니라 친밀한 관계를 원하신다. 그래서 나는 성경을 읽을 때 그분을 찾아 읽는다.[6]

이를테면 하나님의 모습, 의도, 생각, 섭리, 마음 등을 말한다. 하나님께서 직접 밝힌 부분도 있으나 말씀이나 사건이나 인물을 통하여 전하기도 한다. 하나님께 초점을 맞추어 말씀을 묵상하다 보면, 하나님에 대

---

6 켄 가이어, 윤종석 옮김, 《영혼의 창》, 두란노, 2002, p.282.

한 인식이 구체화되고 감동과 감격이 일어난다. 내적 변화인 것이다. 죄를 고백하고, 두려움이나 염려를 내려놓으며, 미움이나 분노에서 사랑과 용서하는 마음이 점점 자라게 된다. 치유와 회복의 역사를 말하는 것이다.

그러므로 성경을 읽은 다음, 말씀에 대해 자기 자신과 이야기하는 것이 우선되어야 한다. 음식을 소화해야 우리 몸에 유익한 것같이, 묵상을 통해 하나님의 뜻과 인도하심을 발견하고 나에게 적용해야 할 것이다. 여기에 겸손과 순종의 과정이 필요하다. 묵상은 마음과 정신을 하나님께 몰입하여 하나님과 관계된 모든 일에 지적知的인 행위와 의지가 결합되어 있다. 묵상의 주제로는 성경에서 전하고 있는 진리, 예수님의 행적, 교회의 가르침 등이 될 수 있다. 이러한 주제를 깊이 묵상함으로써, 하나님께서 우리에게 원하시는 바를 깨닫게 되어 하나님을 어떻게 사랑해야 할지 알게 되는 것이다. 즉, 묵상에는 하나님의 뜻을 알고 따르려는 열망과 의지와 결단이 포함되어 있다.

그러므로 가장 중요한 것은 하나님이 우리를 아무 조건 없이 사랑하셨다는 것을 아는 것이다. 하나님이 우리가 하는 행실이나 가진 조건과는 상관없이 무조건 사랑하셨다는 것을 알게 될 때, 하나님께 감사하는 생활이 될 수 있다. 묵상은 단지 부정적인 생각을 없애는 것 이상을 의미이며, 일상생활의 염려들에 성공적으로 대처하도록 한다. 더 나아가 표정과 눈빛, 언어와 삶의 태도에 이르기까지 변화된 삶을 가져온다. 사도 바울이 디모데에게 말한 내용을 묵상하며 그리스인의 삶, 성경적 태도에 대해 적용할 수 있을 것이다.

이 모든 일에 전심 전력하여 너의 성숙함을 모든 사람에게 나타나게 하라 네가 네 자신과 가르침을 살펴 이 일을 계속하라 이것을 행함으로 네 자신과 네게 듣는 자를 구원하리라. 디모데전서 4:15~16

말씀 묵상과 거룩한 독서

사람들은 거룩한 영성 생활을 위해 초대교부들부터 지금까지 영성을 위해 성경은 물론 영성에 관한 서적들을 읽으며 자신의 영성의 자리를 넓혀갔다. 이것을 가리켜 '거룩한 독서'(렉시오 디비나 Lectio Divina, Divine Reading)라고 한다. 이것을 위한 묵상 방법은 다음과 같다.

첫째는 렉시오 디비나 Lectio Divina 거룩한 독서 Devine Reading(말씀을 읽는 단계) 말씀 읽기. 마음의 눈으로 성경을 천천히 읽으라. 처음에는 소리내어 읽은 후 침묵으로 두세 번 읽으라. 이것은 마치 과일을 입에 넣는 것과 같다. 그리고 마음에 다가오는 말씀이나 구절에 집중하라.

둘째는 메디타시오 Meditatio 묵상 Meditation(자신을 성찰하는 단계) 말씀 묵상. 당신에게 다가오는 말씀을 받아들이라. 그리고 그 말씀을 통해 하나님께서 무엇을 말씀하시는지 그 말씀을 씹고 되새김질해 보라. 깨달음이 있는지 1~2분간 침묵으로 묵상하면서 자신의 모습을 성찰해보라. 이 단계는 과일을 이로 잘게 씹는 것과 비슷하다.

셋째는 오라시오 Oratio 입기도 Oral Prayer(하나님께 응답하는 단계) 마음의 기도. 그 말씀이 당신을 인도하고 당신을 위해 기도하도록 당신을 말씀에 맡겨보라. 감사, 찬양, 고백, 간구의 기도를 하면서 말씀과 더불어 하나님께서 들려주시는 말씀을 듣기도 하는 단계이다. 이 단계는 과일의 맛을 느끼면서 맛있게 삼키는 것과 비슷하다.

넷째는 컨템프라시오Contempratio 침묵Contemplation(하나님 안에서 쉬는 단계) 관상기도. 이제는 침묵 가운데 그 말씀의 분위기 속에서 하나님의 현존을 느껴보라. 그리고 말씀을 통해 은밀하게 들여오는 하나님의 음성을 마음의 귀로 들으라. 당신의 전 존재를 맡기고 그 말씀 안에서 편히 쉬라. 이 단계는 과일을 삼키고 난 후에 그 향을 음미하는 단계이다.

이 묵상을 위한 거룩한 독서는 우리들의 영성의 자리인 섬김의 자리로 안내하는 길을 제공하게 될 것이다.[7]

O 교회 공동체

공동체의 모델, 초대교회 예루살렘 공동체

'교통'이란 말인 'Communion'은 헬라어의 'koinonia'(코이노니아)[8]에서 나온 말이며, 'koinonia'는 공동체Community의 어원이다. 공동체의 의미는 같은 목적과 비전을 가진 사람들의 모임을 의미한다. 16세기 종교개혁가들은 교회의 본질을 '성도의 교통communion of saints'이라고 고백했다. 성도의 교통이란 '그리스도인들이 하나된 모임'을 의미한다. 기독교 공동체는 하나님 사랑과 이웃 사랑의 연결점이며 하나님 사랑을 깨달은 사람들이 모여서 이웃 사랑을 실천하는 모임을 말한다.[9]

......

7 권희순, 《웨슬리 영성수련 프로그램》, KMC, 2006.
8 코이노니아는 협동이나 친교를 뜻하는 그리스어를 영국식으로 표기한 말이다. 신약성경에서 자주 쓰이는데, 그리스도 초대교회의 관계를 말해주고 있다. 그 결과 이 단어는 그리스도를 믿는 사람들의 협동과 모임을 말하는 그리스도인 집단이나 존재해야 하는 친교나 모임의 이상적인 상태에서 자주 쓰인다.

전통적으로 기독교 공동체의 형태는 크게 3가지로 나눌 수 있는데, 수도 공동체와 생활 공동체와 공동체 교회이다. 수도 공동체는 집단 공동생활의 형태를 띠고 있다. 생활 공동체는 평범한 가정들로 이루어진 공동체인데, 한 곳에 모여 살아가는 집단생활 공동체 형태와 도시 내에서 각 가정별로 따로 살지만 보다 긴밀한 유대와 헌신을 통해 공동체를 형성해 살아가는 도시 공동체 형태가 있다.[10]

공동체 교회community church는 교회가 본질상 이미 공동체였으나 관념상의 공동체가 아니다. 온전한 코이노니아의 구현과 교회 내에 구체적인 공동생활 그룹이나 지역 사회의 고통당하는 이웃과 함께하는 공동체적 사역을 통해 철저한 제자도가 실천되고 공동체성이 분명히 구현되는 교회를 말한다. 그러나 지역 중에서는 교회 내에 부분적인 공동생활 그룹이나 공동체성을 실천하기 위한 어떤 특별한 사역을 갖고 있지는 않지만 공동체로서 교회를 구현하고 있는 경우들도 많다.[11]

17세기 경건주의 운동에 나타난 '교회 속의 작은 교회ecclesiolae in ecclesia' 추구가 바로 지역 교회 속에서 공동체를 추구하는 형태와 같은 경우라고 할 수 있다. 교회사에서 기독교의 본질을 추구한 공동체 운동은 종교개혁 이전까지는 주로 제도권 교회 밖에서 일어났으며, 경건주의 운동 이후 주로 제도권 교회 내에서 일어났다.

공동체의 모델은 초대교회의 예루살렘 공동체이다. 예루살렘 공동

......
9 김현진, 《공동체 신학》, 예영커뮤니케이션, 1998, p.56~57.
10 김현진, 〈공동체는 교회와 복음의 본질〉, 《빛과소금》, 1991년 12월호.
11 신용하 편, 《공동체 이론》, 문학과지성사, 1985, pp.18~49.

체는 예수님의 제자들이 포함된 120문도와 그들의 전도로 회개한 1만여 명의 공동체 회원들이 있었다. 그들은 재산을 유무상통有無相通하는 재산 공동체를 실시했다. 그들은 한 집에 모여 사는 형태가 아니라 각자 자신들의 집에서 살면서 성령의 역사로 자연스럽게 물질과 영육 간의 교제를 나누었다. 즉, 예루살렘 도시 전체에 걸쳐 형성된 도시 공동체 형태였다.

이러한 초대교회의 예루살렘 공동체의 삶은 이후 모든 그리스도인 공동체의 모델이 되었다. 그러므로 공동체란 교회의 본질이며 산상수훈의 철저한 제자도를 구현하는 삶의 실천방식이다. 성경을 살펴보면 〈사도행전〉 2장과 4장 이후에도 초대교회 공동체의 역사가 여러 방면으로 지속되었다는 것을 알 수 있다. 모든 것을 공동으로 소유하고 각 사람의 필요를 따라 나누어 그 중에 가난한 사람이 없게 되는 획기적인 공동체가 형성되었다. 그것은 가진 것을 이웃과 나누고자 하는 태도의 변화였다.

바울은 로마에 있는 교회 성도들에게 "성도들의 쓸 것을 공급하고 손 대접하기를 힘써라"(로마서 12:13)고 말한다. 여기서 '공급'은 코이노니아이다. 함께 나누어 사용할 수 있다는 의미를 담고 있다. 그러므로 참된 기독교 공동체의 공동체성이란 "성령의 역사로 교회 내적으로는 영적·정신적인 교제뿐 아니라 물질까지도 나누어 구성원들이 실제적인 한 몸이 되고, 교회 외적으로는 고통당하는 이웃의 필요와 요구에 동참하여 그들과 더불어 함께하는 공동체"가 되어야 한다.[12]

......
12 김현진, 《공동체 신학》, 예영커뮤니케이션, 1998, p.411.

▍〈슬퍼하는 베드로〉(엘 그레코, 1605년) 베드로는 열과 성을 다해 기도를 드렸다. 그런 그의 모습은 지극히 인간적이라고 할 수 있다.

누구나 하나님의 백성이 될 수 있다

하나님을 예배하기 위해 불러냄을 받은 사람들의 모임이 교회이다. 교회에 대한 성경적 의미는 "그리스도 안에서 예배하고 기도하며 하나님 말씀을 공부하고 또 예식인 세례와 성찬 등을 지키기 위해 모인 성도들의 무리"이며, 그리스도인이라고 불리는 사람들이 모여 '교회 즉 영적 공동체가 되는 것'이다.

신약적 의미의 교회는 사도들에 의해서 세워졌으며, 예수께서 부활하고 승천하신 후 그가 우리의 죄 때문에 돌아가신 우리의 구세주라는 사실을 증거한 예수님의 제자들에 의해서 예루살렘교회와 안디옥교회가 생겨난 것이 교회의 시작이다. 이후 사도 바울의 선교에 의해서 교회가 소아시아와 로마, 전 세계로 퍼져나가게 된 것이다. 예수께서는 베드로의 "주는 그리스도시요 살아 계신 하나님의 아들이"(마태복음 16:16)라는 신앙고백 위에 그의 교회를 세우시겠다고 하셨다.

포도나무 가지가 여러 방향으로 뻗어 있으나, 한 그루에서 나온 것처럼 교회는 전 세계에 흩어져 있다고 하더라도 예수 그리스도에서 나온 것이므로 교회는 하나이다. 이 하나된 교회의 머리는 예수 그리스도이시고 교회는 그의 몸이며, 성도들은 예수님의 지체로서 한 형제이며 자매이다.

교회는 하나님의 택하신 백성들의 모임이며 이에 대해 하나님은 거룩하다고 하셨다. 그러므로 교회는 세상과는 구별된 모습이어야 하며, 성도들은 모두 하나님을 모신 성전이므로 그들을 구원하시고 그들에게 거룩한 삶을 살도록 하여 예수님을 드러내도록 한 것이다. 교회 안에는 어떠한 차별도 존재하지 않는다. 인종이나 국적이나 신분의 차이도 없으며, 오직 죄인임을 고백하고 하나님을 예배하는 곳이다. 그러므로 누구나 교인이 될 수 있으며 하나님의 백성이 될 수 있다.

○ 소명

소명은 하나님의 부름에 응답하는 것이다

소명 Calling이란 '부르다, 소집하다'라는 의미를 가진 라틴어 '보카레 Vocare'에서 유래되었다. 부름 받은 사람은 부름 받은 소명을 성취하기 위해 꾸준히 자신을 성숙시키며 최선을 다해 노력해야 한다. 기독교적 소명이란 그리스도를 통해 허락하신 구속의 은총을 나누기 위해 사람들을 초청하는 하나님의 은혜로운 행위이며, 하나님께서 구원받은 이에게 어떤 직분이나 일, 즉 사명을 맡기시기 위해 부르는 행위이다.

특히 서번트 리더가 되기 위해서는 가장 먼저 소명의식이 필요하다. 남을 나보다 낮게 여기고 남을 섬기기 위해서는 신앙적인 차원이 아니면 감당할 수 없다. 하나님의 부름에 대한 고백이 있을 때 내 처지가 아닌 상대방의 마음에서 바라보게 되고, 희생할 수 있는 것이다. 소명은 무엇보다 부름의 주체가 바로 하나님이며 또한 하나님의 부름은 그분이 소명 받은 자를 선택하셨고 그에게 중요한 임무를 감당케 하셨다. 그러므로 소명은 우리로 하여금 하나님께 헌신하게 하며 청지기 의식을 갖게 한다.

특히 소명은 우리를 선택하시고 사랑하심과 아울러 사명을 부여하는 것이다. 동시에 하나님의 도움과 인도하심, 축복에 대한 의도가 내재되어 있다. 그러므로 하나님께 부름을 입는다는 것은 희생을 요구하는 게 아니라 거룩한 하나님의 기쁨에 참여케 하는 영광된 초대인 것이다. 하나님이 우리를 부르셨기에, 우리의 존재·행위·소유가 헌신과 역동으로 하나님의 부름에 응답하여 하나님을 섬기는 데 투자된다. 우리가 꼭 기억해야 할 것은 소명은 부름의 주체가 하나님이라는 것이다. 또한 소명을 받은 자는 그에 합당한 사명을 가지고 헌신해야 하는 것이다.

세이비어교회에서는 한 사람이 신앙생활을 시작하는 과정에서 소명을 깨닫는 것에 가장 우선순위를 둔다. 따라서 사역에 종사하는 대부분의 사람들이 소명을 깨닫고 받은 소명이 양육되고 지속되고 체험될 때 일생을 부름 받은 소명에 헌신하는 것을 보게 된다. 한평생 사는 동안 인간의 존재 이유와 근원 등 인간으로서 가장 본질적인 문제에 대해 알지 못하고 생을 마치는 경우가 허다한 것을 보게 된다. 이러한 근본적인 물음에 대한 답을 알지 못하고 살아가는 인생들에게 교회를 통해 인간의 본질적인 방향을 제시해주고 이끌어주는 것은 매우 중요하다.

소명은 부름이며, 부름의 은혜에 올바르게 응답하는 것이다. 이것이 바로 신앙생활이다. 더불어 이는 개인적 차원에서만이 아니라, 공동체의 차원에서 더욱 그러하다. 공동체가 맞서는 수많은 사건들과 선택들 속에서 이미 자신의 소명을 붙들고 선택한다는 것은 말처럼 쉬운 일은 아니다. 그러나 이 소명은 과거에 한 번 생기고 완성되는 것은 아니다. 정지되어 있고, 고정되어 있는 정태적 소명이 아니라, 관계적으로 응답하게 하시는 역동적 소명이다. 하나님은 당신께서 이루시는 새로운 창조에 우리와 동반자가 되기를 원하신다. 하나님은 과거에 우리를 부르셨고, 지금도 부르시고, 미래에도 그렇게 우리를 부르실 것이기 때문이다.

성경 속에 소명 받은 사람들
하나님의 부름에 응답한다는 것에 대해 의견이 분분하다. 보통 음성, 환상, 꿈 등 그밖의 것들에 대해 소명을 이야기하는 경우를 말한다. 그러나 어떠한 경우라도 하나님의 뜻은 하나님을 사모하는 심령에 직접적이고 확실하게 전달된다는 것이다. 내적 경험을 말한다. 그러므로 내적 경험이 없는 소명은 실천하는 데 어려움이 따른다. 성경 속 인물들의 내적 경험을 살펴보면 다음과 같다.

모세는 그가 자신의 동족인 히브리인을 괴롭히는 이집트 사람을 죽인 후 미디안 광야로 도망친 후 거기서 살며 양을 치다가 불꽃이 붙어도 타지 않는 떨기나무가 신기하여 가까이 가 보려다 하나님과 만나게 되었다. 선지자인 이사야는 하나님이 누가 나를 위해 갈 것인가 말하셨을 때 나를 보내달라고 하고, 그는 곧 이스라엘과 유다를 향해 하나님의 말씀을 선포할 수 있었다.

예레미야는 하나님이 "내가 너를 모태에 짓기 전에 너를 알았"(예레미야 1:5)다고 말씀하신 선지자이다. 그리하여 그는 자신의 동족을 향해 심판의 경고를 외쳐야 하는 소명을 감당하게 된다. 베드로는 예수님이 직접 택하신 12제자 중 한 사람이다. 어부인 그에게 예수님께서 나를 따

▎〈에스겔의 환상〉(라파엘로, 1518년) 예수님과 네 복음서의 기자인 마태(사람), 마가(사자), 요한(독수리), 누가(수소)가 하늘에 떠 있다.

르라고 말씀하셨을 때 그물을 버리고 순종했다. 곧 예수님께서는 그에게 "내가 너희를 사람을 낚는 어부가 되게 하리라"(마태복음 4:19)고 소명을 주셨다.

요한도 베드로와 마찬가지로 어부였으나 예수님이 주신 소명에 따라 아버지를 버리고 예수님을 좇아 사는 삶을 선택하고 순종했다. 마태는 로마의 앞잡이로 유대인들이 경멸하는 세리였으나, 예수님이 주시는 소명에 순종하던 12제자 중 한 사람이다. 예수를 믿는 자들을 핍박하던 바울은 다메섹에 있는 성도들을 잡아들이기 위해 가다가 예수님을 만나고, 이방인에게 복음을 전하는 위대한 선교사가 되었다.

우리는 하나님께서 우리에게 주신 소명을 확신하고, 그것을 위해 기도하며 준비해야 한다. 우리가 준비되어 있지 않은 헌신자라면 하나님을 위해 아무것도 할 수 없을 것이다. 어떤 사역을 하든 그것이 중요한 것이 아니라 우리는 우리가 받은 소명과 사명을 위해 준비하며 계획해야 한다. 하나님의 영광을 위해 드러내야 한다.

초대교회가 보여준 소명

초대교회의 특징 중 하나는 영적 코이노니아이다. 성령을 받고 변화된 리더들과 성도들이 모진 핍박 가운데에서 굴하지 않았던 것은 깊은 영적 코이노니아가 원동력이 되었기 때문이다. 이처럼 초대교회의 영적 코이노니아가 잘 이루어졌던 것은 교회를 세우시는 성령의 역사로 말미암은 것이었으며, 특히 교회 설립의 기점이 된 오순절 성령 강림을 경험한 성도들이 중심이 되었기 때문이라고 할 수 있다.

성경에 기록된 성령은 바람과도 같은 소리와 불의 혀처럼 갈라지는 것같이 임했다고 했다. 이것은 '계시적 신현revelational theophany'으로, 상징적인 의미를 지닌다. 이때 다락방에 모인 사람들이 성령의 충만함을 받았다는 것은 성령께서 마음과 인격을 전체적으로 소유한 상태로 자연적인 성령의 은사나 능력을 받았다는 의미를 함축하고 있다. 이때 성령 충만을 체험한 제자들과 무리들은 이전에 그들이 살았던 모습과는 판이하게 변화된다. 그들의 삶 가운데 놀라운 혁명이 일어나 생활 속에서 그리스도의 미덕을 나타내 사랑 공동체의 기초를 닦고, 하나님이 주시는 각양 은사를 잘 활용하여 교회의 몸을 세우는 데 공헌했다.

교회의 존재 목적 가운데 중요한 하나는 우리 안에 있는 은사를 발견하여 사역하는 것을 돕는 것이다. 하나님께서는 우리 한 사람 한 사람에게 저마다 특별한 능력을 부여했다. 그 능력은 놀랍고 고유한 것으로 교회에서 반드시 필요한 존재로 쓰임을 받는다. 성령께서는 그리스도의 몸을 세우기 위해 우리에게 다양한 은사를 주셨기 때문이다.[13]

------

13 유성준, 《세이비어교회 실천편》, 평단문화사, 2006, pp.243~246.

오순절날의 다락방 풍경
독일 쾰른 대성당의 스테인드글라스의 그림이다. 예수님의 부활 후 50일째 되는 날 마가의 다락방에서 일어난 성령 강림을 묘사했다.

그러므로 교회는 개인이 은사를 발견하고 계발하도록 도와야 한다. 사도 바울은 은사의 다양성에 대해 "각 사람에게 성령을 나타내심은 유익하게 하려 하심이라"(고린도전서 12:7)고 했으며, "이 모든 일은 같은 한 성령이 행하사 그의 뜻대로 각 사람에게 나누어 주신 것이니라"(고린도전서 12:11)고 했다. 이는 성령께서 주시는 은사가 모호하거나 일반적인 것이 아니며 개인에게 알맞은 능력이며 교회 공동체의 선을 위해 사용된다는 것을 알 수 있다.

〈출애굽기〉를 중심으로 살펴본 모세의 소명

모세의 생애를 보면 모세의 소명이 어떻게 양육되고 깊어지고 지속되고 발전되었는지 알 수 있다. 결국 〈출애굽기〉 3장과 4장에 이르러 모세는 소명에 응답하는 것을 보게 된다. 한 사람이 헌신된 그리스도인이 되는 데 가장 중요한 우선순위는 소명이다. 그러므로 소명에 대한 인식이 중

요한데 다음과 같이 살펴보고자 한다.[14]

- 모든 사람은 하나님께 귀한 자이며, 그리고 무제한적으로 사랑받는 존재이다.
- 모든 사람은 하나님의 사랑을 깨닫고 그 사랑을 전하는 도구로서 잠재력을 갖고 있다.
- 하나님은 각 사람에게 그만이 고유한 소명을 주셨다. 그것이 그만이 갖는 특별한 하나님의 소명이며, 그것을 깨닫고 나누는 삶이 소명을 이루는 삶이다.

1) 소명을 깨달으려면 인류를 향한 구원 경륜을 가진 하나님을 깨달아야 한다.

〈출애굽기〉 3장에 보면, 나이 여든 살의 모세는 비로소 떨기나무 불꽃 가운데 나타나신 하나님을 경험한다. 하나님은 광야에서 양을 치고 있는 모세에게 찾아오셨고, 하나님은 지금도 그처럼 일하신다. 그렇기 때문에 하나님을 경험하기 위해서는 하나님의 뜻에 초점을 맞추는 것이 대단히 중요하다.

우리는 하나님의 뜻을 깨닫고 그 뜻대로 따라가기만 하면 하나님을 경험하게 된다. 내 뜻과 내 주관대로 하기 때문에 하나님의 부름을 깨닫지 못하는 것이다. 따라서 내 중심에서 하나님 중심으로 인생관이 전환되어야 한다. 인본주의에서 신본주의로 바뀌어야 한다.

......
14 유성준, 《세이비어교회 실천편》, 평단문화사, 2006, p.192.

성경에 대표적인 인본주의와 신본주의의 예가 사울과 다윗이다. 사울왕은 인간적으로 볼 때는 훌륭한 사람이었다. 효자였고 겸손하고 온유한 사람이었지만 그는 바탕이 인본주의자였다. 그는 하나님께 초점을 맞추지 않고, 자기의 필요를 따라 하나님을 섬긴 사람이었다. 결정적일 때 하나님의 뜻을 따르지 않았으며, 하나님의 뜻을 알면서도 일생동안 다윗을 죽이려고 쫓아다녔다. 오늘날, 하나님의 뜻을 알고도 자기에게 손해가 될까봐 결정적인 순간에 인본주의로 사는 많은 사람들이 있음을 쉽게 찾아볼 수 있을 것이다.

반면 다윗은 인간적으로 볼 때 사울보다 나을 것이 없는 사람이었다. 한때는 살인죄, 간음죄까지 지은 죄인이기도 하다. 그러나 그는 바탕이 신본주의자인 것을 발견할 수 있었다. 신본주의는 인생의 어떤 상황에서도 "나는 하나님 없이 인생을 살 수 없다"는 것을 깨닫는 것이다. 하나님의 부름을 경험하는 소명의 첫 번째 단계는 하나님이 지금도 일하고 계시다는 것을 인식하고 사는 것이다. 이것이 신앙생활의 출발점이라고 해도 과언이 아니다.

2) 하나님의 부름을 경험하기 위해서는 하나님과의 관계가 이루어져야 한다.
신앙생활에서 가장 중요한 것은 '관계'이다. 첫 번째는 하나님과의 관계이고, 두 번째는 이웃과의 사랑의 관계이다(마태복음 22:37~40). 하나님과 나의 관계가 어떤지 자로 재는 것처럼 잴 수 있으며, 나와 하나님의 관계와 내 가족 또는 내 친구의 관계와 비교해볼 수 있다. 어느 관계가 더 친밀한가, 누가 더 가까운가?

야곱의 생애를 살펴보면 그가 아버지 이삭의 집에 있을 때는 하나님은 할아버지 아브라함의 하나님, 아버지 이삭의 하나님이었고, 가나안 지경에 계신 하나님이었다. 그런 그가 처음으로 하나님을 '나의 하나님'으로 경험한 것은 그의 인생의 절체절명의 위기 때였다. 아버지와 형을 속이고 하란으로 도망가 광야에서 돌베개를 베고 잘 때 하나님이 꿈에 나타나시고 처음으로 그와 함께하시는 하나님을 경험한다. 〈창세기〉 28장 16절에 보면 "야곱이 잠이 깨어 이르되 여호와께서 과연 여기 계시거늘 내가 알지 못하였도다"고 했다. 그리고 그곳에 제단을 쌓고 기름을 붓고 하나님께 예배드린 야곱이었다. 야곱의 생애에 아버지의 하나님이 이곳에도 계시고 하나님이 나의 하나님으로 고백되는 순간이다.

하나님은 사랑의 하나님이시고 좋으신 하나님이시고 그 하나님이 전지하고 전능하시고 무소부재하시고, 그 하나님이 나의 아버지라고 믿는다면 어떤 문제 가운데서도 우리는 염려 없이 소명에 헌신하는 삶을 살 수 있을 것이다. 물론 우리가 육신을 입고 있기 때문에 염려되는 일들이 많지만, 그때마다 하나님과 올바른 관계를 가지고 하나님께 맡기는 것이 중요하다.

3) 하나님은 관계를 맺은 후 하나님의 일에 하나님의 사람을 부르신다.
〈출애굽기〉 3장에 보면 이스라엘을 애굽에서 구원하실 때도 하나님은 먼저 모세에게 오셔서 그를 초청하신다. "내가 애굽에 있는 내 백성의 고통을 분명히 보고 그들이 그들의 감독자로 말미암아 부르짖음을 듣고 그 근심을 알고 내가 내려가서 그들을 애굽인의 손에서 건져내고 그들을 그 땅에서 인도하여 아름답고 광대한 땅, 젖과 꿀이 흐르는 땅 곧 가나안 족속, 헷 족속, 아모리 족속, 브리스 족속, 히위 족속, 여부스 족속의 지방에 데려가려 하노라"(출애굽기 3:7~8)고 했다.

여기서 중요한 것은 역사는 하나님이 하시고 모세가 하나님의 부름에 응답하기만 하면 된다는 사실이다. 오늘날도 하나님이 역사하고 계시고 우리는 하나님의 초청에 응답하기만 하면 믿음의 역사를 체험할 수 있는 것이다.

노아 시대, 홍수의 심판 때 하나님은 방주를 예비하셨다. 모세 시대 때에도 모세와 시내산 언약을 맺으셨으며, 언약백성이 지켜야 될 계명을 주시고 계명을 어길 때 그 문제를 해결하기 위해 성막설계도를 예비했다. 하나님은 지금도 하나님의 부름을 깨닫는 사람들을 초청하여 함께 일하기 원하신다.

4) 하나님은 하나님의 초청에 응답할 때 구체적으로 말씀하시기 시작한다.
하나님은 지금도 여러 방법으로 말씀하신다. 지금도 하나님은 현음(음성)이 아닐지라도 성경 말씀(기록된 말씀)과 설교 말씀(선포된 말씀)과 기도와 직관과 환경과 사람과 교회 공동체를 통해 말씀하신다. 정리해보면 소명을 이루는 삶을 살기 위해서는 하나님이 지금도 일하시는 것을 깨닫고 하나님의 뜻을 잘 분별하여 하나님의 뜻에 나를 맞추어야 한다. 그러므로 하나님의 부름을 경험하고 하나님과 깊은 관계를 맺기 위해서는 깊은 영성이 필요하다. 에이든 토저Aiden W. Tozer는 "초대교회는 성령의 역사가 없으면 교회의 95퍼센트가 마비되었다"고 했다. 그렇기 때문에 신본주의적 교회가 되기 위해서는 기도해야 한다.

5) 하나님의 부르심에 응답하여 하나님 말씀이 임할 때 갈등이 있다.

〈출애굽기〉 3장에 보면 모세에게 하나님의 말씀이 임할 때 모세는 매우 갈등하게 된다. "모세가 하나님께 아뢰되 내가 누구이기에 바로에게 가며 이스라엘 자손을 애굽에서 인도하여 내리이까."(출애굽기 3:11) 모세는 계속해서 5번이나 변명하기도 한다(출애굽기 3:11, 3:13, 4:1, 4:10, 4:13) "주여 보낼 만한 자를 보내소서"(출애굽기 4:13). 여호와께서 모세를 향해 노를 발하시고 아론을 붙여 주셨다. 모세는 그 아론 때문에 평생을 고생하게 된다.

예수님도 갈등하셨다. "한 알의 밀이 땅에 떨어져 죽지 아니하면 한 알 그대로 있고 죽으면 많은 열매를 맺느니라"(요한복음 12:24) 하셨지만, 정작 십자가의 고난 앞에서는 "지금 내 마음이 괴로우니 무슨 말을 하리요 아버지여 나를 구원하여 이 때를 면하게 하여 주옵소서 그러나 내가 이를 위하여 이 때에 왔나이다"(요한복음 12:27) 하셨고, 겟세마네 동산에서 기도하실 때도 "이 잔을 내게서 지나가게 하옵소서 그러나 나의 원대로 마옵시고 아버지의 원대로 하옵소서"(마태복음 26:39)라고 고백했다. 예수님도 갈등 가운데 기도하시며 아버지의 뜻에 순종하신 것을 알 수 있는 대목이다.

6) 하나님의 말씀을 믿음으로 순종할 때 소명을 이루는 역사를 체험할 수 있다.

벳세다 광야에서 5,000명을 먹일 때 빌립은 정확하게 음식 값을 계산했지만(200데나리온), 안드레는 예수님 말씀대로 순종했기에 '오병이어 五餠二魚'로 5,000명을 먹이는 기적을 체험하게 되었다(요한복음 6장). 하나님의 말씀이 임할 때 갈등이 있으나, 중요한 것은 나 자신을 말씀에 조정하는 것이 중요하다. 많은 사람들이 말씀을 듣고 내 뜻대로 재해석하기 때문에 믿음의 역사를 체험하지 못한다. 그러나 갈등이 올 때 조정하지 못하면 결코 하나님을 경험할 수 없게 된다.

하나님의 부름을 경험하고 믿음의 역사를 날마다 체험하기 위해서는 신앙생활의 바른 질문을 하는 것이 중요하다. 먼저 하나님의 뜻을 묻고 그 뜻에 나를 맞추는 것이 중요하다. 그러기 위해서는 지금도 주권적으로 역사하시는 하나님과 바른 관계를 맺어야 한다. 그리고 하나님이 초청하시고 하나님 말씀이 임할 때 때로는 갈등이 오더라도, 말씀에 자신을 조정하여 순종할 때 말씀이 능력이 되어 우리 삶에 역사하시는 하나님의 능력을 체험할 수 있다. 모세는 그의 전 생애를 통해 철저하게 하나님을 의뢰하는 삶을 살았으며, 생의 단계마다 하나님의 소명을 이루어 드리는 삶을 살아야 한다는 것을 깨달았다.

〇 공동체 안에서 자유롭게 되는 관계

바울의 선교 사역을 통해본 영적 코이노니아

오순절 성령의 임재를 함께 체험한 제자들과 무리들은 성령의 역사하심에 따라 공동체 의식을 갖게 되었고, 그러한 의식적 결속을 토대로 영적 코이노니아를 나누게 되었다. 이것은 곧 그리스도를 구심점으로 한 사랑의 교제이다.

예수님의 십자가와 부활을 체험한 초대교회 사도들은 예수님이 3년간의 공생애를 통해 몸으로 보여주신, 사랑의 행위인 섬김을 그대로 자신들의 삶과 사역에 적용했다. 코이노니아 공동체를 이루며 말씀을 증거하고, 가르치고, 섬기는 일에 헌신하게 된 것이다(사도행전 2:42~47).

그러므로 초대교회 공동체가 다양한 배경을 가진 사람들의 모임이지만, 유무상통하는 공동체였던 것처럼 서번트 리더십에서 덫이 있어서는 안 된다(사도행전 2:42~47). 공동체에서 자유로운 관계Mutually Liberating Relationships란 성도들이 소유의 유무에 상관없이 돕는 자와 도움을 받는 자가 자유스러운 관계를 유지할 때 가능하기 때문이다.

특별히 〈사도행전〉과 바울의 서신서에 나타난 내용을 정리하면, 바울은 복음 전도자의 정체성을 종, 즉 '서번트'로 표현하고 있다(로마서 1:1, 빌립보서 1:1, 디도서 1:1). 그는 그리스도의 종으로서 말씀의 가르침과 사랑의 헌신으로 이방인들에게 다가갔다. 바울이 선교 사역을 하는 동안 복음을 전하는 데 가장 많이 이용한 방식은 가르침의 사역을 통한 것이다. 이는 네 이웃을 네 몸처럼 사랑하라고 말씀하신 하나님의 계명을 따른 것이며, 공동체와 이웃을 향한 사랑이었다. 이처럼 하나님에 대한 사랑은 구체적인 이웃 사랑으로 연결되어야 한다. 사도들과 바울에게 적용되었던 말씀 선포와 훈련, 섬기는 행위와 영적인 교제는 참된 그리스도 공동체를 위한 본질인 것이다.

존 웨슬리는 참된 교회 공동체의 교제를 위해 소그룹 활동에 대해 말하고 있다. 소그룹을 통해 직고Accountability를 통해 서로의 삶을 나누며Sharing 돌보고Caring 함께 사역Ministering하며 교제를 나눈다.[15] 존 웨

---

[15] 직고란 "있는 그대로 서로 고한다"는 뜻이다. 소그룹이 1주간의 삶을 서로 고백하고 세워주고 기도해주는 것이다. 한상호, 《직고를 통한 소그룹 부흥》, 생명의말씀사, 2004, p.85~86.

슬리는 그리스도인에 이르는 성화의 길에는 여러 가지 통로들을 언급했다. 예수 그리스도께서 직접 우리에게 가르쳐 주신 기도, 성경 탐구, 성만찬, 금식 등과 함께 기독교적 모임, 신도회, 속회, 찬양대 등 신앙생활에 유익한 소그룹 활동과 이웃을 향한 구제 등이다.

그러므로 교회의 교육과 교제는 성도들의 영성을 형성시키는 중요한 성령의 도구들이다. 교회의 바른 교육은 바른 영성을 심어주고 거룩한 성도들과의 사귐은 거룩한 꿈을 갖게 하고 거룩한 삶을 사랑하게 만든다. 거룩한 성도들과의 사귐이 영성이 활성화되고 깊어지는 통로라는 점 역시 깊이 인식해야 한다.

진정한 교제는 하나님에서 시작되어야 한다

하나님과 교제하는 삶은 범사에 하나님과 함께하며, 하나님이 내 삶의 주인이 되어주시는 삶이다. 이것은 하나님의 하나님 되심을 경험할 때 더욱 가능하다. 그래야 우리의 삶을 하나님께 맡길 수 있으며, 더는 우리의 삶에 나의 의지와 지식 등에서 자유로울 수 있다. 하나님은 십자가에 그의 아들 예수 그리스도를 내어주어 수직적인 관계와 수평적인 관계, 자연과의 관계를 회복시켰다. 그러므로 인간관계가 좋지 못하면 자연과의 관계도 좋지 못하다.

하나님의 인격은 성령의 9가지 열매인데, 즉 사랑, 희락, 화평, 오래 참음, 자비, 양선, 충성, 온유, 절제인 것이다. 성령이 충만하다는 것은 우리의 인격이 하나님의 인격을 닮아가고자 할 때 가능하다. 사랑하는 사람과 오랜 시간 함께 나누고 섬길 때 서로 닮아간다고 하듯이, 우리가 하나님과의 깊은 교제를 나누다 보면 우리의 인격이 하나님의 인격을 닮아가는 것이다.

　누구든지 하나님을 사랑한다고 하면서 사람을 미워한다면 하나님의 사랑, 즉 하나님과의 관계가 올바르지 못하다는 것을 의미한다. 하나님과의 관계는 좋다고 자부한다면 이웃과의 관계, 가족과의 관계, 성도와의 관계도 좋아야 한다. 하나님과의 좋은 관계는 사람과의 좋은 관계로 드러내야 하기 때문이다.

　성도의 교제는 두 가지가 있다. 믿는 자와 믿지 않는 자의 관계이다. 사짓 믿는 자들과의 교세에 힘쓰고 믿지 않는 자를 외면할 때가 있다. 전도는 구별하지 않고 사랑으로 교제할 때 가능하다. 예수님은 하나님과의 관계를 잘 맺기 위해 하나님 중심적인 삶을 사셨고, 인간과의 관계를 위해 이웃을 섬기는 삶을 사셨다. 따라서 예수님은 관계 맺기의 모델이다. 관계를 바르게 하기 위해 자기를 부인하고 이웃과 공동체적인 삶으로 변화시켜야 한다.

디아코니아, 섬기며 봉사한다

교회의 사명 중 세상을 섬기는 봉사의 사명이 있다. '디아코니아Diakonia'의 본래 의미는 식사 때 시중 드는 행위를 뜻하는 것으로 서번트 리더십에 해당한다. 주인과 종이 뚜렷이 구분되는데, 식사 시중을 드는 것은 종의 역할이라고 말할 수 있다. 그러나 예수님의 관심사는 단순히 식사 중이나 부양과 생계를 돌보는 자선 행위에 그치지 않았으며, '남을 위하는 존재'에 더 큰 의미를 부여했다. "인자가 온 것은 섬김을 받으려 함이 아니라"(마태복음 20:28)고 하셨듯이 봉사와 섬김을 통해 복음 선포를 함으로써 그리스도의 사랑을 체험하게 하는 것이다.

그러기 위해서는 먼저 회개를 통해 죄에서 자유함을 얻어야 하며, 그리스도를 구주로 영접하여 성령으로 거듭나는 체험을 하는 것이 중요하다. 구원받은 성도는 점점 성숙해져서 그리스도의 온전하고 장성한 분량에 이르도록 양육받고 성장해야 한다. 이것이 성화의 과정이다. 개인적인 성화를 통해 사회적인 성화로 연계되며, 소외된 자·가난한 자·억눌린 자·고통당하는 자·병든 자들의 삶과 나누고 섬기는 손길이 되어야 할 것이다.

그러므로 기독교인은 신실해야 한다. 요셉은 보디발의 아내가 유혹할 때 그것을 받아들일 수 없는 것은 주인의 뜻을 배신할 수 없으며, 하나님이 보고 계시기 때문이라고 했다(창세기 39장). 이것이 신실성 integrity의 핵심이다. 믿는 자와 믿지 않는 자, 하나님과 나, 이웃과의 관계 맺기에 가장 중요한 출발점이라고 할 수 있다.

○ 영성

기독교의 영성은 하나님을 생각하는 능력이다

영성은 영적 실재 spiritual reality이신 하나님과 인간 사이에 이루어지는 깊고 올바른 관계 형성과 회복을 말한다. 인간을 구원하고 대속하신 예수 그리스도를 닮아가는 것이며, 하나님 말씀에 대한 탐구는 물론 성경 말씀에 따라 산다는 것을 의미한다. 그리고 더 나아가 하나님의 형상을 우리 안에 온전히 회복함으로써 육적인 인간이 영적으로 변화되어야 하며, 외적인 물질 중심의 세계에서 내적인 충만을 추구하는 삶을 말한다. 물질적인 공허감, 빈곤감, 허무나 절망에서 벗어나 하나님께서 지으신 창조세계를 새롭게 깨닫고 하나님의 사랑을 더 깊이 깨닫는 것이다.

영성의 신학적 배경은 하나님의 영, 즉 성령과 연관시키고 있다. 따라서 성령에 대한 올바른 이해가 영성을 이해하는 데 도움이 된다. 인간의 영성Spirituality은 성령인 프뉴마Pneuma와 어원이 같다는 점에 주목하기 바란다. 그러므로 영성은 성령과의 관계에서 경험되고 이해되어야 한다. 또한 예수 그리스도의 생명과 생명력이 되는 성령과의 관계 속에서 규정되어야 하므로 일반적인 영성과 동일시할 수 없다. 영성은 기독교적 가치관에 예민하게 반응하고, 그러한 가치관을 나타내는 영적인 특성이나 상태라고 할 수 있다. 영성이 있는 사람은 영적인 생활을 하고자 하며 영적인 충만을 갈망한다.

예수님께서는 산상수훈에서 "자기의 영적 필요를 의식하는 사람들" 즉 영적인 것을 갈구하는 사람들은 행복하다고 말씀하셨다. 자신의 삶에 영적인 면이 필요하다는 것을 인식하며, 그래서 영성을 충족시키고자 한다면 행복해질 것이다.

존 웨슬리의 영성은 사랑의 완전을 목표로 하는 '성화의 길'을 말한다. 즉, 영성은 구원의 과정을 '성화의 길'로 보고 있으며, 구원은 하나님을 사모하는 마음에서 시작하여 회개함으로써 어두움과 죄에서 돌이켜 주님의 구속의 은혜 속으로 나아가게 된다. 이러한 은혜는 하나님과의 관계에서 변화를 가져오는 것이며, 성령으로 말미암은 거듭남의 체험과 더불어 실질적으로 참된 변화를 일으키는 성화의 과정에 들어가면서 구원으로 나아가게 된다는 것이다.[16]

. . . . . .

16 이후정, 《존 웨슬리의 영성》, 감신, 2006, p.177.

▎**산상수훈**山上垂訓 신약성경 〈마태복음〉 5~7장에 기록되어 있는 예수님의 산상설교이다. 이때 예수님은 참된 종교적 신앙과 내면적 본질에 관한 가르침을 설파했다.

그러므로 영성은 하나님을 생각하는 능력이며, 영성이 깊다는 것은 하나님을 생각함이 깊다는 것이다. 깊은 영성을 회복하는 방법으로 관상기도에 대한 관심이 높아지고 있다. 관상기도란 '하나님을 보는 기도'라는 뜻이다. 고요히 하나님의 사랑의 현존에 머무르며 하나님의 사랑의 마음으로 바라보는 동안 우리는 하나님의 사랑의 눈길이 우리를 감싸는 것을 느끼며 영성이 회복되어 우리의 삶이 변화됨을 의미한다.

예수 그리스도의 생각을 알아야 한다

영성을 날마다 새롭게 하려면 삶 속에 하나님을 위한 시간을 마련해두어야 한다. 하나님과 만나는 시간을 비워두면 하나님과 영적 교제가 깊어지며, 스스로 계획하거나 뜻하지 않았던 놀라운 방식으로 일하시는 성령의 능력을 체험할 수 있다.

영적 생활을 하는 첫 단계는 예수님을 잘 아는 것이다. 예수에 대한 기록은 마태, 마가, 누가, 요한이 쓴 복음서들인데, 이들 복음서에 드러난 갖가지 사건을 통해 알 수 있는 것은 하나님을 체험한 사람들은 삶의 가치관과 방향이 바뀐다는 사실이다. 하나님이 함께하심을 알고, 예수 그리스도의 영에 순종하며 살아가려고 노력한다. 이러한 과정은 하나님과의 관계를 회복한다는 소망과 믿음에서 비롯된다.

> 우리가 하나님을 사랑한 것이 아니요 하나님이 우리를 사랑하사 우리 죄를 속하기 위하여 화목 제물로 그 아들을 보내셨음이라. 요한1서 4:10

우리와의 관계 회복을 하시려고 그의 핏값으로 교회를 사셨다. 그러므로 '그리스도의 생각'을 갖는다는 것은 예수 그리스도께서 가지셨던 정신과 태도를 의미한다. 영적인 사람은 예수님이 생각하는 방식으로 생각하고 그의 발걸음을 따라 걷는다.

> 육에 속한 사람은 하나님의 성령의 일들을 받지 아니하나니 이는 그것들이 그에게는 어리석게 보임이요, 또 그는 그것들을 알 수도 없나니 그러한 일은 영적으로 분별되기 때문이라 신령한 자는 모든 것을 판단하나 자기는 아무에게도 판단을 받지 아니하느니라 누가 주의 마음을 알아서 주를 가르치겠느냐 그러나 우리가 그리스도의 마음을 가졌느니라. 고린도전서 2:14~16

사도 바울은 영적인 생각을 갖는 것이 유익하다고 했으며, 참다운 영적 생활에 대해 가르쳤다. 육체의 욕망을 따르는 육적인 사람과 영적인 것들을 소중히 여기는 영적인 사람의 차이를 설명했으며, 그리스도의 생각을 갖고 사는 사람들을 영적인 사람이라고 했다.

영성 훈련의 7가지 단계

리더십을 말할 때 '영성 훈련'은 빼놓을 수 없는 주제이다. 영성의 깊이를 가지지 않고서는 온전히 섬길 수 없다. 게리 토머스는 영성 훈련에 대해 7가지로 정리하고 있다.[17]

경건한 책 읽기 믿음에서 성숙해 가기를 원한다면 이 주제에 대해 글을 쓴 사람들에게 눈을 돌리는 것이 좋다. 우리 가슴에 헌신과 열정의 불길을 타오르게 하며 '거룩한 열심이 타오르게 할 수 있는 고전작가'들을 만나게 될 것이다. 그들은 통찰력을 제공해주는 좋은 친구인 것이다.

훌륭한 본보기들을 본받기 영적인 만남은 중요하다. 그들과 이메일을 주고받거나 대화를 나누고 나면 영혼이 소생하는 느낌이 들 때도 있고, 목표를 향해 달려가고자 하는 열정이 생기는 경우가 있다. 이러한 만남을 소중히 여겨야 한다.

덕목 기르기 성경은 우리가 성령의 일에 협력해야 한다고 강조하고 있다. 아빌라의 테레사 Teresa of Avila의 말처럼 덕을 기르고 행하는 데 애쓰지 않으면, 성장하지 않을 뿐만 아니라 퇴보하게 될 것이다.

불편함을 활용하기 불편함을 꺼리는 태도를 극복해야 한다. 때때로 편안한 길을 택하지 않고 훈련함으로써 열정과 습관을 새롭게 형성할 수 있기 때문이다. 진정으로 성장하기를 원하는 사람에게 불편함은 적이 아니라 친구일 것이다.

------

[17] 게리 토머스, 전의우 옮김, 《뿌리 깊은 영성은 흔들리지 않는다》, CUP, 2004, 제3장 〈목적이 이끄는 영성 : 일곱 가지 영성 훈련〉에서 발췌해서 정리했다.

진리를 몸에 적용하기 훈련의 궁극적인 목표는 진리를 삶에 적용하는 것이다. 몸에 우리를 맡기면 우리는 하나님과 멀어지게 된다. 외적 행위들의 주인이 되는 것은 마음의 내적 상태에 큰 영향을 미칠 수 있다. 우리가 몸의 주인이 되느냐 몸이 우리의 주인이 되느냐에 따라 몸은 친구도 적도 될 수 있다.

일찍 일어나기 역사적으로 일찍 일어나는 것은 그리스도인들의 영적 훈련에서 중요한 부분이다. 로우는 이렇게 말한다. "지나친 수면은 영혼을 느슨하고 게으르게 만듭니다. 그리고 그 게으름은 자신을 부인하는 영, 곧 그리스도의 영, 그분의 사도들의 영, 모든 성도들과 순교자들의 영과는 너무나 대조됩니다."

되돌아보면서 살기 지혜로운 사람이나 성숙한 사람들은 자신을 돌아본다. 자기반성이나 자기성찰이야말로 영적 훈련의 핵심적인 요소라고 말할 수 있다. 규칙적인 자기성찰은 세월을 낭비하지 않도록 도와줄 것이다.

제3장
서번트 리더십 적용의 덫

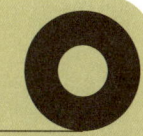

1

리더가 팀원을 돌본다는 것은 은사와 장점을 살펴 적절한 재능과 소질을 드러낼 수 있도록 권면하는 데 집중한 나머지, 그의 상황과 마음가짐, 건강과 복지와 안녕에 대한 배려를 지나칠 때가 있다.

2

팀원 한 사람 한 사람의 개인적인 성장을 도모하고 신앙의 성장에 진보적이라고 판단하여 적극적으로 격려하고 기회와 도움을 주었다고 믿었으나, 정작 공동의 목표나 팀의 목표에 초점이 맞추어져 개인적인 관심과 필요에 무관심하게 되어 기쁨을 잃어버리게 한다.

3

리더의 이해심과 따뜻한 말 한마디가 팀원에게 영향을 미친다. 그러나 팀원의 일과 사역에 적절한 안내와 정보를 주지 않으면서 일과 사역에 관계없는 겉치레에 불과한 위로의 말이라면 진정한 리더십이라고 할 수 없다.

4

교회 공동체 리더들 특히 목회자와 평신도 사역자 등은 단순히 윤리적으로 올바른 사람, 또는 동시대적인 문제에 대한 적절한 대안을 내어놓으며 다른 사람들을 돕는 데 열성적이고 잘 훈련된 사람들이라는 점도 중요하다. 하지만 그보다 '하나님의 사람'이라는 믿음이 최우선 순위에 있어야 한다.

5

유능한 자가 되려는 유혹은 리더십의 덫이다. 예수님께서도 사탄에게서 가장 먼저 겪으신 유혹이 유능한 사람이 되는 것이었다. 돌멩이를 빵으로 바꾸고 하나님의 아들임을 증명하라는 요구였다. 그러나 예수님께서는 "사람은 떡으로만 살 것이 아니요 하나님의 입으로부터 나오는 모든 말씀으로"(마태복음 4:4) 산다고 하시며 복음을 선포하는 사명에 충실했다. 이처럼 세상은 '유능한 자'이길 요구할 때가 많다. 그러므로 교회 리더는 영적 충만을 위해 권면할 수 있는 사랑의 리더십이 필요하다.

6

권력과 명예와 능률을 추구하는 교회 리더는 주님의 말씀인 사랑의 메시지를 전하지 못한다. 성공을 향한 마음에는 고독과 외로움이 있고 우정과 교제가 없기 마련이다. 이러한 교회 리더에게는 하나님의 마음을 알고자 하는 마음이 먼저 필요한 것이다.

7

예수님께서 "네가 나를 사랑하느냐"(요한복음 21:17)라고 세 번 물으신 다음 베드로에게 "내 어린 양을 먹이라 하시고, 내 양을 치라 하시고, 내 양을 먹이라"(요한복음 21:15, 16, 17)고 말씀하셨다. 베드로의 사랑을 확인하신 후에 사역을 부여하신 것이다. 예수님께서 베드로에게 양들을 돌보라고 하신 것은 서로 알고, 아끼고, 사랑하고 용서해주는 공동체로 살아가라는 의미이다. 양들의 모든 문제를 세세하게 알고 해결해주는 상담 사역자, 정신과 전문가로서 돌보라는 의미가 아니다.

8

교회사에서 교회 리더들이 권력과 권위의 유혹을 뿌리치게 힘들었다는 것을 알 수 있다. 정치적인 권력과 경제적인 권력, 도덕적인 권위와 정신적인 권위가 그들을 유혹했다. 많은 리더들이 표면적으로는 '예수님의 이름으로' 행동했으나 실제로는 반대인 것을 보게 된다. 그러나 예수님은 가장 가난하고 힘없고 소외되고 병든 사람들과 함께하셨으며, 전지전능한 하나님의 모습으로 사신 것이 아니라 가장 낮은 인간의 모습으로 사셨음을 기억해야 할 것이다.

9

"내가 사람의 방언과 천사의 말을 할지라도 사랑이 없으면 소리 나는 구리와 울리는 꽹과리가"(고린도전서 13:1) 된다고 했다. 교회나 팀 사역을 위해 자신을 버리고 낮은 자세로 교만과 허영이 없는 진정한 겸손을 발휘했다고 하더라도 오랜 구습에 의한 습관적인 것일 수도 있다. 사랑이 없는 행위인지 살펴볼 필요가 있다.

10

비전을 이루려다 보면 여러 사람들의 도움과 지원이 필요하다. 그러나 리더가 자신의 개인적인 가치나 기회에 따라 비전을 이루려고 과도한 열정을 쏟는 것은 아닌지 점검해야 한다. 정작 비전을 실현시킬 능력과 책임질 용기가 없는 열정이나 동기는 팀원이나 동역자에게도 실망과 좌절을 안겨줄 수 있다.

11

전도나 선교와 같이 거룩한 도전에는 걸림돌 역시 크다. 어려움이나 실패나 좌절 없이 얻어지기 어렵다고 할 것이다. 그러므로 모든 사람이 포기하려고 할 때에도 진정한 리더는 깊은 통찰력을 가지고 팀을 이끄는 리더십을 발휘해야 한다. 만약 끊임없이 불만을 표출하거나 부정적인 언행을 일삼을 때, 애써 품으려고 하는 리더십보다 과감하게 차단하는 분별력이 필요함을 인식해야 한다.

12

새로운 참여자가 팀의 목표와 도전 과제를 내놓을 수 있다. 새로운 참여자의 은사라고 하지만 머뭇거리며 받아들이지 않으려는 태도를 보일 수 있다. 그동안 안정된 조직에서 변화되는 것을 원치 않을 수도 있고, 기존의 팀원들에게 혼란을 가져온다는 이유이다. 그러나 그것이 방침이 되어서는 곤란하다. 새로운 패러다임에 대한 관심은 언제나 필요한 것이다.

13

오랜 시간 실패와 좌절과 성취를 경험한 리더일수록 교만하기 쉽다. 팀원들의 신선한 아이디어를 실패의 원인으로 판단한다거나, 과정이나 경험에서 얻는 교훈을 무시하고 편리하고 간단한 쪽을 선호하려는 경향이 있다. 지혜로운 리더일수록 성취에 대한 기쁨과 만족도 중요하지만 다음 도전 과제를 위해 준비하는 자세를 잊지 말아야 한다.

14

교회의 존재 목적이 하나님의 사랑을 전하기 위한 것이 아니라 목회자 개인의 영광을 위한 것은 아닌지 혼란스러운 경우가 많다. 하나님의 사랑을 나누는 것과 목회자 개인과 교회의 교세를 위한 사역은 차이가 있다.

15

교회 리더가 공동체 구성원 등을 신체적으로 학대를 하는 경우는 거의 없을 것이다. 그러나 교회 리더의 행동이 심리적인 고통과 정서적인 장애를 제공하면서도 아무런 지적이나 충고를 받지 않을 수 있다. 이것은 신체적인 상처와는 달리 표시나지 않으므로 누구도 말하기 어렵기 때문이다. 교회 리더는 권위를 가지고 있으므로 그것을 힘으로 사용할 때 시험이 될 수 있다.

16

팀원들이 리더에 대해 거부감이나 불쾌감이나 반감을 가질 수 있다. 리더는 팀원들이 원치 않는 일이거나 하기 싫은 일을 하도록 할 때가 있기 때문이다. 이런 경우, 팀원들의 일에 대한 마음이 리더에 대한 마음으로 향하지 않도록 설득하는 리더십이 필요하다. 그렇지 않으면 관계가 틀어지고 더 나아가 미움이 생기게 된다. 그러므로 팀원에 대한 리더의 태도와 일을 풀어가는 방식이 중요한 관건이다.

17

일에 대한 선입견, 즉 부정적인 이미지로 인해 의기소침하여 성과를 그르칠 수 있다. 팀원이 그 일에 대한 동기를 갖고 있지 않는다고 해서 책망하거나 비난하기보다 친밀하게 다가가도록 도와야 하는 것이다. 팀원의 일에 대한 동기부여를 긍정적으로 할 수 있도록 유도하는 리더십이 필요하다.

18

리더라고 해서 거절하거나 거부해서는 안 된다는 인식은 리더십의 덫이다. 마치 리더의 권위를 무시한다거나 잘잘못을 가린다는 것으로 오해할 수도 있다. 그러므로 리더라면 공정하고 너그러운 자세로 받아들이려는 태도가 필요하다. 팀원이 리더를 가깝게 느끼는 것을 부적절하다고 평가하거나 잘못된 태도로 꾸중한다면 리더로서 크나큰 실수를 저지를 수 있다.

19

리더가 '감사하다'고 말해야 할 때 당연하게 여기거나 감사한 줄도 모르고 있다면 어떨까? 리더는 자신이 내린 명령이나 요구에 따라 팀원이 움직이는 것에 익숙한 나머지 아무런 감동을 받지 못할 수 있다. 감사를 모르는 리더에게 더는 감사할 일이 생기지 않을 수 있다.

20

리더의 위치에 있다 보면, 시기와 질투가 뒤따를 수 있다. 성공이나 성취감을 리더 자신의 몫으로 삼을 때 시기와 질투는 더욱 심할 것이다. 이처럼 성공이나 리더의 특권을 누리려는 유혹에서 벗어나 실패에 대한 책임감을 갖는 용기 있는 리더가 될 때, 시기하고 질투하는 팀원은 흔치 않을 것이다.

21

리더는 구설수의 대상이 될 때가 있다. 그러나 구설수를 두려워한 나머지 팀원에 대해 어떠한 안내와 도움도 주려고 하지 않거나, 심지어 무관심하거나 냉담할 수 있다. 리더로서 팀원들의 필요를 채우려는 노력 없이 무관심하기만 하다면 비난받아 마땅할 것이다.

22

교회 리더로서 함께 일한 수고에 대해 혼자 칭찬받는 자리에 나설 때가 있다. 이때 스스로 거절하고 포기하는 모습이 필요하다. 겸손하다는 것은 팀원에 대한 사랑과 배려에서 출발하기 때문이다. 당연한 권리라고 여길지라도 포기할 때 더욱 존경받는 리더가 될 때가 많다.

23

영적 리더십은 은사와 재능, 전문적인 일의 내용을 말하는 것이 아니다. 눈에 보이는 것에 연연해하는 우리의 모습으로 인해 자칫 결과적인 것에 매일 때가 있다. 기도와 말씀으로 교제하고 하나님과의 인격적인 만남을 통해 성숙된 그리스도인이 되어야 하며, 팀원들에게 동일하게 적용되는 인격적인 리더십이 발휘될 때 영적 리더라고 말할 수 있다.

24

교회 리더들은 하나님의 목표와 사랑을 나누기 위해서는 어떠한 대가도 치를 수 있다고 생각할 때가 있다. 사회의 법과 질서와는 다르다는 생각으로 시스템과 사역에 대해 함부로 개편하기도 한다. 소수의 의견이라고 해서 무시하거나 폄하하기도 한다. 도전 목표가 아무리 훌륭하다고 하더라도 사랑하는 마음 없이 누군가에게 상처주고 누군가를 힘들게 하는 일이라면 올바른 리더십이라고 할 수 없다.

25

예수님을 따르는 제자들 사이에도 서열 다툼과 권력 다툼이 있었다(누가복음 9:46~48). 하나님의 말씀과 사역보다 그것을 중요하게 여긴 탓이었다. 그것은 교회에서도 마찬가지로 적용될 수 있다. 그러므로 그리스도 안에서 사랑과 섬김의 리더십을 실천하는 리더십만이 그러한 다툼에서 벗어나게 한다.

26

세상적인 성공의 중심에는 항상 돈과 권력이 있다. 그래서 많은 사람들이 그 결과를 좇으며 수치에 집착하게 만들기도 한다. 교회 리더에게도 이러한 세상의 보편적 기준이 적용될 때가 있다. 교회는 이와 같은 세상의 가치들과 힘에 의존하거나 휩쓸리지 않는 내적 힘을 공급하는 곳이어야 한다. 그러므로 교회 리더들은 무엇보다 교회 공동체의 본질적인 역할을 선포하고 예수님의 삶을 닮아가기 위해 힘써야 한다.

27

참된 교회 리더가 되기는 쉽지 않다. 예수님과 같은 리더가 되라고 할 사람은 아무도 없다. 그러나 예수님이 보여주는 리더십을 묵상하며 그 뜻을 헤아릴 수 있어야 한다. 교회 리더가 예수님과 같은 삶을 보여주지 않으면서 성도들에게 하늘나라의 가치관을 권면할 수 없기 때문이다. 만약 교회 리더를 위해 성도들이 세상 가운데에서 권력과 물질에 휩쓸리지 않으며 오직 예수 그리스도를 닮은 리더가 되어 달라고 한다면 어떻게 대답하겠는가?

28

교회 리더가 모든 훈련과 능력을 갖추고 있어야 한다고 생각할 필요는 없다. 아무리 훌륭한 리더라고 하더라도 모든 것을 미리 알고 시작하지는 못하기 때문이다. 교회의 리더십은 개인의 노력과 경험도 중요하지만, 가장 근본적인 리더십의 자질은 기도와 간구를 통해 함께하시는 하나님의 인도하심에 힘입는 영적 리더십이기 때문이다.

29

교회 리더는 칭찬과 격려에 익숙한 나머지, 스스로 겉치레에 빠지는 실수를 하기도 한다. 다른 사람에게서 진심으로 칭찬을 받았지만 그것을 믿지 못한다거나 반대로 문제를 지적할 때 지나치게 기분 나빠하기도 한다. 그러므로 교회 리더는 자신을 돌보는 일을 게을리해서는 안 된다. 절제와 겸손, 교만과 열등감을 구별하는 힘을 키워야 한다.

30

요즈음 목회하기 어렵다는 말을 한다. 평신도 사역자가 전문적인 사역에 뛰어난 지혜와 지식을 가지고 있는 경우가 있기 때문이다. 그러므로 평신도 사역자들의 제안에 귀 기울이고 공감하는 태도가 필요하다. 자칫 목회자와 평신도를 수직적으로 구분하여 분리하려고 한다면 성숙한 목회 리더십이라고 할 수 없다.

31

교회 리더라면 가장 먼저 하나님 음성에 귀 기울여야 한다. 가난한 사람,

소외된 사람, 사회적 약자 편에 서 있다고 하면서 정작 하나님 음성을 잘 듣지 못한다면 균형잡힌 리더가 될 수 없다.

32
교회 리더는 다른 사람들이 말하는 것만 듣는 것이 아니라, 눈빛이나 마음으로 말하는 것을 들을 수 있어야 한다. 자존심 때문에, 부끄러워서 말로 하지 못한 마음의 소리를 들을 수 있을 때 진정한 교회 리더로서 자신의 몫을 해낼 수 있다.

33
교회 리더는 자주 또는 쉬지 않고 말을 하거나 설교를 한다. 말로써 사람들에게 크고 작은 영향을 미친다. 그러므로 영적인 훈련을 통해 하나님의 동행을 구해야 한다. 자칫 교만하여 마음 가는 대로 함부로 말하지 않도록 '준비된 자'가 되기 위해서다.

34
리더는 나무만 보는 것이 아니라 숲을 바라볼 줄 알아야 한다. 그런데 하나님이 부르지도 않은 일에 열정만 가지고 뛰어든다면, 정작 하나님이 부르시는 일은 그르치기 쉽다. 무엇보다 교회 리더의 큰 사명은 사람들을 사랑하는 것임을 잊지 말아야 하며, 구체적으로 서번트 리더십이 표현되어야 함을 잊어서는 안 될 것이다.

35

교회 리더라면, 어떠한 프로젝트에 대한 평가에 어느 한쪽으로 치우치지 말아야 한다. 칭찬에 매료되어 들뜨거나 비난으로 인해 의기소침해지지 않도록 하나님 앞에서 자신의 모습을 드러내고 점검해야 한다. 자기 평가가 공평할 때 성공적인 리더십이 표현될 것이다.

36

교회 리더가 영적 리더십을 발휘하려고 하지 않을 때, 자신에게 온 기회를 잃어버리기도 한다. 적절한 말씀을 전하지 못해 그것이 논란이 되기도 하고, 조용히 물러서 있어야 할 때 깃발을 든 투사의 모습을 한다면 어찌 되겠는가? 기다림의 영성을 간구해야 한다.

37

교회 리더가 적당히 배운 전문지식을 활용하려 한다거나, 소박한 경험을 절대적으로 믿고 사역에 적용하려고 한다면 웃음거리가 될 수 있다. 어쩌다가 알게 된 지식을 활용하려고 하기보다 전문 사역자에게 일임하고 묻고 배우는 자세를 보이는 것도 중요한 리더십이다. 어설프게 일일이 간섭하거나 시작되지도 않은 일을 나서서 정리정돈하려고 할 때 더 큰 문제가 발생하게 된다. 아무리 많이 안다고 해도 부족하다고 여기는 것이 겸손과 절제의 리더십인 것이다.

38

교회 리더가 세상적인 경험이나 전문지식을 쌓기는 쉽지 않다. 그보다는 성경의 지혜와 말씀 묵상을 통해 성령의 인도하심에 예민하게 반응할 수 있는 영성을 갖추는 것이 중요하다. 묵상하는 자의 지혜는 경험 많은 노인의 것보다 훨씬 낫다고 하지 않았는가. 하나님이 주시는 깨달음이 위대하다는 점을 인식해야 한다.

39

영적 리더에게 방해와 걸림돌이 사역을 더욱 빛나게 할 때가 있다. 그러므로 방해와 걸림돌이 나타났을 때 해결사가 되려고 안간힘을 쓰기보다 하나님이 우리의 삶의 주인이 될 수 있도록 자리를 내어드리는 훈련이 필요하다. 묵상하고 기도하고 찬양하는 일이 중요하다.

40

교회 리더는 누구에게나 배울 수 있는 지혜가 있다는 것을 잊지 말아야 한다. 어린 아이, 아프고 힘든 사람, 학식이 부족한 사람, 옷차림이 허름한 사람, 나와는 전혀 다른 생각을 하는 사람, 거칠게 행동하는 사람 등 예기치 않은 모습 속에서도 깨달음을 얻을 수 있다.

41

교회 리더는 자신의 부족한 면을 바로보는 힘이 있어야 한다. 자신의 부족함을 인정하는 사람은 다른 사람에게 너그러울 수 있다. 완벽을 추구한다는 것이 다른 사람의 실수를 조금도 허용하지 못하는 인색한 리더가 되거나, 새로운 패러다임을 말하면서 오히려 자신은 오랜 구습에 젖어 있음을 인식하지 못하는 리더가 있기 때문이다. 그렇지 않으면 위선의 목소리를 더욱 크게 내게 될지 모른다.

42

너무 분주하여 피곤한 교회 리더는 새벽 기도를 드리고 싶어도 드릴 수 없다. 새벽 기도를 우선순위에 두는 교회 리더라면 좀더 일찍 잠자리에 드는 노력이 필요할 것이다. 늦은 밤까지 사역에 분주하여 잠을 자지 못했다면 새벽 기도를 위해 온전히 몸과 마음을 다하기 어렵기 때문이다.

43

교회 리더에게는 진정한 멘토가 드물다. 책임감이 큰 직분일수록 외로워지기 쉽다. 이끌고 도와야 할 팀원들과 성도들이 많은 반면 깊이 이해하고 진정한 비판을 할 만한 사람은 드물기 때문이다. 그러므로 진정한 리더십이 발휘되려면, 독선과 오만으로 치우칠 때 바로잡아 주는 사람, 게으르고 습관적인 모습을 보일 때 따끔한 말 한마디 건네어 새롭게 변화할 수 있도록 돕는 멘토가 필요하다.

44

교회 리더는 불만의 소리가 들리는 원인을 찾을 줄 알아야 한다. 각기 다른 목소리로 말하는 듯하지만 의외로 한 가지 불만에서 비롯될 때가 있기 때문이다. 리더가 팀원이나 사역자들의 말에 귀 기울여주지 않는데서 오는 불만일 때가 많다. 리더는 명령하는 데 익숙한 탓에 다른 사람의 말을 경청하려고 하지 않는다.

45

공동체 리더십에서 잘 알지만 아는 것을 실제로 적용하지 못할 때가 있다. 혼자 하는 게 편하다고 생각하고, 공동체가 함께하는 것에 불편함을 느낀다. 관계의 리더십이 부족하기 때문이다. 관계의 리더십은 지식으로만 되는 것이 아니라 다른 사람들과 대화하고 생활하는 데에서 얻어질 때가 많다.

46

교회 리더의 영성은 얼마나 오랜 시간 묵상하고 고독하게 내적 충만을 추구해가는지에 달려 있다. 지배력이나 영향력이나 포용력으로 국한된 리더십이 아니라 성도들의 영혼을 바라볼 줄 알아야 하기 때문이다.

47

교회 리더는 팀원 또는 평신도들에게 신앙의 모델이 되기도 하지만 사소한 말과 행동이 상처가 되기도 한다. 스스로 장점이라고 여기는 데서 오류가 올 수 있음을 기억해야 한다. 새로운 비전이 여러 사람을 기쁘게 한다고 믿고 있으나 다른 사람들은 실망할 수도 있음을 살펴야 한다. 위대한 일과 형편없는 일의 시작은 별 차이가 없을 때가 많기 때문이다.

제4장

소그룹 사역공동체를 통한 소명과 사역

○ 세이비어교회가 지향하는 소그룹 사역공동체 활동

세이비어교회는 핵심 목회철학을 이행하기 위한 적용점으로 소그룹 사역공동체Mission Group를 활용하고 있다. 그런 의미에서 소그룹은 각자 독립성을 가진 '교회 내의 작은 교회'라고 할 것이다. 고든 코스비 목사는 "참된 교회가 되려면 초대교회가 보여준 원교회의 모습으로 갱신되어야 하는데, 그렇다면 세이비어교회의 가장 중요한 관심은 무엇인가?"라는 질문에 그는 항상 '소그룹 사역공동체'라고 대답한다. 소그룹 사역공동체의 목회철학 6가지를 살펴보자.

■ 참된 교회는 사랑이신 하나님의 외적 표현이다.

- 참된 교회는 예수님을 온전히 따른다.
- 참된 교회에는 극도의 다양성이 존재한다.
- 참된 교회는 화해의 사역을 중요하게 여긴다.
- 참된 교회는 자기 삶의 범주 밖에 있는 사람들과 삶을 나눈다.
- 참된 교회는 하나님의 정의를 구현한다.[18]

세이비어교회는 이를 위해 상황과 단계에 맞는 훈련 과정을 실시하고 있다. 온전한 헌신을 위한 삶의 4가지 영역인 변화, 증거, 양육, 활동을 강조하고 적용하며, 교회와 사역공동체의 본질로 삼고 있다.[19] 이 교회 내 사역공동체의 4가지 영역을 회중 연구 Congregational Study의 4가지 영성 타입(Soul/Mystical Spirituality, Heart/Feeling Spirituality, Head/Thinking Spirituality, Hand/Action Spirituality)에 적용해보면 다음과 같다.[20]

'변화'는 하나님이 베푸시는 초자연적인 은혜를 통해 자아는 무릎을 꿇고, 내 안에서 근본적인 변화가 일어나는 것이다. 예수 그리스도가 주인되는 교회는 성도들의 삶에 영적인 변화가 이루어지도록 양육하는 데 있으며, 성도들에게는 내면적 훈련 과정이 필요하다. 이에 세이비어 교회는 모든 사역에서 관상의 삶 contemplative life을 강조한다.

관상기도는 기도할 때 쓰이는 언어와 상상을 배제하고 감정과 의지, 감각의 사용을 제한하여 오직 하나님과의 친밀한 교제를 말한다. 나를

......

18 유성준, 《세이비어교회 실천편》, 평단문화사, 2006, pp.27~31.
19 유성준, 앞의 책, pp.169~174.
20 양승준, 〈서버트 리더십을 위한 영성과 사역〉, 세인트폴 신학대학원 리포트, 2007, p.14.

철저히 비우고 하나님이 그 안에 들어설 수 있도록 기다리는 침묵의 기도이며 훈련을 통해 가능하다. 더 나아가서 하나님의 분명한 부름을 받고 그 명령을 이어받아 자신들의 삶과 사역을 하나님의 뜻에 철저히 순종하는 실천적 관상의 삶을 요청하는 것이다.

변화를 가져오는 하나님의 능력에 대해서 증거하는 증인들의 모임인 교회의 역할은 다양하다. 이 능력을 통해 죄를 회개하고, 삶의 우선순위를 바꾸게 됨으로써 개인과 주변과 사회를 새롭게 해야 한다. 마침내 우리 사회를 변화시켜야 하는 것이다. 따라서 진정한 그리스도인이란 그리스도를 '증거'하는 증인이 되어야 한다.

세이비어교회는 깊은 영성뿐만 아니라 예수 중심의 사회적 활동을 펼치는 영성과 사역의 균형, 즉 행함doing 이전에 존재being가 얼마나 중요한지 삶과 사역을 통해 증거하고 있다. 고든 코스비 목사는 예수님 중심의 사역에 대해 이렇게 전하고 있다.

> 세이비어교회 공동체는 철저하게 예수님 중심입니다. 그것은 단순하게 가장 문자적인 방식으로 예수님을 따른 것에 대한 소명을 더욱 진지하게 취하는 것입니다. 우리가 만일 삶에서 깊이를 갈망한다면 아주 작은 몇 가지 일에만 집중해야 합니다. 사람의 짧은 일생에서 우리가 집중해야 될 바로 그 한 가지가 무엇이겠습니까? 우리는 그것이 바로 예수님이라고 말합니다. 나는 이(예수님의) 진리에 깊이 들어가길 선택했습니다. 예수님은 말씀하시길 '나는 길이요 진리요 생명'이라고 했는데, 이것이 진리입니까 거짓입니까? 믿음으로 나는 이것이 진리라고 확신합니다. 그래서 나는 나의 전 생애를 그 깊은 탐험에 드리는 것입니다. 나

는 그를 깊이 알기 원합니다. 그의 형상을 닮기를 원합니다. 이것은 내가 죽음 너머의 땅으로 여행을 시작할 때까지 내가 갖기 원하는 그 형상입니다. 예수님 안에는 무한한 깊이가 있습니다.

'양육'하는 공동체로서 세이비어교회는 '섬김의 리더십 학교'를 통해 서번트 리더로서 훈련하고 양육하고 있는데, 여섯 과정으로 구성되어 있다. 기도, 성경 연구, 교회 공동체, 소명, 공동체 안에서 자유롭게 되는 관계, 영성 등이다. 이 과정들에 집중하고 통합할 때 세이비어교회가 강조하는 사역의 기초인 하나님과의 관계에서 내적인 성령의 역사Inward Journey와 세상과의 관계를 통해 나타나는 사역의 열매Outward Journey의 균형을 이루게 된다.

'활동'은 고통받는 이들이 치유받을 수 있도록 그리스도인으로서 행하는 모든 활동을 포함한다. 세상을 변화시키기 위해 자신을 헌신할 수 있는 영적 훈련에 의한 활동이다. 따라서 교회 공동체는 예수님께서 말씀하신 가장 큰 계명인 하나님 사랑과 이웃 사랑의 연결점이며, 교회의 소그룹을 통해서 교회 공동체의 본질이 경험되어야 한다. 하나님 안에서 한 가족을 이루는 교회는 근본적으로 그 안에서 모든 것을 새롭게 하는 능력을 지니고 있다. 성도들의 삶을 변화시킬 뿐만 아니라 더 나아가 그들이 살고 있는 이 세상을 변화시킬 수 있는 무한한 가능성을 가지고 있다.

예수님과 사도들의 사역에 나타난 교회의 본질이 예수님이 "아버지께서 나를 보내신 것 같이 나도 너희를 보내노라"(요한복음 20:21)고 하셨듯이, 그리스도는 하나님을 나타내기 위해서 보내졌고, 우리는 그리스도를 나타내기 위해 보내졌다. 교회가 지향하는 성장의 모델은 예수 그리스도에게서 찾아야 할 것이다. 예수 그리스도께서 말씀이 육신이 되신 것과 같이 교회는 본질을 지속적으로 추구함으로써 세상 속에 복음을 전해야 한다.

○ 그리스도 안에서 비전을 품는 교회 리더가 되어야 한다

오늘날 교회는 심각한 위기에 처해 있다. 교회는 방황하는 인생들에게 인생의 궁극적인 목적이 무엇인지 제시하지 못하고 있다. 비전이 없는 백성은 흩어지고 망하게 되어(잠언 29:18) 있음을 기억하고, 리더는 반드시 성도들에게 비전을 제시하는 것이 필요하다.

훌륭한 리더의 최우선 자격조건은 비전의 소유자이다. 목회자는 리더로서 명확하고 실현 가능한 비전을 제시하고, 그 비전을 성도들이 바라볼 수 있고 함께 성취하도록 안내하고 돌보는 것이 필요하다. 그러므로 비전이 없는 리더는 아무것도 할 수 없다.

오늘날 교회의 상황은 어떠한가? 유행하는 새로운 트렌드나 프로그램을 좇는 목회와 세속적인 가치관들이 교회 안에도 만연해 있다. 그리스도 안에서 확실한 비전을 소유하고 그 비전을 바라보며 목회하는 리더를 찾아보기 점점 어려워지고 있다.

성도들을 이끌어가는 것은 교회 리더가 아니라 리더가 가지고 있는 비전이어야 한다. 빌리 그레이엄 Billy Graham 목사는 체육관에 가득 메운 관중을 보고 체육관 선교를 꿈꾸게 되었고, 결국 각 도시의 체육관마다 사람들을 가득 채우고 복음을 전하는 훌륭한 전도자가 되었다. 테레사

수녀는 인도의 가난한 고아와 빈민가의 불쌍한 어린이들을 보고 그들에게 사랑을 심는 꿈을 꾸었기 때문에 소외자들을 위한 위대한 꿈을 이룰 수 있었다. 미국의 새들백 교회의 릭 워런Rick Warren 목사 역시 '목적이 이끄는 교회'를 만들고자 교회에 비전을 제시하고 그 비전에 따라 목회한 결과 이 시대 가장 영향력 있는 교회가 되었다. 하나님은 리더에게 꿈을 주시고 그 꿈을 따라 일하시며 리더의 비전에 따라 그의 계획을 펼쳐 나간다.

사도 바울은 "너희 안에서 행하시는 이는 하나님이시니 자기의 기쁘신 뜻을 위하여 너희에게 소원을 두고 행하게 하시나니"(빌립보서 2:13) 했으며, 〈시편〉에는 "여호와를 기뻐하라 그가 네 마음의 소원을 네게 이루어 주시리로다"(37:4)고 했다. 특히 베드로는 "너희의 자녀들은 예언할 것이요 너희의 젊은이들은 환상을 보고 너희의 늙은이들은 꿈을 꾸리라"(사도행전 2:17)고 하박국 선지자의 예언을 인용함으로써 하나님의 뜻을 성취해가기 위해 꿈꾸는 것을 강조했다.

그렇지만 리더들이 비전을 소유하지 못하는 이유들을 본다. 어떤 리더는 '이제껏 해온 대로 하면 된다'는 무사안일주의에 빠져 새로운 것에 도전해보려는 의욕이 상실되어 있다. 혹은 '지금까지 우리는 그런 식으로 일을 하지 않았다'면서 하나님을 향한 새로운 일에 대한 꿈을 포기하고 있다.

또 다른 이유는 실패에 대한 두려움 때문에 도전하지 않는다. 질책 당하는 위험에 빠지기 싫어서 행동하지 않는 리더들을 볼 수 있다. 또한 자기만족이나 자아도취에 빠져서 조직에 열정과 활기를 불어넣지 못하는 교회 리더들이 있다. 선입견으로 가득 찬 리더의 고정관념 또한 걸림돌이다. 늘 피로한 리더 역시 비전을 갖기 어렵다. 늘 쉬고 싶고 올바른 판단을 하기 어렵기 때문이다. 그뿐만 아니라 단기적 사고를 가진 리더는 단기간 내에 성취하려는 즉흥적 사고는 아무런 결과도 얻지 못한 채 시간과 노력만 낭비하고 만다.

○ 교회 리더의 권위가 위협받는 이유

오늘날 리더의 권위가 심각한 위기에 직면해 있다. 얼마 전, 위계질서를 생명처럼 여기는 검찰 조직에서는 항명파동을 겪었고, 중고등학교의 교단에서도 중고등학생들이 빈번히 선생님에게 반말과 주먹질을 일삼는 사례들이 늘어나고 있다. 이렇듯 리더들이 당면한 위기는 리더십의 실종을 선고하는 것이며, 시스템의 실패를 예견하고 있다. 권위는 에너지와 같은 것으로, 리더가 권위를 상실하면 아무것도 할 수 없다. 자동적으로 조직은 산만해지고, 사람들은 흩어지고, 조직의 목표는 성취되지 않는다. 리더의 에너지가 발휘되지 않기 때문에 동력이 발생하지 않는다.

그러므로 리더는 권위를 획득하고 회복해야 한다. 리더는 권위와 권한을 행사하여 조직의 공동목표를 향해 구성원들을 이끌어가는 사람이기 때문이다. 먼저 교회 리더십의 권위가 위협받는 이유를 살펴보자.

첫째, 교회 리더가 모호한 행동과 역할을 할 때이다. 무엇을 목표로 삼고 있으며 누가 책임을 맡고 있는지 불확실할 때, 혹은 권한의 범위를 넘어서 행동할 때 구성원들은 리더를 신뢰하거나 존경하지 않는다.

둘째, 교회 리더가 우유부단하고 느슨한 리더십을 행사할 때이다.

리더가 거의 권한을 행사하지 않는다면, 성도들은 방황하게 되고 리더의 권위는 추락하게 된다.

셋째, 교회 리더의 의사전달 문제이다. 리더가 사역의 과정이 어떻게 진행되고, 왜 그 일을 해야 하는지 의도적으로, 또는 무의식적으로 설명하지 않을 때 리더의 권위는 의심받게 된다.

넷째, 교회 리더가 성도들을 편애하는 것이다. 리더가 특정한 성도에게 사랑과 관심을 집중한다면 다른 성도들은 리더를 신뢰하지 않는다.

다섯째, 교회 리더가 사역과 관련되지 않는 일을 요청할 때, 즉 리더의 권한을 남용하거나 남발할 때, 성도들은 리더를 존중하지 않는다.

이렇듯 어느 조직이든지 리더의 권위에 대한 도전과 저항을 막을 수 없다. 그러나 리더가 조직 내의 문제에 대해 지혜롭게 대처하지 않는다면 효율적 리더십을 발휘할 수 없다. 권위와 권한은 좋은 것도 나쁜 것도 아니다. 그것을 활용하기 나름이다. 또한 권한은 역동적이며, 정체되지도 않으며 항상 이동하는 경향이 있다. 또한 권한과 권위는 어디든지 존재한다. 따라서 교회 공동체에서도 마찬가지다.

교회 리더들이 효율적 사역을 경험하지 못하는 이유들 중의 하나는 적절한 상황에 적절한 권한과 권위, 즉 서번트 리더십을 발휘하지 못하기 때문이다. 교회의 리더십에서 극단적 유형의 리더십은 바람직하지 않다. 가장 빈약한 리더십의 유형은 사역에 대한 관심이 낮으며 성도에 대한 관심이 낮은 유형의 목회자일 것이다. 가장 효율적인 리더십은 구성원들의 상태를 진단하고 그 형편에 알맞은 눈높이 리더십을 발휘할 때 이루어진다.

◯ 영적 은사와 능력에 따라 봉사하는 평신도 사역

교회 리더는 구성원들의 내면 변화를 통해서 스스로 목적을 달성하도록 인도하는 자세가 필요하다. 실제적으로 각 교회마다 사역에 참여하는 적극적인 성도의 수가 전체 교인의 10~20퍼센트에 불과한 것을 볼 때, 교회 리더는 모든 구성원들이 자발적으로 사역에 참여하도록 동기를 부여하는 노력이 필요하다. 즉, 효율적 리더십은 얼마나 많은 성도들에게 동기부여하여 헌신의 기쁨을 나누는 데 있다.

그러나 몇 가지 주의할 사항이 있다. 죄의식을 통해 구성원들에게 동기를 유발하지 말며, 성경적 진리를 왜곡하여 공포감이나 두려움을 조성하여 동기부여를 한다거나, 각자 처한 형편에 따라 심리적으로 조정 혹은 조작하는 동기부여 역시 위험한 발상이다.

교회 리더는 혼자 일하는 모습이어서는 안 될 것이다. 구성원들과 함께 일하며 봉사함으로써, 구성원들의 삶의 상황을 먼저 살피고, 그들의 필요를 충족시키는 돕는 손길이어야 한다. 구성원들의 욕구를 충족시켜주는 것만큼 강한 동기를 유발시킬 수 있는 방법은 없을 것이다.

하나님께서는 각 성도들마다 교회를 섬기도록 은사를 주셨다. 그들은 각각 은사를 받았으며, 그것은 다른 사람이 받은 은사와 중복되기도 한다. 그러나 동일한 은사를 모든 사람에게 주시지는 않았다. 그들이 받은 은사는 각각 다르다. 따라서 은사는 신앙의 경륜을 나타내거나 측정하는 표식이 아니며, 하나님의 특별한 사랑이 표현된 증거도 아니다. 그러므로 은사는 하나님의 영광과 교회를 세우기 위한 도구로 활용되어야 하며, 그리스도의 몸 된 교회를 섬기기 위한 것이어야 한다.

그렇다면 하나님이 주신 은사의 종류는 무엇이며, 그 은사를 어떻게 발견할 수 있을 것인가? 은사는 〈로마서〉 12장, 〈에베소서〉 4장, 〈고린도전서〉 12~14장, 〈베드로전서〉 4장에 잘 나타나 있다. 많은 은사들 가운데 효율적 리더십을 위한 은사는 래리 길버트Larry Gilbert가 제시한 9개의 은사라는 데 공감한다.[21] 전도, 예언, 가르침, 권면, 목회, 자비, 봉사, 기부, 경영이 바로 그것이다. 발견된 은사는 반드시 활용되어야 한다. 하나님이 각 사람에게 은사를 주실 때는 사용하라고 주셨기 때문이다.

그러나 리더 자신이 성도들보다 많은 것을 알고 있다고 믿으며, 문제가 있을 때 명쾌한 해답을 제시하려고 노력할 때가 있다. 리더로서 모든 것을 해결해야 한다는 강박관념일 것이다. 이런 경우 리더가 오히려 공동체의 은사나 능력을 가진 사람들의 봉사와 헌신을 방해할 수 있음을 기억해야 한다. 리더는 구성원들이 가진 은사가 어떤 은사인지 파악하고 활용함으로써 충성된 일꾼으로서 세워주는 일에 우선순위를 두어야 한다.

교회의 사명과 목표를 달성하기 위해 은사가 교회의 여러 다른 기능들과 함께 상호보완적인 조화를 이룬다면 더욱 좋을 것이다. 교회의 효율적인 사역은 성도들의 영적 은사 활용에 달려 있다. 현대의 교회에서 커다란 변화는 목회자 중심의 목회에서 평신도 중심의 목회로 이동하고 있다는 점이다. 이를 가리켜 '제2의 종교개혁Second Reformation'이라고 일컬어지기도 한다. 평신도들이 깨어나고 있으며, 교회를 섬길 만한 훌륭한 자질을 갖추었음을 의미하는 것이다.

......
21 래리 길버트, 채수범 옮김, 《팀 사역》, 프리셉트, 1995, p.123.

⭕ 교회 리더의 소명은 하나님의 계획을 성취하는 것이다

하나님은 교회마다 계획을 세우시고, 그 교회 리더들을 통해 그의 계획을 완성해 가신다. 여기서 리더의 소명은 중요하다. 하나님의 계획이 리더의 열정과 의지에 의해 영향력이 좌우되기 때문이다. 소명은 무엇보다 부름의 주체가 바로 하나님이며 또한 하나님의 부름은 그분이 소명 받은 자를 선택하셨고 그에게 중요한 임무를 감당케 하셨다(사무엘상 3:4~6, 이사야 6:8, 예레미야 1:5~7, 마태복음 4:18~20, 갈라디아서 1:15). 그러므로 소명은 우리 자신들이 하나님께 헌신하게 하며, 청지기 의식을 갖게 한다.

소명은 우리를 선택하시고, 사랑하심과 아울러 사명을 부여하는 것이다. 동시에 하나님의 도움과 인도하심, 축복에 대한 의도가 내재되어 있다. 그러므로 하나님께 부름을 입는다는 것은 희생에 대한 요구가 아니라 거룩한 하나님의 기쁨에 참여하게 되는 영광된 초대이다.

소명은 나의 정체성이다. 하나님 앞에 내가 누구인지, 공동체 안에서 내가 누구인지 알게 해준다. 내가 무엇을 할 것인지, 하나님을 위해서 무엇을 할 것인지, 공동체 안에서 무엇을 할 것인지 알게 한다. 그러므로 소명은 내가 가야 할 방향을 설정해준다. 마치 인생의 나침반과 같다.

하나님은 확실한 소명의식을 가진 사람을 사용하신다. 성경의 지도자적 인물들은 모두 소명에 사로잡힌 사람들이었다. 하나님께서는 모세를 호렙산 가시덤불 사이에서 부르시고 이스라엘 백성들을 출애굽시키라는 사명을 부여하신다. 결국 회피하던 모세는 하나님의 부름에 순응하고서야 이스라엘 백성들을 출애굽시키는 지도자가 되었다. 신약시대에도 하나님은 바울을 다메섹 도상에서 이방인들을 위한 복음 전파자로 부르셨다. 이 부름을 깨달은 바울은 복음의 핍박자에서 구원의 복음을 온 세계에 전하는 선교사가 되었다. 하나님의 사역은 확고한 소명의식에서 출발하는 것이다. 여기서 소명에 대해 4가지로 나누어 좀더 살펴보자.

첫째, 구원에 대한 소명이다. 이 부름은 세상에서 하나님 나라의 부름이다. 사망에서 영생의 부름이다. 마귀의 자녀에서 하나님의 자녀가 되는 신분의 변화를 나타내는 부름이다. 교회 리더는 이 부름에 대한 확실한 증인이 되어야 한다.

둘째, 성화의 부름이다. 이 부름은 육신의 정욕을 피해 하나님의 성품에 참여하는 부름이다. 그리스도의 장성한 분량에 이르도록 하는 온전한 자의 부름이다. 교회 리더는 성숙의 열매를 맺도록 부름을 받았다. "너희가 믿음에 덕을, 덕에 지식을, 지식에 절제를, 절제에 인내를, 인내에 경건을, 경건에 형제 우애를, 형제 우애에 사랑을 더하라"(베드로후서 1:5~7)고 했다.

셋째, 사역의 부름이다. 이 부름은 봉사의 부름이다. 하나님의 교회가 건강하고 튼튼하게 서려면 성도들은 열심히 일을 해야 한다. 작은 일이라도 맡겨진 일에 최선을 다해야 하는 것이다. 하나님은 부지런히 일하는 사람들을 통해 교회를 성장·발전시킨다.

넷째, 전문직의 부름이다. 이 부름은 특별한 사역을 감당하기 위한 전문직의 부름이며, 교회의 사역자로서 목사나 전도사, 사무장이나 상담자로 봉사하는 부름을 말한다. 하나님은 전문직의 부름을 제외한 나머지 3가지 부름을 모든 성도들에게 선포하셨다. 특히 교회 리더는 하나님의 일을 하기 전에 이 부름에 먼저 응답해야 한다. 이때 주의할 것은 잘못된 소명이나 미지근한 소명은 하나님의 뜻과 의를 이루지 못한다는 것이다. "나를 따라오려거든 자기를 부인하고 날마다 제 십자가를 지고 나를 따를 것이니라"(누가복음 9:23)고 하신 말씀에 따라 하나님을 섬기는 일도 결단이 있어야 한다.

○ 교회 공동체의 대표적인 소그룹 사역을 위해

그렇다면 우리는 하나님의 일을 할 준비가 되었는가 혹은 소명감을 가지고 있는가? 그 확증이 필요하다. 한국 교회가 정체되고 세상 사람들에 의해 신의를 잃어가고 있는 것은 소명의식이 결여된 리더들 탓이라고 해도 과언이 아니다.

소명의식이 결여된 리더는 하나님의 일을 해서는 안 될 것이다. 그들은 하나님의 영광을 구하지도 않을 뿐더러, 궁극적으로 성도들에게도 도움이 되지 않는다. 그들은 하나님의 일을 한다는 명분만 있을 뿐, 어떤 일을 시작할 때 왜 그 일을 해야 하는지 이유를 모르기 때문이다.

그렇다면 왜 교사가 되었는가? 왜 집사 혹은 장로, 더 나아가 왜 목회자가 되었는가? 이 질문에 대한 명쾌한 답을 제시하지 못하는 직분자는 다시 한 번 하나님의 부름에 대해 묵상해야 할 것이다. 소명의식의 결여는 교회를 이기적인 집단으로 전락시키고, 성도들을 무기력하게 만들 수 있기 때문이다.

하나님이 교회 리더를 세운 것은 모든 성도들이 서로 봉사하게 하기 위해 그들을 훈련시키고 준비시키려 하신 것이다(에베소서 4:11~13). 그러므로 리더는 건강한 교회를 위해 성도들이 온전케 되도록 교육시키고 훈련시켜야 하며, 또한 적극적인 안내와 돌봄이 있어야 한다. 소명이란 그리스도에 의해 준비된 구원을 믿음을 통해 받으라고 사람들을 초청하는 하나님의 은혜로운 행위이며, 하나님께서 구원받은 이에게 어떤 직분이나 일, 즉 사명을 맡기시기 위해 부르는 행위이기 때문이다.

소명이라는 '부름'은 곧 구체적인 사명으로 이어진다. 사명은 곧 그리스도인이 되기로 서약하고 그렇게 자기 자신을 인정한 사람들이 마땅히 해야 할 그리고 자신에게 부여받은 독특한 역할을 알고 행동하는 것이다. 그리고 그것은 모든 이들이 똑같은 일을 하는 것이 아니라 하나님이 주신 자신만의 특별한 은사로 하나님의 일을 하는 것이다. 이것이 바로 소명과 사명의 관계이다.

하나님께서는 당신을 소그룹의 리더로 부르셨다고 하자. 하나님은 당신에게 기대하는 것이 있다. 무엇을 기대하시겠는가? 그것은 바로 예수께서 "요한 아들 시몬아 네가 나를 사랑하느냐"(요한복음 21:16) 하고 세 번씩 물으시면서 "내 어린 양을 먹이라Feed my lambs"(요한복음 21:15), "내 양을 치라Tend my sheep"(요한복음 21:16), "내 양을 먹이라Feed my sheep"(요한복음 21:17)고 말씀하신 것처럼 하나님의 공동체를 섬기기를 원하신다. 이제 하나님의 부름에 대한 응답으로 리더의 역할이 바로 미션Mission인 것이다.

교회 소그룹의 목적은 삶의 나눔Sharing과 돌봄Caring과 사역Ministering을 통해 그리스도의 제자됨에 있다. 소그룹 사역은 세상을 향한 증언하는 그리스도인들이 자신의 사역을 감당할 수 있도록 서로를 격려할 수 있게 하는 가장 중요한 수단이기도 하다. 소그룹의 리더는 서번트 리더로서 구성원들이 다른 사람들을 위해 행동하도록 영향을 줄 수 있도록 해야 하며, 소그룹 구성원들이 청지기 의식을 가질 수 있도록 안내하고 이끌어야 한다. 그 안에서 신앙의 성장을 가져와 하나님을 향한 헌신을 증대시키는 데 있다.

그래서 존 웨슬리는 소그룹 리더들에게 규율과 영적인 분별력, 목회적·행정적 지도력을 요구했다. 소그룹에서 리더의 중요성을 강조하여 훈련에 참여하고 동기를 심어주는 데 강조점을 두었다.

○ 다원화된 사회 속의 평신도 사역

평신도를 가리키는 영어 '레이티Laity'는 본래 희랍어 '라오스Laos'를 어원으로 하고 있다. 그런데 구약성경에서는 '백성', 즉 '하나님으로부터 선택된 백성'을 가리키나 신약성경에서는 유대인 그리스도들과 함께 이방인 그리스도인들을 포함하는 확대된 개념으로 사용되었다.

라오스가 하나님의 택하신 백성 즉, '그리스도인의 공동체'를 지칭하는 말로 신약성경의 중요한 부분으로 나타나 있다. 그리스도 안에 있는 하나님의 백성은 모두 "왕 같은 제사장들이요 거룩한 나라요 그의 소유가 된 백성laikoi"(베드로전서 2:9)으로 선택함을 받았기 때문이다. 〈출애굽기〉 19장 5~6절에서 하나님과 선민 이스라엘의 계약관계가 잘 설명되어 있다.

평신도의 의미와 그들이 가지는 선교적 역할에 대한 것으로, 세 가지 이름을 주셨다고 했는데, '열국 중에서 내 소유, 제사장 나라, 거룩한 백성'이 그것이다. 신약성경에서 그리스도인 모두 '새 이스라엘'이 되었으므로 모든 성도들이 하나님과 불신자들 사이에서 제사장적 역할을 감당하도록 사명을 부여받은 것이다.

이처럼 평신도는 그 소명이 분명하다. 복음을 가지고 세상을 섬기는 자들이다. 즉, 평신도는 '선교하는 하나님의 백성'이며, '선교를 위한 하나님의 수단'이며, 전 세계를 축복하는 '하나님의 통로'이다. 하나님의 사랑과 거룩하심, 구원의 행위와 은혜, 하나님의 전능하신 능력 등을 증거해야 한다.

교회에는 목회자와 평신도의 역할이 서로 다르나 그것이 지위를 결정하는 것은 아니다. 목회자와 평신도의 지위는 하나님 안에서 어떠한 차별도 있을 수 없다. 그렇다고 해서 목회자와 평신도의 역할이 똑같아야 한다는 것은 아니다. 공적 예배의 말씀 선포는 목회자가 전문적으로 전담해야 하는 중요한 사역 중의 하나이다. 교회의 가장 중요한 사역이 말씀의 선포이므로 소중하게 보호되어야 한다. 만약 목회자가 해야 할 일과 평신도가 해야 할 일을 구별하지 못한다면, 그것으로 인해 교회는 혼란과 갈등에 빠지게 될 것이다.

목회 영역은 더욱 전문화되고 목회자의 능력에는 한계가 있다. 그러므로 현대의 교회는 다양한 사역을 수행하는 훈련된 평신도 사역자들이 필요하다. 다원화된 사회 속에서 많은 성도들의 필요와 욕구를 채워주려면, 교회는 전문 분야를 담당할 평신도 사역자를 세워야 한다.

한국 교회가 짧은 기간에 교회역사상 기록할 만한 성장을 가져오게 된 것은 하나님의 특별한 은혜와 목회자의 헌신이 있었기 때문에 가능했다. 그러나 평신도들의 적극적인 협력과 동역이 있었다는 사실을 간과할 수 없는 사실임을 기억해야 한다.

이처럼 평신도들이 교회 사역의 대부분을 감당해왔고 교회 성장에 중요한 역할을 해왔으나, 사회에 기독교적 영향력을 끼치는 데는 미흡한

점이 있었다. 이는 교회에서 평신도 사역을 제한하는 경향이 있었고, 직장이나 사회 속에서 균형 있게 그 역할을 하도록 훈련받지 못했기 때문이다. 평신도가 세상을 위해 존재하기보다 제도화된 교회만 섬기도록 암묵적으로 제한한 탓이다.

목회자 중심의 목회 패러다임을 평신도 패러다임으로 전환하는 작업을 서둘러야 한다. 이제 평신도들의 역할과 기능을 교회뿐만 아니라 가정과 직장과 사회 속으로 확대하는 것이 필요하다. 이를 위해서 목회자의 역할이 매우 중요하다. 목회자의 목회철학은 물론 개인적인 소양까지 영향을 미치기 때문이다.

21세기 선교에 평신도는 매우 중요한 역할을 하게 될 것이다. 평신도는 목회자와 종속적 관계의 협력자였으나 미래 목회의 평신도는 동역자여야 한다. 그렇게 해서 온전케 된 성도들이 "봉사의 일을 하게 하며 그리스도의 몸을 세우"(에베소서 4:12)는 사역들을 극대화해야 한다.

◯ 모이는 교회에서 실천하는 교회로 패러다임 전환이 필요하다

오늘날 교회의 본질보다 외적인 성장에 더욱 관심을 두는 경향이 있다. 그러나 소위 교회 성장과 교회 갱신을 논의하는 일보다 중요한 과제는 교회의 본질적 사명에 대한 것이다. 교회의 본질에 대한 성경적·신학적 이해가 우선되지 않는다면, 어느 순간 외적 성장에 영향을 받게 될 것이다.

교회의 본질적 사명은 복음의 선포, 사랑의 친교, 이웃에 대한 봉사를 통해 이 땅에 하나님 나라를 건설하는 데 있다. 예수님의 삶과 가르침은 봉사의 삶이었으며 예수님은 가난한 자·눌린 자·천대받는 자 등과 같은 소외당한 이웃들을 위해 사셨다. 교회는 예수님의 이웃 사랑을 나누는 데 초점을 맞춰야 한다.

한국 교회는 전통적으로 전도(선교), 교육, 봉사를 교회의 본질적 사명으로 이해해왔고, 특히 전도를 중요하게 여겨왔다. 그 결과 양적인 팽창은 가져왔으나, 말씀과 행위의 일치 문제에서 균형을 잃어버리고, 사회봉사에 대한 노력이 미약했다는 점이 지적되고 있다. 교회가 사회봉사를 복음 전도와 교회 성장의 수단으로만 삼고, 교회의 본질적인 사명으로 받아들이지 않았던 탓이다.

존 웨슬리의 회심은 1738년 5월 24일 저녁 9시 15분쯤 영국의 올더스게이트 거리에서 열린 한 집회에 참석하게 되면서 이루어졌다. 그때 한 강사가 말한 '루터의 로마서 서문'을 듣게 되면서 성령의 역사로 믿음을 고백하고 회심했다. 그는 회심 후 '말씀과 그리스도인의 삶이 일치'해야 한다는 성경적 가르침을 강조하면서 감리교 운동의 창시자로서 변화의 삶을 살았다. 이처럼 말씀과 행위의 일치는 존 웨슬리의 중요한 가르침이기도 하다.

이러한 교회로 패러다임을 전환하는 것에 대해 장성배 교수는 "교회가 지역사회 안에서 하나님 나라 백성 공동체로의 사명을 수행하는 교회를 세우기 위해서 첫째, '교회 중심적 선교'에서 '하나님의 선교missio dei 중심'으로, 둘째, '모이는 구조come structure'에서 '흩어지는 구조go structure'로, 셋째, '정형화된 교회 구조'에서 '개방적 구조'로 3가지 패러다임을 전환해야 한다"고 말하면서 미래 교회의 창조적 교회 디자인에 대해 다음과 같이 제안했다.[22]

첫째, 사람만이 선교의 대상이 아니라 지역 공동체 역시 선교의 대상으로 삼아야 한다. 하나님 나라 건설과 그 사명을 받은 하나님의 백성들로서 단순히 인간의 영혼 구원을 넘어서서, 그들의 삶과 정치, 경제, 사회적인 구조, 나아가 그 안에 살고 있는 다른 피조물들을 선교의 대상으로 통전적wholistic으로 고려하는 전환이 필요하다.

둘째, 교회 안에서 다양한 선교를 격려한다. 다양한 은사들과 비전들을 가진 소그룹 공동체가 형성된다면 다원화된 사회 안에서 실제적으로 적용되는 다양한 선교를 수행할 수 있을 것이다. 소그룹 활동인 속회나 선교회의 장점을 살리고, 획일적이고 일방적인 공동체였다는 단점을 극복해야 한다. 관리적 차원에만 머물렀던 목회자 중심적인 활동에서 벗어나 선교 지향적이며, 은사와 열정에 따라 나누어진 자발적인 공동체로 발전되어야 한다.

이러한 대안모델alternative model로는 미국의 세이비어교회를 들 수 있다. 세이비어교회는 진정으로 세상을 변화시키기 위해 고도의 영적 훈련을 받은 자발적으로 헌신할 수 있는 사람들로 구성된 소그룹 사역공동체에 의해 다양한 지역사회의 문제에 맞는 섬김의 사역들을 감당하고 있다. 또한 새들백 교회나 윌로우 크릭 교회의 다양한 소그룹 사역은 서로 다른 그룹들이 화해를 이루고 하나되는 새로운 가능성을 보여준다.

셋째, 목회자 중심의 교회에서 평신도 중심의 교회layperson-centered church로 변화를 추구해야 한다. 미래 사회는 보다 전문화된 형태로 분화하므로, 목회자 한 사람의 능력으로는 모든 영역을 책임질 수 없다. 평신도 역량을 최대한으로 살리는 교회로 나아가야 한다. 교회 안의 문제뿐

------

22 장성배,《창조적 목회 개성 있는 교회》, 진흥, 2007, pp.20~25.

만 아니라, 지역사회의 문제들에 대해 구체적으로 관계 맺는 평신도들이 스스로 문제를 풀어나가도록 격려해야 한다.

넷째, 교회 안의 소외 구조를 없애도록 한다. 은사 공동체로서 교회는 성령께서 누구에게나 몸된 교회를 섬길 수 있는 은사를 주셨다. 따라서 교회 안의 모든 구성원들은 나름의 사역을 수행하도록 저마다의 은사를 발견하고 계발하도록 도와주어 하나님 백성 공동체로서 그 사역을 수행하게 한다.

다섯째, 지역사회를 위한 교회the church for others, 지역사회와 함께하는 교회the church with others 구조로 전환한다. 지역사회의 요청에 귀를 기울이고, 그들의 필요에 따라 교회를 구성한다. 여선교회, 남선교회, 속회 등 목회자의 의도에 따라 획일적으로 구성되던 교회의 소그룹들을 기존 질서에 합당한 다양한 공동체들을 형성해나가는 구조로 전환을 시도하여 역동적인 교회의 역할을 만들어가야 한다.

여섯째, 지역 안의 다른 교회들과 에큐메니컬적 협력을 추구한다. 각 교회마다 중복되지 않는 고유의 사역들을 감당하고, 교회 간의 네트워크를 형성하고 대화하고 협력하여 그 지역 안에서 영향력 있는 교회로 성장하도록 한다. 또한 지역 내의 공공기관과 다른 시민단체들과 종교단체들과도 협력하여 지역사회의 문제 해결에 앞장서도록 한다.[23]

하지만 한국 교회의 상황은 현실에 적합한 효과적인 목회철학이 무엇이며 이를 뒷받침할 실천적인 현장성 있는 '실천전략들의 부재' 문제

······

[23] 박광빈, "Becoming the Authentic church in the wesleyan perspective", 세인트폴 신학대학원 리포트, 2008, p.15.

라는 지적이 중론이다. 목회 현장 중심, 수요자 중심의 목회철학이 생겨나고 잘 적용되는 것이 중요하다.

지속적인 복음화, 새로운 서번트 리더십의 창출, 장기적이며 통합적 목회철학 강구, 소그룹 중심의 사역, 기존의 질서와 상호보완과 협력 체제 구축, 성경에 근거를 둔 기초 교회 공동체(가정) 강화, 토착화, 교회와 목회자와 평신도 파트너십 형성, 교회의 사회적 책임 등 현대 한국 교회의 과제는 너무나 다양하다.

한국 교회가 이 위기의 시대에 바른 성경관과 교회관에 근거한 목회철학과 목회전략을 세우고, 새로운 공동체의 목표를 향해 달려나가야 할 것이다. 이것은 새로운 목회철학의 계발 의지와 더불어 목회자를 비롯한 모든 교회 구성원들의 관심과 노력이 어우러질 때 가능할 것이다.

참된 교회 공동체를 위한
서번트 리더십과 공동체 사역의 관계 적용

⭘ 내가 속한 공동체의 상황 점검하기

내가 속한 공동체의 장점과 개선점을 영성과 사역의 균형 관점에서 점검하라.

- 성경에서 말하고 있는 공동체의 본질은 무엇인가?
- 내가 속한 공동체는 성경이 조명하는 참된 공동체의 본질을 유지하고 있는가, 또는 아닌가?
- 내가 속한 공동체의 구조는 구성원들에게 공동체의 본질을 양육할 수 있도록 준비되어 있는가?
- 내가 속한 공동체는 공동체의 본질을 실천하고 있는가, 또는 아닌가?

⭘ 서번트 리더십의 훈련 과정에서 필요한 6가지 특성

서번트 리더십 훈련 과정에서 필요한 6가지 특성으로는 기도, 성경 연구, 교회 공동체, 소명, 공동체 안에서 자유롭게 되는 관계, 영성 등이다. 예수 그리스도를 모델로 하여 그리스도의 제자로 살기를 추구하는 모델로서 서번트 리더십을 충실히 수행하기 위해서는 6가지 특성에 대해 집중하는 동시에 통합·적용하려는 노력이 필요하다. 각자의 공동체에서 아래 주제들에 대해 토의해보자.

○ 6가지 특성의 목적

6가지 특성이 공동체 안에서 서번트 리더십을 세우는 데 필요한 이유에 대한 당신의 견해를 설명하라.

가능성 Possibility

개인적인 차원에서 6가지 특성들을 적극적으로 수행하는 것을 통해 어떻게 구성원들이 내적인 변화를 일으킬 수 있는 가능성에 대해서 논의하라. 이러한 내적인 변화가 어떻게 이 세상을 위한 외적인 삶과 사역의 변화로 바뀔 수 있는가 하는 가능성에 대해 논의하라.

응답 Response

서번트 리더십이 세상의 가치관과는 다른 반문화적인 것이라고 이야기한다. 이것은 서번트 리더십이 우리들에게 매력 있는 것이라는 사실을 알게 해주고, 또한 거기에는 장애물이 있으리라 예상하면서도 좀더 연구해보도록 하는 중요한 의미가 있다는 것을 깨닫게 된다. 당신이 처한 공동체의 상황으로 돌아가, 당신이 서번트 리더십을 통해 이루고자 하는 가장 중요한 것은 무엇인가?

필요성Necessary

왜 당신의 삶에서 서번트 리더십이 필요하다고 생각하는가? 공동체 상황에서 서번트 리더십이 필요한 이유에 대해 알고 있는가?

구조Structure

개인적인 공동체 상황에서 서번트 리더십을 소개하는 일에 대해 생각해 볼 때, 삶의 방법으로 서번트 리더십을 실천하는 데 구체적으로 어떠한 구조가 필요할지에 대해서 논의하라.

- 어떻게 이 일을 시작할 것이며, 그 외의 어떤 것들을 그 뒤에 이어 수행할 것인가?
- 이러한 것들을 발전시키기 위해 어떠한 실천과 훈련을 도입하거나 혹은 유지할 것인가?

통합Integration

6가지 특성에 관한 내용을 하나로 통합할 수 있는 방법을 설명하되, 사역을 통해 구체적으로 실천할 수 있는 방법들을 설명하라.

양육·훈련 Follow-Up

당신의 상황에 적용한다면 앞으로 당신에게 필요하다고 예상되는 것은 무엇인가? 어떠한 부수적인 지원이 도움이 된다고 생각하는지 어떤 관심 또는 질문이 지속적으로 필요하다고 생각하는가?

참고문헌

국내 도서

J. 오스왈드 샌더스, 이동원 옮김, 《영적 지도력》, 요단출판사, 2000.

S. 헬레나, 《레오와 서번트 리더십》, 엘테크, 2005.

게리 채프먼, 장동숙 옮김, 《5가지 사랑의 언어》, 생명의말씀사, 2003.

게리 토머스, 전의우 옮김, 《뿌리 깊은 영성은 흔들리지 않는다》, CUP, 2004.

게리 해멀 · 빈 브린, 권영설 외 옮김, 《경영의 미래》, 세종서적, 2009.

고든 맥도날드 외, 윤종석 옮김, 《마음과 마음이 이어질 때》, IVP, 1994.

고든 맥도날드, 홍화옥 옮김, 《내면세계의 질서와 영적 성장》, IVP, 2003.

고현숙, 《유쾌하게 자극하라》, 올림, 2007.

권희순, 《웨슬리 영성수련 프로그램》, KMC, 2006.

김은애, 《큐티 라이프》, 두란노, 2008.

김진두, 《우리의 교리 : 초기 감리교 교리 연구》, 감신, 2003.

_____, 《웨슬리의 실천신학》, KMC, 2004.

_____, 《존 웨슬리의 생애》, KMC, 2006.

김현진, 《공동체 신학》, 예영커뮤니케이션, 1998.

더글러스 스톤 외, 김영신 옮김, 《대화의 심리학》, 21세기북스, 2003.

더치 쉬츠, 김인화 옮김, 《왕처럼 기도하라》, 토기장이, 2007.

데니 군더슨, 이종환 옮김, 《리더십 패러독스》, 예수전도단, 2004.

데이비드 A. 씨맨즈, 송헌복 옮김, 《상한 감정의 치유》, 두란노, 1996.

데일 카네기, 유복열 옮김, 《상대의 마음을 움직이는 대화술》, 아이프렌드, 2001.

래리 길버트, 채수범 옮김, 《팀 사역》, 프리셉트, 1995.

래리 바커 · 키티 왓슨, 윤정숙 옮김, 《마음을 사로잡는 경청의 힘》, 이아소, 2006.

래리 크랩, 김성녀 옮김, 《래리 크랩의 파파기도》, IVP, 2007.

로버트 그린, 강미경 옮김, 《유혹의 기술》, 이마고, 2002.

로버트 치알디니, 이현우 옮김, 《설득의 심리학》, 21세기북스, 2002.

로버트 K. 그린리프, 강주헌 옮김, 《서번트 리더십 원전》, 참솔, 2006.

리처드 보이애치스 · 애니 맥키, 정준희 옮김, 《공감 리더십》, 에코의서재, 2007.

멜빈 스틴브런, 홍용표 옮김, 《평신도 목회자를 깨워라》, 이레서원, 2000.

박미라, 《치유하는 글쓰기》, 한겨레출판, 2008.

브루스 윌킨스, 마영례 옮김, 《꿈을 주시는 분》, 디모데, 2004.

브루스 피아세키, 안진환 · 박슬라 옮김, 《세계주식회사》, 비즈니스맵, 2007.

빌 하이벨스 · 랍 윌킨스, 윤종석 옮김, 《크고자 하면 내려가야 합니다》, IVP, 2007.

스티븐 코비, 김경섭 · 박창규 옮김, 《원칙중심의 리더십》, 김영사, 2001.

신영란 · 김석준, 《100% 공감 대화법》, 책이있는마을, 2008.

신용하 편, 《공동체 이론》, 문학과지성사, 1985.

아치볼드 하트, 정성준 옮김, 《숨겨진 감정의 회복》, 두란노, 2005.

아티가키 에켄, 강선중 옮김, 《기적을 만든 카를로스 곤의 파워 리더십》, 더난출판, 2002.

안은표, 《나의 가치를 높여주는 화술》, 시아출판사, 2005.

앤디 스탠리, 정연석 옮김, 《비저니어링》, 디모데, 2003.

양창삼 편저, 《헨리 나우웬의 실천하는 영성》, 예찬사, 2007.

오스 기니스, 홍병룡 옮김, 《소명》, IVP, 2000.

월터 C. 라이트 Jr., 양혜정 옮김, 《관계를 통한 리더십》, 예수전도단, 2002.

유성은, 《미래 설계와 목표관리》, 생활지혜사, 1999.

유성준, 《미국을 움직이는 작은 공동체 세이비어교회》, 평단문화사, 2005.

＿＿＿, 《참된 교회를 이끄는 작은 공동체 세이비어교회 실천편》, 평단문화사, 2006.

은준관, 《실천적 교회론》, 한들, 2006.

이관웅, 《신뢰경영과 서번트 리더십》, 엘테크, 2001.

이재철, 《새신자반》, 홍성사, 1994.

이종선, 《따뜻한 카리스마》, 랜덤하우스코리아, 2004.

이후정, 《성화의 길》, 대한기독교서회, 2001.

＿＿＿, 《존 웨슬리의 영성》, 감신, 2006.

장성배, 《창조적 목회 개성 있는 교회》, 진흥, 2007.

제임스 패커, 정옥배 옮김, 《하나님을 아는 지식》, IVP, 2008.

제임스 C. 헌터, 김광수 옮김, 《서번트 리더십 2 : 실천 매뉴얼편》, 시대의창, 2006.

조신영·박현찬, 《경청》, 위즈덤하우스, 2007.

존 맥스웰 외, 김창대 옮김, 《효과적인 평신도 사역을 위한 30가지 양육전략》, 기독신문사, 2001.

존 맥스웰, 강준민 옮김, 《당신 안에 잠재된 리더십을 키우라》, 두란노, 1999.

_____, 강준민 옮김, 《리더십의 법칙》, 비전과리더십, 2003.

존 브래드쇼, 오제은 옮김, 《상처받은 내면아이 치유》, 학지사, 2004.

존 웨슬리, 한국웨슬리학회 편, 《웨슬리의 은총의 수단》, 대한기독교서회, 2006.

짐 콜린스 외, 워튼 포럼 옮김, 《성공하는 기업들의 8가지 습관》, 김영사, 2002.

짐 콜린스, 이무열 옮김, 《좋은 기업을 넘어 위대한 기업으로》, 김영사, 2002.

찰스 스탠리, 이미정 옮김, 《하나님의 음성을 듣는 법》, 두란노, 2002.

켄 가이어, 윤종석 옮김, 《영혼의 창》, 두란노, 2002.

켄 블랜차드·필 하지스, 조천제 옮김, 《예수는 어떻게 12제자를 위대한 리더로 키웠는가》, 21세기북스, 2007.

켄 블랜차드·제시 스토너, 조천제 옮김, 《비전으로 가슴을 뛰게 하라》, 21세기북스, 2006.

탐 마샬, 이상미 옮김, 《지도력이란 무엇인가?》, 예수전도단, 1993.

퍼디낸드 포니스, 홍의숙·김희선 옮김, 《잘되는 회사의 16가지 비밀》, 랜덤하우스코리아, 2009.

폴 스티븐스, 이철민 옮김, 《평신도가 사라진 교회?》, IVP, 2001.

폴 스티븐스·필 콜린스, 최기숙 옮김, 《평신도를 세우는 목회자》, 미션월드라이브러리, 2007.

프랜시스 M. 코스그로브, 《제자의 삶》, 네비게이토출판사, 2002.

피터 드러커, 한근태 옮김, 《21세기 리더의 선택》, 한국경제신문사, 2000.

_____, 이재규 옮김, 《프로페셔널의 조건》, 청림출판, 2001.

_____, 이재규 옮김, 《피터 드러커 미래경영》, 청림출판, 2002.

하워드 가드너, 임재서 옮김, 《열정과 기질》, 북스넛, 2004.

한상호, 《직고를 통한 소그룹 부흥》, 생명의말씀사, 2004.

한홍, 《거인들의 발자국》, 비전과리더십, 2004.

헨리 나우웬, 윤종석 옮김, 《영성수업》, 두란노, 2007.

_____, 두란노출판부 옮김, 《예수님의 이름으로》, 두란노, 1999.

_____, 김명희 옮김, 《이는 내 사랑하는 자요》, IVP, 2002.

헨리 블랙커비·클로드 킹, 문정민 옮김, 《하나님을 경험하는 삶》, 요단출판사, 1997.

헨리 블랙커비, 윤종석 옮김, 《영적 리더십》, 두란노, 2002.

헨리 클라우드·존 타운젠드, 차성구 옮김, 《NO!라고 말할 줄 아는 그리스도인》, 좋은씨앗, 2000.

황영철, 《겸손》, IVP, 2007.

해외 도서

Aiden W. Tozer, *The Knowledge of the Holy. The Attributes of God : Their Meaning in the Christian Life*, San Francisco, CA : Harper San Francisco, 1961.

Andrew Murray, *Humility*, New Kensington, PA : Whitaker House, 1982.

Arthur P. Ciaramicoli and Katherine Ketcham, *The Power of Empathy*, New York, NY : Dutton, 2000.

Aubrey Malphurs, "An Influential Leader : The Leader's Impact" in *Being Leaders, The Nature of Authentic Christian Leadership*, Grand Rapids, MI : Baker Books, 2003.

Beth Moore, *Living Beyond Yourself : Exploring the Fruit of the Spirit*, Nashville, TN LifeWay Press, 1998.

Charles Stanley, *How to Listen to God*, Nashville, TN : Thomas Nelson Publishers, 1985.

Dallas Willard, *Renovation of the Heart : Putting on the Character of Christ*, Colorado Springs, CO : NavPress, 2002.

Daniel Ellsberg, *Secrets*, Penguin Group USA, 2003.

Daniel Kim, *Foresight As the Central Ethic of Leadership*, Voices of Servant-Leadership Series, Booklet8, Indianapolis, IN : The Green leaf Center for Servant-Leadership, 2002.

David L. Steward, "Good Leadership is Serving Others" and "Good Leadership is Love" in *Doing Business by the Good Book*, New York, NY : Hyperion, 2004.

_____, "Having a Vision" in *Doing Business by the Good Book*, New York, NY : Hyperion, 2004.

_____, "Long Term Thinking" in *Doing Business by the Good Book*, New York, NY : Hyperion, 2004.

_____, "The Art of Listening" in *Doing Business by the Good Book*, New York, NY : Hyperion, 2004.

Everett L. Jr. Worthington, *Forgiving and Reconciling*, Bridges to Wholeness and Hope, Downers Grove, IL : Inter Varsit Press, 2003.

Henri J. M. Nouwen, "Community" in *Making All Things New, An Invitation to the Spiritual Life*, San Francisco, CA : Harper San Francisco, 1981.

James A. Jaksa and Michael S. Pritchard, *Communication Ethics*(2ded.), Belmont, CA : Wadsworth Publishing Co, 1994.

Jim Collins, *Good to Great, Why Some Companies Make the Leap...and Others Don't*, New York, NY : Harper Business, 2001.

John C. Maxwell and Jim Dornan, *Becoming a Person of Influence*, Nashville, TN : Thomas Nelson Publishers, 1997.

John Wesley, *The Works of John Wesley*(I), Grand Rapids : Zondervan, 1959.

Kay Gilley, "Being part of Something Bigger than Ourselves" in *Leading form the Heart, Choosing Courage over Fear in the Workplace*, Boston, MA : Butter worth-Heinemann, 1997.

Michael C. Thompson, "Empathy : Seeking to Understand" in *The Congruent Life, Following the Inward Path to Fulfilling Work and Inspired Leadership*, San Francisco, CA : Jossey-Bass Publishers, 2000.

_____, "Introspection and Self-Awareness" in *The Congruent Life, Following the Inward Path to Fulfilling Work and Inspired Leadership*, San Francisco, CA : Jossey-Bass Publishers, 2000.

_____, "Love : By Whatever Name Called" in *The Congruent Life, Following the Inward Path to Fulfilling Work and Inspired Leadership*, San Francisco, CA : Jossey-Bass Publishers, 2000.

Parker J. Palmer, "Leading from Within" in Spears, Larry C. *Insights on Leadership, Service, Stewardship, Spirit and Servant-Leadership*, New York, NY : John Wiley&Sons, Inc, 1998.

_____, *The Active Life, A Spirituality of Work, Creativity, and Caring*. San Francisco, CA : Jossey-Bass Publishers, 1990.

Patricia Loring, Listening Spirituality, Vol. II, *Corporate Spirituality Among Friends*, Washington Grove, MD : Openings Press, 1999.

Peter Block, *Stewardship Choosing Service Over Self-interest*, San Francisco, CA : Berrett-Koehler Publishers, 1993.

Peter M. Senge, *The Fifth Discipline, The Art and Practice of the Learning Organization*, New York, NY : Doubleday/Currency, 1990.

Rick Warren, *The Purpose Driven Life, What on Earth am I Here For?* Grand Rapids, MI : Zondervan, 2002.

Robert Ellsberg, *The Saints' Guide to Happiness*, New York, NY : North Point Press, a division of Farrar, Straus and Giroux, 2003.

Robert K. Greenleaf, "The Servant as Leader" in *Servant Leadership, A Journey into the Nature of Legitimate Power and Greatness*, New York : Paulist Press, 1977.

_____, "Coercion, Manipulation, and persuasion : Reflections on a Strategy for Change" in Spears, Larry. *On Becoming a Servant Leader*, San Francisco, CA : Jossey-Bass Publishers, 1996.

Robert K. Greenleaf(Edited by Larry C. Spears), *The Power of Servant Leadership*, San Francisco, CA : Berrett-Koehler Publishers Inc, 1998.

Russ S. Moxley, "Developing our Inner Life" in *Leadership&Spirit, Breathing New Vitality and Energy into Individuals and Organizations*, San Francisco, CA : Jossey-Bass Publishers and the Center for Creative Leadership, 2000.

_____, "Fostering Community" in *Leadership&Spirit, Breathing New Vitality and Energy into Individuals and Organizations*, San Francisco, CA : Jossey-Bass Publishers and the Center for Creative Leadership, 2000.

Scott M. Peck, "Servant-Leadership Training and Discipline in Authentic Community" in Spears, Larry C. (ed.), *Reflections on Leadership*, New York, NY : John Wiley&Sons, 1995.

Yoo Sung Jun(S.P.S.T 강의), "Becoming the Authentic Church in the Wesleyan Pesspective", 2008. 1. 21.

예수처럼 섬겨라

유성준 지음

발 행 일 초판 1쇄 2009년 9월 15일
         개정 1쇄 2015년 10월 5일
발 행 처 도서출판 평단
발 행 인 최석두

등록번호 제2015-000132호 / 등록일 1988년 7월 6일
주   소 경기도 고양시 통일로 140 삼송테크노밸리 A동 351호
전화번호 (02)325-8144(代) FAX (02)325-8143
이메일 pyongdan@hanmail.net
ISBN 978-89-7343-307-0 03230

ⓒ 유성준, 2009

* 잘못된 책은 바꾸어 드립니다.

이 도서의 국립중앙도서관 출판시도서목록(CIP)은 e-CIP 홈페이지
(http://www.nl.go.kr/ecip)에서 이용하실 수 있습니다.
(CIP제어번호: CIP2009002690)

* 저작권법에 의하여 이 책의 내용을 저작권자 및 출판사 허락 없이
  무단 전재 및 무단 복제, 인용을 금합니다.

> **Jesus Loves You**
> 저희는 매출액의 2%를 불우이웃돕기에 사용하고 있습니다.